JN087575

 ダウンロード音声付き

日本語教育
能力検定試験

対策問題集

アルク日本語編集部 編

アルク

※本書は 2019 年・2020 年・令和 3 年度ムック『日本語教育能力検定試験　合格するための本』より問題と解答・解説を編集し、一部改訂・加筆したものです。

本書の構成

　本書は日本語教育能力検定試験の出題範囲の五つの区分である「社会・文化・地域」「言語と社会」「言語と心理」「言語と教育」「言語」と、試験Ⅱで音声を使って出題される「聴解」および試験Ⅲで出題される「記述式」の7章からなっています。五つの出題範囲区分の章はキーワード問題と演習問題で構成され、演習問題には解答の他に解説も付いています。「聴解」と「記述式」の章ではそれぞれの問題形式と取り組み方の解説があり、実践的な問題に挑戦することができます。

| キーワード 問題 | | キーワード問題は、それぞれの章で覚えておきたい重要な言葉を穴埋め形式で出題しています。キーワードの意味を正しく理解しているかを確認するだけでなく、用語集のように使っても有効です。 |

　キーワード問題　キーワード問題は、それぞれの章で覚えておきたい重要な言葉を穴埋め形式で出題しています。キーワードの意味を正しく理解しているかを確認するだけでなく、用語集のように使っても有効です。

　演習問題　日本語教育能力検定試験の本試験問題に近い形式で、総合的な知識を問う問題です。該当の区分だけでなく、他の区分との関わりの中で横断的な理解ができているか確認することができます。

　解答・解説　キーワード問題の解答、演習問題の解答および解説です。正解だけでなく、他の選択肢に出てきた用語についての説明などもされていますので、さらに深い理解を得るために活用してください。

本書の使い方

1　検定試験の問題を知る

　まずは各章の「演習問題」にざっと目を通してみましょう。この段階では問題を解く必要はありません。どのような形式の設問が多いのか把握しておくことがポイントです。1章～5章の演習問題は、★マークで難易度を示していますが、学習進度などによって感じ方には差がありますので、こちらは一つの目安としてお使いください。

2　基礎知識を確認する

　「キーワード問題」で基礎的な知識が身に付いているか、確認しましょう。穴埋めで答えられなかったキーワードはその内容や関連ワードをしっかりと把握して試験に臨む必要があります。繰り返し見ることで知識を定着させましょう。

3　演習問題を解く

　次は実際に「演習問題」にチャレンジしましょう。解き終わったら解答・解説で答えを確認します。分からなかったところ、間違ったところは必ず復習してください。解説では問題の背景や周辺知識、関連キーワードなどの説明もありますので、ただ正解不正解を確認するだけでなく、解説を読み込んで知識を広げてください。

4　聴解、記述式対策は早めに取りかかる

　「聴解が苦手」「記述式に自信がない」という人はたくさんいます。苦手意識を持っていては本番でも弱気になってしまいます。早めに対策に取りかかり「8割は難しいけれど、6割は確実に取れる」という自信を付けましょう。

目次

問題

1. 社会・文化・地域

2. 言語と社会

3. 言語と心理

4. 言語と教育

キーワード問題 原案

藤田百子
東京外国語大学世界言語社会教育センター特任助教

日本語教育能力検定試験　出題範囲

次の通りとする。ただし、全範囲にわたって出題されるとは限らない。

区分		主要項目
社会・文化・地域	①世界と日本	（1）世界と日本の社会と文化
	②異文化接触	（2）日本の在留外国人施策
		（3）多文化共生（地域における共生）
	③日本語教育の歴史と現状	（4）日本語教育史
		（5）言語政策
		（6）日本語の試験
		（7）世界と日本の日本語教育事情
言語と社会	④言語と社会の関係	（8）社会言語学
		（9）言語政策と「ことば」
	⑤言語使用と社会	（10）コミュニケーションストラテジー
		（11）待遇・敬意表現
		（12）言語・非言語行動
	⑥異文化コミュニケーションと社会	（13）多文化・多言語主義
言語と心理	⑦言語理解の過程	（14）談話理解
		（15）言語学習
	⑧言語習得・発達	（16）習得課程（第一言語・第二言語）
		（17）学習ストラテジー
	⑨異文化理解と心理	（18）異文化受容・適応
		（19）日本語の学習・教育の情意的側面
言語と教育	⑩言語教育法・実習	（20）日本語教師の資質・能力
		（21）日本語教育プログラムの理解と実践
		（22）教室・言語環境の設定
		（23）コースデザイン
		（24）教授法
		（25）教材分析・作成・開発
		（26）評価法
		（27）授業計画
		（28）教育実習
		（29）中間言語分析
		（30）授業分析・自己点検能力
		（31）目的・対象別日本語教育法
	⑪異文化間教育とコミュニケーション教育	（32）異文化間教育
		（33）異文化コミュニケーション
		（34）コミュニケーション教育
	⑫言語教育と情報	（35）日本語教育とICT
		（36）著作権
言語	⑬言語の構造一般	（37）一般言語学
		（38）対照言語学
	⑭日本語の構造	（39）日本語教育のための日本語分析
		（40）日本語教育のための音韻・音声体系
		（41）日本語教育のための文字と表記
		（42）日本語教育のための形態・語彙体系
		（43）日本語教育のための文法体系
		（44）日本語教育のための意味体系
		（45）日本語教育のための語用論的規範
	⑮言語研究	
	⑯コミュニケーション能力	（46）受容・理解能力
		（47）言語運用能力
		（48）社会文化能力
		（49）対人関係能力
		（50）異文化調整能力

（公財）日本国際教育支援協会のホームページより

各区分における測定内容

区分	求められる知識・能力
社会・文化・地域	日本や日本の地域社会が関係する国際社会の実状や、国際化に対する日本の国や地方自治体の政策、地域社会の人びとの意識等を考えるために、次のような視点と基礎的な知識を有し、それらと日本語教育の実践とを関連づける能力を有していること。 ・国際関係論・文化論・比較文化論的な視点とそれらに関する基礎的知識 ・政治的・経済的・社会的・地政学的な視点とそれらに関する基礎的知識 ・宗教的・民族的・歴史的な視点とそれらに関する基礎的知識
言語と社会	言語教育・言語習得および言語使用と社会との関係を考えるために、次のような視点と基礎的な知識を有し、それらと日本語教育の実践とを関連づける能力を有していること。 ・言語教育・言語習得について、広く国際社会の動向からみた国や地域間の関係から考える視点とそれらに関する基礎的知識 ・言語教育・言語習得について、それぞれの社会の政治的・経済的・文化的構造等との関係から考える視点とそれらに関する基礎的知識 ・個々人の言語使用を具体的な社会文化状況の中で考える視点とそれらに関する基礎的知識
言語と心理	言語の学習や教育の場面で起こる現象や問題の理解・解決のために、次のような視点と基礎的な知識を有し、それらと日本語教育の実践とを関連づける能力を有していること。 ・学習の過程やスタイルあるいは個人、集団、社会等、多様な視点から捉えた言語の習得と発達に関する基礎的知識 ・言語教育に必要な学習理論、言語理解、認知過程に関する心理学の基礎的知識 ・異文化理解、異文化接触、異文化コミュニケーションに関する基礎的知識
言語と教育	学習活動を支援するために、次のような視点と基礎的な知識を有し、それらと日本語教育の実践とを関連づける能力を有していること。 ・個々の学習者の特質に対するミクロな視点と、個々の学習を社会の中に位置付けるマクロな視点 ・学習活動を客観的に分析し、全体および問題の所在を把握するための基礎的知識 ・学習者のかかえる問題を解決するための教授・評価等に関する基礎的知識
言語	教育・学習の対象となる日本語および言語一般について次のような知識・能力を有し、それらと日本語教育の実践とを関連づける能力を有していること。 ・現代日本語の音声・音韻、語彙、文法、意味、運用等に関する基礎的知識とそれらを客観的に分析する能力 ・一般言語学、対照言語学など言語の構造に関する基礎的知識 ・指導を滞りなく進めるため、話し言葉・書き言葉両面において円滑なコミュニケーションを行うための知識・能力

（公財）日本国際教育支援協会のホームページより

日本語教育能力検定試験　実施要項

目的　　　日本語教員となるために学習している者、日本語教員として教育に携わっている者を対象として、日本語教育の実践につながる体系的な知識が基礎的な水準に達しているかどうか、状況に応じてそれらの知識を関連づけ多様な現場に対応する能力が基礎的な水準に達しているかどうかを検定することを目的とする。

実施者　公益財団法人　日本国際教育支援協会が実施する。

試験の方法、内容等

（1）受験資格：特に制限しない。

（2）試験の水準と内容

　　試験の水準：日本語教育に携わるにあたり必要とされる基礎的な知識・能力。

　　試験の内容：出題範囲は、別記のとおりとする。

（3）試験の構成

科目	解答時間	配点	測定内容
試験Ⅰ	90分	100点	原則として、出題範囲の区分ごとの設問により、日本語教育の実践につながる基礎的な知識を測定する。
試験Ⅱ	30分	40点	試験Ⅰで求められる「基礎的な知識」および試験Ⅲで求められる「基礎的な問題解決能力」について、音声を媒体とした出題形式で測定する。
試験Ⅲ	120分	100点	原則として出題範囲の区分横断的な設問により、熟練した日本語教員の有する現場対応能力につながる基礎的な問題解決能力を測定する。

（4）試験日：毎年10月第4日曜日（予定）

（5）試験地区：北海道、東北、関東、中部、近畿、中国、九州

出願の手続き等

（1）受験案内

　　出願等の細目については、「日本語教育能力検定試験 受験案内」による。

　　令和5年度以降は、オンライン出願。

（2）出願手続き

　　1）日本国際教育支援協会のホームページからオンライン出願サイトにアクセス。アカウント作成後、出願登録。

　　2）受験料：17,000円（税込）（令和5年度の場合）

　　3）受付期間：7月上旬から8月上旬（予定）。受験案内を参照のこと。

受験票の送付　　願書を受理したものについて、毎年9月末（予定）に発送。

結果の通知等　　合否の結果は、毎年12月下旬（予定）に受験者全員に文書をもって通知するとともに、合格者には合格証書を交付する。

（公財）日本国際教育支援協会のホームページより

日本語教員試験について

平成31年3月、文化審議会国語分科会によって「日本語教育人材の養成・研修の在り方について（報告）改定版」がとりまとめられました。この中で示された「日本語教師【養成】における教育内容」に掲げられた必須の教育内容（必須の教育内容50項目）は、今後の日本語教師に必要な知識を示したものです。日本語教育能力検定試験の出題範囲は、令和4年度試験から「必須の教育内容50項目」に準じた出題範囲に移行されました。(p .6参照) また、令和6年度4月から開始される登録日本語教員(国家資格)のための日本語教員試験も「必須の教育内容50項目」に基づいて出題されます。最新の情報は文化庁のホームページ等でご確認ください。

本書の使い方

無料ダウンロード音声について

本書の「聴解」の音声はパソコンかスマートフォンでダウンロード＆再生ができます。

🖥 パソコンからのダウンロード

①アルクダウンロードセンターにアクセス　https://portal-dlc.alc.co.jp
②本書のタイトル「日本語教育能力検定試験　対策問題集」または
　商品コード（7022041）を検索して、音声データをダウンロード

📱 スマートフォンからのダウンロード

①下記のURLから無料アプリ「booco」をインストール
　https://www.booco.jp/
②boocoのホーム画面の「探す」から本書のタイトル「日本語教育能力検定試験
　対策問題集」または商品コード（7022041）を検索して、音声データをダウンロード

1. 社会・文化・地域

「社会・文化・地域」を攻略するためには、日本語教育の歴史や世界との関わりなど、広い範囲の知識が必要です。また、日本語教育を取り巻く最新の状況を把握することがカギとなります。

情報が更新されやすい分野ですので、常に最新情報を確認することをおすすめします。

キーワード問題

演習問題

本田弘之
北陸先端科学技術大学院大学教授
問題1、7、8

田中祐輔
青山学院大学文学部日本文学科
准教授
問題2〜6

キーワード問題

問題1　日本語学習者の日本語能力を測る試験には主に次の三つがあるが、対象とする受験者は異なっている。大学入学を希望する学習者に向けた試験は 　①　 、ビジネスパーソンに向けた試験は 　②　 である。 　③　 は受験者数が一番多く、日本では 　④　 が、世界では 　⑤　 が主催している。

問題2　　①　 とは阪神・淡路大震災をきっかけとして、災害発生時に日本語も英語も十分でない外国人でも適切な行動を取れるようにすることを目的として提唱された、普通の日本語よりも簡単で分かりやすい日本語のことをいう。現在は、災害時だけでなく、公文書の書き換えや生活情報発信のためにも活用されている。

問題3　第2次世界大戦後日本へ帰る機会を失い中国に残された日本人で、その後帰国を果たした人々のことを 　①　 という。1972年の 　②　 によって、帰国事業は促進された。しかし、長期間の中国での生活で、日本語能力が不十分となった帰国者が多く、彼らの生活支援、日本語支援のために、 　③　 が開設された。

問題4　1983年中曽根内閣時代に、来日留学生の数を増やすために当時フランス並みの受け入れ数を目標に掲げられた計画が 　①　 であり、2003年に目標は達成された。さらに、2008年福田内閣時代に 　②　 が2020年を到達目標として計画されたが、すでにその目標は達成されている。

問題5　1980年代は 　①　 などが背景となり、中国や韓国からの就学生が急増した。一方で彼らの受け入れ先である日本語学校も増設されていたが、就学を名目に、企業の不足する人材の確保を目的とした日本語学校もあった。法務省がこのような現状を問題視し審査を厳しくした結果、入学金や授業料を払い込んだにもかかわらず入国ビザが取れない事態が多発した。これに怒った人々が、1988年上海総領事館を取り囲んだ。これを 　②　 というが、この事件をきっかけに日本語学校を審査・認定する機関として 　③　 が設立された。

問題6

締結国間の ① の活性化や連携強化を目的とし、貿易の自由化だけでなく人の移動やサービス、投資などさまざまな分野におけるルールを策定した協定を ② という。現在、介護福祉士候補者・看護師候補者はこの協定の下で、日本での就労、研修をしながら日本の ③ の合格を目指している。

問題7

今後不足する人材を確保するために、特に深刻となる介護、建設、宿泊、外食などの14分野における「相当程度の知識と経験」を必要とする業務に従事する外国人向けの ① と、「熟達した技能」を要する業務に従事する外国人向けの ② という新たな在留資格が創設され、2019年より受け入れ可能となった。

問題8

高い能力や技術を持った外国人を積極的に受け入れるために、それらの人材に出入国管理上の優遇措置を講ずる制度のことを ① という。その活動内容を「高度学術研究活動」「高度専門・技術活動」「高度経営・管理活動」の三つに分類しているが、個々の能力に応じてポイントが加算されることもある。

問題9

平成18(2006)年3月に総務省が外国人住民支援施策として提言したプログラムを ① という。当時の日系南米人等の外国人住民の増加を背景に、彼らを生活者・地域住民として捉え、地域における多文化共生施策の推進体制を整備するために、 ② 、 ③ 、多文化共生の地域づくりの三つの柱が掲げられた。令和2(2020)年9月、社会経済情勢の変化を踏まえ改訂が加えられた。

問題10

台湾は日清戦争後の下関条約(1895年)により清から割譲され、その後50年日本の統治下にあった。 ① は1895年に総督府学務部長心得として台湾に渡り、台北北部の ② で日本語教育を始めたが、翌年反日勢力によって6人の日本人教師が殺害される .③ が起きた。

問題11

日本語教育の振興・推進に関わる機関には、日本語教育専門家の海外派遣、JF日本語教育スタンダードの運用と普及促進、海外日本語教育機関調査の実施、国外における日本語能力試験の実施などを行う ① 、日本語教育研究、教材開発、日本語教師研修などを行う ② 、日本留学試験の実施、日本語教育センターの運営などを行う ③ 、海外協力隊日本語教師派遣の ④ 、国内における日本語能力試験の実施、日本語教育能力検定試験の実施などをする ⑤ などがある。

演習問題

問題 1

難易度 ★☆☆

次の文章を読み、後の問い（問1～5）に答えよ。

「外国人を対象とする日本語教育」が組織的に始められたのは、1895年、台湾が日本の領土となったときからである。これ以降1945年まで、特に東アジア地域で日本語教育はかつてないほど組織的に、そして大規模に行われた。

最も早く組織的な日本語教育が開始された台湾では、小学校から日本語教育が、A グアン式教授法と呼ばれる直接法で行われた。1940年代には日本語を理解する人口比率が60％程度に達していたとされている。

朝鮮では、李朝の開国と同時期に現地の人々により外国語としての日本語教育が始まっていた。しかし、1910年の日韓併合によって、日本語教育の様相は一変する。日本語教育は「国語教育」となり、学校教育の中心と位置付けられた。日本語の習得が日本精神・日本文化を体得するために不可欠とされたのである。1937年ごろには B 国語常用全解運動が開始された。このような日本語の強制と同化政策は、朝鮮の人々の激しい怒りを招いた。

日露戦争（1904～05）によって、ロシアより中国東北地方の利権を得た日本は、大連を中心とする租借地（関東州）と南満州鉄道沿線（満鉄付属地）で C 日本語教育を開始した。1932年、「満州国」が建国され、学制が公布されると、学校教育では、日本語が必修とされた。しかし「満州国」は皇帝溥儀を元首とする独立国という建前をとっていたため、台湾や朝鮮のように住民に日本語を強制することはできなかった。

一方、第2次世界大戦に前後して、アメリカ合衆国でも戦略的な目的から日本語教育が開始された。その舞台は、アメリカ陸海軍の組織として作られた D 日本語学校であった。これらの学校ではアーミーメソッドとして知られる教授法が行われた。戦後、このアーミーメソッドが発展して生まれたといわれている E 教授法が、テープレコーダーの開発と普及とも重なって、一時期、世界の外国語教育を席巻した。

問1 下線部A「グアン式教授法と呼ばれる直接法」を台湾において採用し、その後、朝鮮、満州でも日本語教育に当たった人物の名前を、次の1～4の中から一つ選べ。
  1 伊沢修二　　2 松本亀次郎　　3 山口喜一郎　　4 時枝誠記

問2 下線部B「国語常用全解運動」に関する記述として最も適当なものを、次の1～4の中から一つ選べ。
  1 朝鮮語の使用を禁止し、話しているところが見つかると逮捕された。
  2 ハングルによる出版物の発行を禁止し、ハングルの本は焼却された。
  3 全ての戸籍を日本風の氏名に改名した。
  4 学校だけではなく家庭内でも日本語を使うことを目標にした。

問3　下線部C「日本語教育」について、大出正篤は、積極的に母語を用いる「速成式教授法」を提唱した。その理由として最も適当なものを、次の1〜4の中から一つ選べ。

1　「満州国」の日本語学習者は、仕事で日本語を使用する成人が多かったため

2　「満州国」では漢字が使用されており、漢文訓読の手法で学習することができたため

3　「満州国」の国語は日本語ではなく、学習を強制することができなかったため

4　「満州国」では教育制度を新たに設定し、小学校から日本語を教育できたため

問4　下線部D「日本語学校」で学び、後に「源氏物語」を英訳するなど、米国を代表する日本文学者・翻訳者となった人物の名前を、次の1〜4の中から一つ選べ。

1　アーサー・ウェイリー　　　　　　2　ドナルド・キーン

3　エドワード・サイデンステッカー　4　エドウィン・ライシャワー

問5　下線部E「教授法」の名前として最も適当なものを、次の1〜4の中から一つ選べ。

1　オーディオリンガル・メソッド

2　コミュニカティブ・アプローチ

3　トータル・フィジカル・レスポンス(TPR)

4　コミュニティ・ランゲージ・ラーニング(CLL)

問題 2　　　　　　　　　　　　　　　　　　　　　　難易度 ★★☆

次の文章を読み、後の問い (問1〜5) に答えよ。

　日本国内の留学生に対する組織的な日本語教育は、1896年に高等師範学校の校長であった □（ア）□ の下で行われた清国留学生13人への教育を嚆矢とする。1902年に設置された弘文学院では、後に中国近代文学の確立者となる □（イ）□ も学び、教師にはA松下大三郎や、B松本亀次郎らがいた。他にも多くの機関が設立され、Cピーク時には１万人を超える留学生が来日した。一方、同時期に海外での日本語教育についても本格的に開始され、D1895年から伊沢修二らによって進められた台湾における日本語教育がその最初であった。近代日本語教育の礎が作られた時期であったと言える。

問1　文章中の □（ア）□ と □（イ）□ に入る言葉として最も適当な組み合わせを、次の1〜4の中から一つ選べ。

	（ア）	（イ）
1	嘉納治五郎	魯迅
2	松宮弥平	黄興
3	山口喜一郎	楊度
4	長沼直兄	田漢

問2 文章中の下線部A「松下大三郎」の主たる専門として最も適当なものを、次の1〜4の中から一つ選べ。

    1　漢字　　2　音声　　3　文法　　4　聴解

問3 文章中の下線部B「松本亀次郎」が著した日本語教材として最も適当なものを、次の1〜4の中から一つ選べ。

    1　『漢訳日本口語文典』
    2　『言文対照漢訳日本文典』
    3　『日本語教授法原論』
    4　『標準日本語読本』

問4 文章中の下線部C「ピーク時には1万人を超える留学生が来日した」背景として不適当なものを、次の1〜4の中から一つ選べ。

    1　清国から欧米に留学することが禁止されていた。
    2　漢字圏であることから学びやすいと考えられた。
    3　欧米の近代科学を取捨選択して取り入れた日本に学ぶことが合理的であると考えられた。
    4　欧米に比べ日本は距離的にも文化的にも近い国であると考えられた。

問5 文章中の下線部D「1895年から伊沢修二らによって進められた台湾における日本語教育」の背景として最も適当なものを、次の1〜4の中から一つ選べ。

    1　ポーツマス条約　　　　2　下関条約
    3　日華基本条約　　　　　4　サンフランシスコ平和条約

問題3　　　　　　　　　　　　　　　　　　　　　難易度 ★★★

次の文章を読み、後の問い（問1〜4）に答えよ。

　戦後の日本語教育の歩みを概観すると、初期の組織的な日本語教育としては、1946年に文部省と外務省の共管で開設された言語文化研究所が、1948年に開設した付属東京日本語学校の　（ア）　を中心とするもの、1951年に設置された国際学友会日本語教育部での鈴木忍を中心とするものなどが挙げられる。国際社会への復帰、高度成長、グローバル化の進展などに伴って、A インドシナ難民や中国からの帰国者など1980年代からいわゆる　（イ）　の定住化が進み、1989年には「出入国管理及び難民認定法」が改正され（翌90年施行）日系人の定住も増加した。2019年には、外国人材の受け入れのための在留資格の創設などを内容とする「出入国管理及び難民認定法及び法務省設置法の一部を改正する法律の一部を改正する法律」が施行。同年、B「日本語教育の推進に関する法律」が施行された。

問1 文章中の　（ア）　に入る人物として最も適当なものを、次の1〜4の中から一つ選べ。

    1　伊沢修二　　2　山口喜一郎　　3　嘉納治五郎　　4　長沼直兄

問2　文章中の下線部A「インドシナ難民や中国からの帰国者」に関する事実として不適当なものを、次の1〜4の中から一つ選べ。

1　共に文部科学省が受け入れを管轄し、管理と運営が行われた。

2　共に宿泊施設を伴うセンターが設けられ生活指導が行われた。

3　日本語教育に加え職業のあっせんなどの支援も行われた。

4　成人に加えその子弟や年少者への日本語教育も行われた。

問3　文章中の　(イ)　に入る言葉として最も適当なものを、次の1〜4の中から一つ選べ。

1　オールドカマー　　2　ニューカマー

3　ファーストカマー　4　レイトカマー

問4　文章中の下線部B「日本語教育の推進に関する法律」の説明として不適当なものを、次の1〜4の中から一つ選べ。

1　雇用外国人に日本語教育提供を努める責務が企業にあると明記された。

2　日本語教育施策の具体的な内容が示され罰則規定が定められた。

3　国や自治体に日本語教育を進める責務があることが明記された。

4　日本語教育施策を海外で推進することについて国の責務と定められた。

問題 4　　　　　　　　　　　　　　　　　　　　　難易度 ★★☆

次の文章を読み、後の問い（問1〜5）に答えよ。

　日本語教育と留学生政策とは密接な関係があるが、その大きな転換点となったものとして、1983年に　(ア)　(当時)の指示の下進められたA 留学生受入れ10万人計画がある。1984年にはB 日本語能力試験が、1988年には日本語教育能力検定試験が開始され、日本語学習と教育のための整備が進められた。また、1982年にはC 就学ビザの発給が開始され、1984年には取得手続きの簡素化が進められたことで留学生増につながった。2008年には　(イ)　(当時)の下で、日本がより世界に開かれた国へと発展するためのグローバル戦略の一環としてD 留学生30万人計画が打ち出された。

問1　文章中の　(ア)　と　(イ)　に入る言葉として最も適当なものを、次の1〜4の中から一つ選べ。

	（ア）	（イ）
1	森喜朗文部大臣	塩谷立文部科学大臣
2	安倍晋太郎外務大臣	高村正彦外務大臣
3	住栄作法務大臣	野沢太三法務大臣
4	中曽根康弘総理大臣	福田康夫総理大臣

問2 文章中の下線部A「留学生受入れ10万人計画」に関する記述として不適当なものを、次の1〜4の中から一つ選べ。

　1　計画立案以来、留学生の数は一貫して増加し続けた。

　2　計画当時、日本の留学生数は約1万人であった。

　3　10万人という目標数は2003年に達成された。

　4　10万人という数は当時のフランスの留学生数がモデルとされた。

問3 文章中の下線部B「日本語能力試験」の説明として最も適当なものを、次の1〜4の中から一つ選べ。

　1　N4からN1までの4段階で認定される。

　2　年に1回国内外において開催されている。

　3　記述式と口頭式での問題は出題されない。

　4　試験問題の内容はいずれのレベルでも同じである。

問4 文章中の下線部C「就学ビザ」に関連する記述として不適当なものを、次の1〜4の中から一つ選べ。

　1　大学などで学ぶ外国人学生は「就学」のビザには該当しなかった。

　2　日本語学校などで学ぶ外国人学生は「就学」のビザには該当しなかった。

　3　2010年に就学ビザは留学ビザに一本化された。

　4　1988年に上海事件と呼ばれる出来事が起きた。

問5 文章中の下線部D「留学生30万人計画」に関する説明として最も適当なものを、次の1〜4の中から一つ選べ。

　1　30万人とは今後300万人程度と予想される全学生の10%程度の留学生受け入れが目標とされたもの。

　2　日本の留学生増加を目指すものであるため、海外大学との交換留学や単位互換プログラムは削減された。

　3　日本の大学の国際化を推進するために全国の大学に特別予算が均等配分された。

　4　留学生が日本で学んだ後には母国に帰り活躍してもらうことが前提とされている。

問題5　　　　　　　　　　　　　　　　　　　　　　　　　難易度 ★★☆

次の文章を読み、後の問い（問1〜4）に答えよ。

　1983年のA「留学生受入れ10万人計画」は日本語教員の需要も高めた。1985年にB「日本語教員の養成等について」（文部省）が発表され、筑波大学と東京外国語大学に日本語教員養成課程が設置された。一方、在住外国人の増加は地域の日本語教室のボランティア教師需要増につながり、地方自治体などにより教師養成が行われるようになった。こうした流れを受け、2000年にC「日本語教育のための教員養成について」（文化庁）が発表された。2018年には、生活者としての外国人、留学生、D児童生徒等に対する日本語教育について検討され「日本語教育人材の養成・研修の在り方について（報告）」（文化庁）として発表。2019年には前掲報告書の改定版として、就労者や難民等に対する日本語教師、海外に赴く日本語教師に求められる資質・能力およびそれに応じた教育内容とカリキュラムの検討結果が発表された。

問1　文章中の下線部A「留学生受入れ10万人計画」に関する事実として最も適当なものを、次の1〜4の中から一つ選べ。

　1　計画当時の日本の留学生数は約5万人であった。

　2　計画は当時の竹下登総理大臣の指示で始まった。

　3　10万人という受け入れ目標数は2003年に達成された。

　4　10万人という数は当時の英国の留学生数を基に設定された。

問2　文章中の下線部B「日本語教員の養成等について」に関する事実として不適当なものを、次の1〜4の中から一つ選べ。

　1　大学の副専攻では養成に必要な単位数として26単位と定められた。

　2　大学の主専攻では養成に必要な単位数として45単位と定められた。

　3　日本語学校における教員養成に必要な時間数は220時間と定められた。

　4　日本語学校における教員養成に必要な時間数は420時間と定められた。

問3　文章中の下線部C「日本語教育のための教員養成について」に関する事実として最も適当なものを、次の1〜4の中から一つ選べ。

　1　大学における主専攻・副専攻の区別は廃止された。

　2　国語の教職課程などとの横断的教育課程編成は廃止された。

　3　基礎から応用に至る選択可能な教育内容は削除された。

　4　社会言語学などの関係学問の教育内容は課程項目から削除された。

問4 文章中の下線部D「児童生徒等に対する日本語教育」に関する事実として**不適当なもの**を、次の1〜4の中から一つ選べ。

1 児童生徒数によって決まる教員定員に上乗せして配属される教員を加配教員という。
2 児童生徒の在籍学級で児童生徒に付き添う学習サポートを入り込み指導という。
3 児童生徒の在籍学級ではない別室で個別に行う指導を取り出し指導という。
4 日本語を母語としない学齢期の子どもたちをJFL児童生徒という。

問題6	難易度 ★★☆

次の文章を読み、後の問い（問1〜5）に答えよ。

　インドシナ難民の受け入れや中国帰国者の引き揚げ、A 1990年の改正出入国管理及び難民認定法の施行による家族帯同の在留外国人増で B 日本語を母語としない学齢期の子どもたちへの教育が大きな課題としてクローズアップされるようになった。公立の小中学校では、児童の在籍学級において傍らでサポートをする　(ア)　指導や、在籍学級以外の教室で指導する　(イ)　指導、C 就学やカリキュラム上の対策や教員の増員などが進められている。

　外国人児童生徒等への言葉の教育の必要性は児童の母語についても同様で、母語と日本語双方の発達に困難が生じてしまう　(ウ)　や、両親とのコミュニケーション困難などの問題も生じている。親から受け継がれる母語が日本語であってもそれ以外の言語であっても　(エ)　教育は重要であると言える。2018年の在留外国人の在留資格別構成では、家族帯同が許される永住者が最も多く、20代から30代が全体の半数を占める。今後も日本でキャリア構築や子育てを行う在留外国人は増える見込みであり、子どもたちへの日本語支援環境の拡充が求められている。

問1 文章中の下線部A「1990年の改正出入国管理及び難民認定法の施行」について**不適当なもの**を、次の1〜4の中から一つ選べ。

1 日系3世に関しては一律に定住資格が認められなくなった。
2 日本人として出生した者の実子に対して一律に定住資格が与えられた。
3 定住資格を得た人々がアルバイトや生業に就くことが可能となった。
4 日系人の入国・在留が急増したが、現在では減少傾向にある。

問2 文章中の下線部B「日本語を母語としない学齢期の子どもたち」の名称として最も適当なものを、次の1〜4の中から一つ選べ。

1 JFL 児童生徒　　　2 JSL 児童生徒
3 EFL 児童生徒　　　4 ESL 児童生徒

問3　文章中の ［（ア）］ と ［（イ）］ に入る言葉として最も適当な組み合わせを、次の1～4の中から一つ選べ。

	（ア）	（イ）
1	正課	課外
2	入り込み	取り出し
3	個別	特別
4	教習	実習

問4　文章中の下線部C「就学やカリキュラム上の対策や教員の増員などが進められている」の事例として不適当なものを、次の1～4の中から一つ選べ。
　　1　児童生徒数によって決まる教員定員に上乗せして配属される、加配教員の配置。
　　2　在籍学級外での日本語指導を、在籍学級の教育課程の一部として認定。
　　3　日本語指導と教科指導とを統合したJSLカリキュラムの開発。
　　4　公立の義務教育諸学校への就学希望児童への、授業料・教科書費の負担減額。

問5　文章中の ［（ウ）］ と ［（エ）］ に入る言葉として最も適当な組み合わせを、次の1～4の中から一つ選べ。

	（ウ）	（エ）
1	ダブルリミテッド	継承語
2	モノリンガル	臨界期
3	グローバルエラー	接続語
4	ラポール	過渡期

問題7　　　　　　　　　　　　　　　　　　　　難易度：★★☆

次の文章を読み、後の問い（問1～4）に答えよ。

　すでに外国人材は、日本の産業構造のなかで一定の役割を果たしている。人口減少期に入っている日本社会の中でその役割は、今後、ますます高くなっていくと思われる。近年の出入国管理制度の改正もそのような社会情勢の変化に対応するものといえる。
　平成27（2015）年には、A在留資格「高度専門職」が新設され、これまでの「投資・経営」が「経営・管理」に変更され、「技術」と「人文知識・国際業務」が統合された。さらに平成28（2016）年にはB在留資格「介護」が新設され、平成31（2019）年には「C特定技能1号」「同2号」が新設された。またこのとき同時に「入国管理局」が「出入国在留管理庁」に再編成され、これまでの出入国管理だけではなく、D外国人の在留についても管轄することとなった。

問1 下線部A「在留資格『高度専門職』」に関する記述について不適当なものを、次の1〜4の中から一つ選べ。

1 在留期間「5年」が最初から一律に与えられる。
2 配偶者の就労が認められる。
3 複数の在留資格にまたがる活動を並行して行うことができる。
4 5年以上日本に在留して活動すれば、永住申請ができる。

問2 下線部B「在留資格『介護』」に関する記述として最も適当なものを、次の1〜4の中から一つ選べ。

1 入国後4年目までに介護福祉士の国家試験を受験する必要がある。
2 1年目と3年目に試験を受け、それに合格すると最長5年まで実習が可能になる。
3 資格申請時に日本語試験と介護分野の日本語評価試験に合格していることが必要である。
4 在留資格更新の回数制限がない。

問3 下線部C「特定技能1号」の在留資格に関する記述として最も適当なものを、次の1〜4の中から一つ選べ。

1 在留資格「特定技能1号」を取得するためには、日本語能力試験N4に合格していなければならない。
2 在留資格「特定技能1号」を取得すると最長5年のビザが発給される。
3 在留資格「特定技能1号」を取得しても、働くことができる分野(特定産業分野)が決まっている。
4 在留資格「特定技能1号」を取得するためには、二国間取り決めを締結した国の国籍であることが必要である。

問4 下線部D「外国人の在留」について、出入国在留管理庁への再編に伴って変更された点として最も適当なものを、次の1〜4の中から一つ選べ。

1 外国人登録制度が廃止された。
2 留学ビザの在留期間が2年から2年3カ月に延長された。
3 出国時に空港等で再入国許可を受けることが可能になった。
4 国内転居について出入国在留管理庁に直接届出書を提出することになった。

問題8 　　　　　　　　　　　　　　　　　　難易度 ★★★

次の文章を読み、後の問い(問1〜4)に答えよ。

　「外国人の受け入れ・共生に関する最終閣僚会議」は、令和4(2022)年6月に「外国人との共生社会の実現に向けたAロードマップ」(以下「ロードマップ」)および「外国人材の受入れ・共生のためのB総合的対応策(令和4年度版)」(以下「総合的対応策」)を決定した。このうち「総合的対応策」は、平成30(2018)年から発表され、毎年、改訂されている。令和4年に初めて決定された「ロードマップ」

についても毎年見直しが行われることになっている。これらは、日本におけるc在留外国人が増加する中、日本人と外国人との共生社会の実現に向けた環境整備の方針を示している。

問1 日本語教育関連の施策として、下線部Ａ「ロードマップ」に関する記述について**不適当なもの**を、次の１～４の中から一つ選べ。
1 日本語教室が開設されていない市区町村に対する開設・安定化のための支援について明記されている。
2 外国人が自習できるICT教材の開発・提供について明記されている。
3 「日本語能力試験（JLPT）」の各レベル（Ｎ５～Ｎ１）に対応した教育モデルの開発について明記されている。
4 日本語教育機関の認定制度と日本語教師の資格制度の整備について明記されている。

問2 各年度の下線部Ｂ「総合的対応策」に関する記述について、日本語教育の取り扱いの変化として最も適当なものを、次の１～４の中から一つ選べ。
1 平成30年度から毎年、最も重要な事項として取り上げられてきた。
2 教室における対面での日本語教育からICTを活用したリモート日本語教育重視へと移行してきた。
3 海外での日本語普及から、国内での日本語教育へ施策の重点が変化した。
4 次第に日本語教育の重要性についての認識が高まっていき、令和４年度版で「日本語教育への取組」が報告の筆頭に置かれた。

問3 下線部Ｃ「在留外国人」の「増加」に関する記述について、2021年末の在留外国人数について最も適当なものを、次の１～４の中から選べ。
1 約177万人
2 約227万人
3 約277万人
4 約327万人

問4 下線部Ｃ「在留外国人」の「増加」に関する記述について、2010年末と比べて2021年末の在留外国人の出身地はどのように変化したか。**不適当なもの**を、次の１～４の中から選べ。
1 中国人は、人数は増加したが、構成比率は減少した。
2 ブラジル人は、人数・構成比率とも減少した。
3 ベトナム人は、人数・構成比率とも増加率が最も高かった。
4 フィリピン人は、構成比率は減少したが、人数は増加した。

社会・文化・地域　　解答・解説

キーワード問題　　解答

問題1　①日本留学試験(EJU)　②BJTビジネス日本語能力テスト　③日本語能力試験(JLPT)
　　　　　④日本国際教育支援協会(JEES)　⑤国際交流基金(JF)

問題2　①やさしい日本語

問題3　①中国帰国者　②日中国交正常化　③中国帰国者定着促進センター

問題4　①留学生受入れ10万人計画　②留学生30万人計画

問題5　①留学生受入れ10万人計画　②上海事件　③日本語教育振興協会(日振協)

問題6　①経済活動　②EPA(経済連携協定)　③国家試験

問題7　①特定技能1号　②特定技能2号

問題8　①高度人材ポイント制

問題9　①多文化共生推進プログラム　②コミュニケーション支援　③生活支援

問題10　①伊沢修二　②芝山巌　③芝山巌事件

問題11　①国際交流基金(JF)　②国立国語研究所(NINJAL)
　　　　　③日本学生支援機構(JASSO)　④国際協力機構(JICA)
　　　　　⑤日本国際教育支援協会(JEES)

演習問題　　解説・解答

問題1

問1：3	問2：4	問3：1	問4：3	問5：1

　日本語教育史は独立した設問として出題されることが多く、問題数も多くなるので押さえておきたいところである。「歴史」というと敬遠する人もいるが、日本語教育史について覚えなければならない事項はそれほど多くないので、自分で簡潔な年表を作ってみるのもよい。

問1　日本による支配の開始とともに台湾では、日本語教育が開始された。その普及は、はじめのうちは極めて困難だったが、1898年ごろ、**山口喜一郎**が年少者を対象として「**グアン式直接教授法**」を採用してから成功を収めたとされる。その後、山口は朝鮮や満州に渡り、当時の日本語教育に大きな足跡を残した。

問2　日本統治下の朝鮮では、日本語教育が「**皇民化**」の手段として使われた。このように日本語(言

語）教育が抑圧や差別の手段に使われる可能性があることを、語学教師は常に意識していなければならない。1937年ごろから開始した**国語常用全解運動**は「学校教育のみならず生活の全てを日本語化する」ことを目標としていた。とはいっても、朝鮮の民衆がこれらの命令に従順に従ったわけではない。「国語常用全解運動」の目標が「学校教育のみならず」とわざわざ言っていることからも分かるとおり、学校外では、従来と変わらず朝鮮語が使われていた。創氏改名にしても、朝鮮風の名を変えない人も少なくなく、ハングルによる出版も禁止されてはいなかった。京城帝国大学には朝鮮語学・朝鮮文学の講座も置かれ、教授であった小倉進平が、今日にいたる朝鮮語学の基礎を築いたことはよく知られている。

問3　満州国における日本語教育は、台湾や朝鮮の「国語教育」とはかなり異なっていた。年少者を対象とした学校教育が盛んだった台湾や朝鮮と違い、より有利な職を得るために、成人が日本語を学ぶケースが多かったのである。そこで、**大出正篤**は成人の学習者は母語による訳文の理解が可能であるから、授業の前に自習することによって学習期間を大幅に短縮できると考えた。中国語による対訳と注釈を付した総ルビの教科書を用意し、課文の意味と読みについては自宅で対訳法により予習をさせ、授業ではもっぱら口頭発表と会話練習を行う学習法を考案し、それを「**速成式教授法**」と呼んだ。

問4　ドナルド・キーン（1922-2019）とエドワード・サイデンステッカー（1921-2007）は、ともに米海軍が設置した日本語学校で学び（ただし、ドナルド・キーンはそれ以前にコロンビア大学で日本語を学んでいる）、戦後、米国を代表する日本文学者となった。源氏物語を英語に初訳したのは英国の東洋学者アーサー・ウェイリー（1889-1966）だが、これは抄訳であり、初の完訳はサイデンステッカーによるものである。

問5　**教授法**や評価・測定法などは、互いに無関係に生まれるものではない。ある教授法の批判から新しい教授法が生まれたり、その発展形として考案された教授法に新たな名前が付けられたりして変化していく。構造言語学の理論から**アーミーメソッド**が考案され、それを発展させた**オーディオリンガル・メソッド**（ミシガン・メソッド）が一時期、世界中でもてはやされるが、やがて、その批判として**コミュニカティブ・アプローチ**が主張された…というのが、20世紀後半の外国語教授法の大きな流れである。

問題2

問1：1	問2：3	問3：2	問4：1	問5：2

問1　留学生への日本語教育の発端として注目されることが多い**嘉納治五郎**を中心とした**清国留学生**への教育に関する問い。嘉納治五郎は「柔道の父」とも呼ばれ、昭和15(1940)年の東京オリンピック招致にも重要な役割を果たしたことから、オリンピック関連でも注目されている。**魯迅**が仙台医学専門学校で学ぶ道を開いたのも嘉納治五郎とされる。**松宮弥平**は群馬県前橋市に1893年に宣教師のための日本語学校を開校し日本語教育に取り組んだ。**山口喜一郎**は1890年代から終戦まで、台湾・朝鮮・満州において日本語教育に取り組み、**グアン式教授法**に基づく**直接法**の導入を推し進めた。長沼直兄は、**ハロルド・パーマー**の**オーラルメソッド**の影

響を受けた日本語教授法や日本語教材を開発した。1923 年から約18年間米国大使館で米国陸海軍将校への日本語教育に従事し、1941年に文部省内に設置された**日本語教育振興会**では海外への日本語普及事業に携わった。終戦後は**財団法人言語文化研究所**、および、**付属東京日本語学校**を設立し欧米人宣教師や米国大使館、駐留軍関係者への日本語教育に従事した。黄興（辛亥革命で活躍）、楊度（民本思想を提唱した政治家）、田漢（自作の詩がのちに国歌に選定）はそれぞれ弘文学院（宏文学院とも）卒業生であり、固有名詞が設問として問われることはないが、中国近代文学の父といわれる、魯迅が弘文学院で学んだことは押さえておくこと。

問2 **松下大三郎**は文法学者で『**漢訳日本口語文典**』(1907)など優れた教材も残した。提唱した文法は「松下文法」と呼ばれる。

問3 **松本亀次郎**が著した『**言文対照漢訳日本文典**』(1904)は日本語文法を中国語で解説したもの。国内外で40版を超える大ベストセラーとなった。『漢訳日本口語文典』は松下大三郎によるもの。『**日本語教授法原論**』(1943)は**山口喜一郎**によるもの。『**標準日本語読本**』(1931)は長沼直兄によるもの。

問4 **日清戦争**(1894-95)で敗戦した清国は急速に近代化を果たした日本に学ぶため留学生を派遣した。その背景には、当時の日本では欧米の近代科学が取捨選択して取り入れられており、そこから学ぶことが合理的であるとする考えや、距離的・文化的な近さ、漢字圏であることでの学びやすさといったものがあった。欧米に留学することが禁止されていたわけではない。

問5 **伊沢修二**は台湾の日本語教育の確立者で、1895年に**総督府学務部長心得**として現地に赴き日本語教育を開始した。日清戦争の講和条約（**下関条約**）の締結によって日本政府の台湾統治が始まり、この間、日本語は「**国語**」と呼ばれ普及が促進されたことは押さえておく必要がある。**ポーツマス条約**(1905)は日露戦争の講和条約。**日華基本条約**(1940)は、日本と中華民国との間で調印されたもの。**サンフランシスコ平和条約**(1951) は、第2次世界大戦における連合国諸国と日本との間の平和条約で、その翌年に日本の主権が回復した。

問1：4	問2：1	問3：2	問4：2

日本語教育は戦後の各時代の社会的な課題や要請と密接に関わりながら取り組まれてきた。

問1 **長沼直兄**は**ハロルド・パーマー**の**オーラルメソッド**の影響を受けた日本語教授法や日本語教材も開発した。**伊沢修二**は、日清戦争後に台湾の芝山巌で日本語教育を行った。**山口喜一郎**は 1890年代から1940年代まで台湾や朝鮮、旅順、北京、大連などで日本語教育に携わり、直接法の実践と普及に取り組んだ。**嘉納治五郎**は1896年より清国留学生の受け入れに携わった。

問2 1975年、**インドシナ3国**（ベトナム・ラオス・カンボジア）が社会主義体制に移行し**難民**が発生、日本にも到着した。海路で到着した人々を通称**ボートピープル**と呼ぶ。1979年、インドシナ

難民の受け入れ定住支援組織として**難民事業本部**が設立（外務省・文化庁・厚生省が管轄）。兵庫県姫路市、翌年、神奈川県大和市に宿泊施設を伴う定住促進センターが開設され日本語教育や職業訓練支援などが行われた。**中国帰国者**とは、終戦後日本へ帰国する機会を失い中国で生活した後帰国を果たした日本人のことを指す。1950年代に引き揚げが開始、1972年の日中国交正常化を契機に公の大規模な引き揚げが進んだ。1984年に宿泊施設を伴う**中国帰国孤児定着促進センター**が開設（厚生省が管轄）、日本語教育や生活指導などが行われた。インドシナ難民も中国帰国者も子弟帯同の場合があり年少者日本語教育も行われた。

問3　**ニューカマー**とは1980年代に来日したインドシナ難民、中国帰国者、就学生、1990年の改正入管法施行で多く来日した日系人などを指す。

問4　日本語教育の推進に関する法律、いわゆる**日本語教育推進法**は、日本語教育の推進に関する基本理念と方針、および、国や地方公共団体、事業主の責務を明らかにした法律。国や自治体に日本語教育を進める責務があること、企業には雇用外国人に日本語教育の機会を提供するよう努める責務があることなどが明記されている。ただし、具体的罰則規定は示されておらず、実効性のある施策をいかに展開していくかが課題となっている。

問題4

問1：4	問2：1	問3：3	問4：2	問5：1

　日本語教育と留学生政策との関わりは深く、一連の流れを把握しておく必要がある。政策の内容や背景が問われる可能性もあるため、ぜひとも理解を深めてほしい。

問1　**留学生受入れ10万人計画**は中曽根康弘総理大臣、**留学生30万人計画**は福田康夫総理大臣の下に立案された。留学生受入れ10万人計画は、日本の18歳人口が将来的に減少に転じることや、当時の先進国の中で日本の留学生数が際立って少ないことへの対策として、中曽根康弘総理（当時）の指示の下1983年に「21世紀への留学生政策に関する提言」が発表され、翌年に報告書「21世紀への留学生政策の展開について」が作成されたもの。当時約１万人であった日本への留学生数をフランス並みの10万人にすることを目標とし、2003年に達成された。2008年には福田康夫総理（当時）の下で留学生を30万人受け入れる計画が打ち出され、日本学生支援機構の調査によると2019年5月1日時点で31万2214人に達した。

問2　留学生受入れ10万人計画の提言後、留学生数は全体としては増加しているが、**バブル経済の崩壊**や、**アジア通貨危機**、**日振協（日本語教育振興協会）**による厳格な日本語学校の審査認定などの影響により、一時の停滞と減少があった。当初目標は2000年での10万人達成であったが、実際は３年遅れての達成となった。

問3　**日本語能力試験**はマーク式であり、記述式・口頭式の問題は出題されない。日本国内では**JEES（日本国際教育支援協会）**が、日本国外では**国際交流基金**が現地の機関と共同で試験を実施している。1984年の開始時は年１回開催であったが、2009年から一部の受験地を除

いて7月上旬と12月上旬の年2回試験が開催されている。試験問題はレベルごとに異なる。2010年には試験改定がなされ、1級から4級までの4段階からN1からN5までの5段階に変更された。2018年に受験者数が100万人を突破した（約101万人）。

問4 日本語学校などで学ぶ外国人学生は「就学」のビザに該当し、大学や大学院で学ぶ外国人学生は「**留学**」ビザが該当した。2010年にはこれらが留学ビザに一本化された。**上海事件**とは、1988年に中国上海市の日本国総領事館に人々がビザ発給を求め殺到した事件。背景には、悪質なブローカーや日本語学校の乱立の問題があった。日本の法務省は申請書類の偽造対策などのために審査基準の強化に乗り出し、ビザ発給までの時間が延長された。日本留学のための費用を日本語学校や仲介業者に払い込んだ人々は、ビザ発給がなされないことに不安を感じ、上海市の日本国総領事館で連日のデモを起こした。日本政府と上海市政府との協議の結果、1988年末には審査基準は変更前に戻されたが、これを機に、日振協（日本語教育振興協会）が設立され、日本語学校の設立審査・認定が行われるようになった。

問5 日本の大学などの高等教育機関の在籍学生数は少子化の影響、進学率の増加などを見込んでも今後300万人程度で推移すると予想されている。留学生30万人計画は、2020年までに日本の学生数全体に占める留学生の割合を、ドイツやフランス並みの10%（日本の場合は300万人の10%である30万人）にまで引き上げることを目指したもの。日本の大学の国際化が進められ、交換留学、単位互換、ダブルディグリー（海外と国内双方の大学で学位取得）などによる国際的大学間共同連携が促進されている。また、全国の大学への特別予算の均等配分は行われていないが、2009年開始の**国際化拠点整備事業（グローバル30）**、2011年開始の**大学の世界展開力強化事業**、2014年開始の**スーパーグローバル大学創成支援事業**などが展開され、選定大学への重点支援が行われている。さらに、**アジア人財資金構想事業**（2007～13）、**外国人材活躍推進プログラム**（2015～）、**留学生就職促進プログラム**（2017～）など、それまで手薄であった留学生の就職をはじめとする卒業・修了後の進路支援が実施されるようになった。日本で就職・起業した留学生数は2007年から17年までの10年間で2倍以上に増加している。

問題5

| 問1：3 | 問2：3 | 問3：1 | 問4：4 |

戦後、日本語教育ニーズが拡大したが、各時期に教師に求められる資質や能力像も異なり、時々の日本語教育の課題に応じて教員養成の在り方が検討されてきた。2018年に「**日本語教育人材の養成・研修の在り方について（報告）**」が、2019年に改定版が発表され、関連する日本語教育事業も進められている。

問1 「**留学生受入れ10万人計画**」については、問題4問1を参照のこと。中曽根康弘総理大臣（当時）の指示の下、1983年に「21世紀への留学生政策に関する提言」（21世紀への留学生政策懇談会）が発表され、翌年に報告書「21世紀への留学生政策の展開について」が作成されたもので、当時約1万人であった日本の受け入れ留学生数をフランス並みの10万人に増加させることを目標とした。2003年に目標は達成された。

問2 1985年に文部省の日本語教育施策の推進に関する調査研究会報告として発表された「**日本語教員の養成等について**」では、**大学の主専攻**では日本語教員養成に必要な日本語教育科目の単位数が**45単位**と定められ、**副専攻**では**26単位**と定められた。日本語学校などの一般の**日本語教員養成機関**では**420時間**が必要な時間数とされた。

問3 2000年に発表された「**日本語教育のための教員養成について**」では、日本語学習者の多様化や、日本語教員養成課程修了者の活躍の場の拡大、各機関の学習需要に応じるために、大学における主専攻・副専攻の区別は廃止された。また、国内の**JSL児童生徒**の増加や、海外の初等中等教育機関の学習者増を受けて、国語、外国語、社会などに関する初等中等教員免許取得に必要な科目と日本語教員養成に係る科目とを組み合わせ、共通に履修させる横断的な教育課程編成が認められるようになった。1985年の「日本語教員の養成等について」では「標準的な教育内容」が示されたが、2000年の「日本語教育のための教員養成について」では「基礎から応用に至る選択可能な教育内容」を示すことが基本とされた。

問4 **JSL（Japanese as a Second Language：日本語を第二言語とする）児童生徒**とは、日本語で日常会話が十分にできない児童生徒、および、日常会話ができても学年相当の学習言語が不足し学習活動への参加に支障が生じ日本語指導が必要な児童生徒を指す。今後日本でキャリア構築や子育てをする在留外国人がさらに増えるならば、子どものための豊かな学びの環境構築がわが国の発展に欠かすことのできない要素になるであろう。2020年には文化庁の委嘱事業による「児童生徒等に対する日本語教師初任研修」プログラムが開始された。なお、JFLは外国語教育（Japanese as a Foreign Language）という意味で使われる場合もあるが、JFL児童とは使われないため注意。

問題6

| 問1：1 | 問2：2 | 問3：2 | 問4：4 | 問5：1 |

問1 1990年の**改正出入国管理及び難民認定法**の施行により、日本人の子として出生した者の実子に対して一律に定住資格が与えられるようになった。日系1世は日本人、日系2世は「日本人の配偶者等」としてそれまでも定住が可能であったが、日系3世も本法律で定住と就労が認められた。背景には、バブル景気の人手不足があったことにも注目。

問2 JSL（Japanese as a Second Language：日本語を第二言語とする）児童生徒については問題5問4も参照されたい。JFL（Japanese as a Foreign Language：外国語としての日本語）についても押さえておくこと。ESLはEnglish as a Second Language（第二言語としての英語）、EFLはEnglish as a Foreign Language（外国語としての英語）を示す。

問3 **入り込み指導**は、在籍学級において、日本語あるいは母語による支援者が児童生徒のそばに付き添い学習をサポートする指導を指す。**取り出し指導**は、在籍学級ではない別室における指導を指す。個別指導は一人、または、少人数の児童生徒に対して指導を行うこと、特別指導は問題行動を起こした生徒などに対し、当該指導期間中は通常授業を離れた別室において教

科の課題や生活指導部の教員による個別の指導を行うこと、教習指導は自動車教習所などにおいて、教習の指導を行うこと、実習指導は技術などを実地において指導すること。

問4　日本の公立の義務教育諸学校は授業料も教科書費も無料で、学校で学ぶことを希望する外国人児童生徒も例外ではない。学校によっては、児童生徒数によって決まる教員定員に上乗せして配属される**加配教員**の配置を行う学校もある。在籍学級外での日本語指導を在籍学級の教育課程の一部として認定する「**特別の教育課程による日本語指導**」は、日本語を母語としない児童生徒が学校生活を送る上で、あるいは、教科などの授業を理解する上で、必要となる日本語指導を公教育の教育課程に位置付けたもの。具体的には、在籍学級の教育課程の一部の時間に代えて、在籍学級以外の教室で行う日本語指導を指す。日本語指導と教科指導を統合したJSLカリキュラムは文部科学省のウェブサイトCLARINETに詳しい記載がある。

問5　日本語も母語も熟達度が低い状態を表す**ダブルリミテッド**は成長や思考力の育成に弊害をもたらす。また、両親や家族が用いる言語は、家庭生活に不可欠であるばかりでなく、自らのルーツの把握やアイデンティティの確立にも重要であり、親から受け継ぐ**継承語**の教育は極めて大切である。モノリンガル(一つの言語のみ使用する者)、グローバルエラー(意味の理解やコミュニケーションに支障を来す誤り)、ラポール(人と人との信頼関係)、臨界期(その時期を過ぎると学習が効果的に成立しなくなる限界の時期)、接続語(語と語や句と句、文と文とを結ぶ語)、過渡期(状態が変化する途中の時期)はここではふさわしくない。

問題7

| 問1:4 | 問2:4 | 問3:3 | 問4:1 |

問1　2015年に創設された在留資格**高度専門職**は、日本の経済発展に貢献できる高度な知識やスキルを持った外国人材に交付されるビザである。学歴や職歴によって定められた**ポイント**の加算によって70点以上を持っていることが資格取得条件になっている。なお、日本語能力試験のN1に合格していれば15点、N2ならば10点が与えられる。
　　　このビザの取得者は、極めて有利な条件で日本に在留することができる。選択肢1〜3は、いずれも高度専門職ビザ取得者に与えられる条件である。さらに2017年の改正によって、永住申請までの在留年数が、それまでの5年以上から70点以上の人は3年以上、80点以上の人は1年以上に短縮された。これにより一定のスキルを持つ人にとって日本は世界で最も永住権獲得が容易な国の一つとなった。実際に高度専門職ビザの取得者は急増している。

問2　すでに日本の介護施設においては、外国人人材の存在が不可欠なものになりつつある。しかし、外国人労働者に対する政府の方針が一定してこなかったため、現在**介護**に関係した在留資格が4種類もある。それぞれの在留資格について理解しておく必要がある。
　　　四つの在留資格は、1　**EPA**(経済連携協定:在留資格としては「特定活動」)、2　**技能実習**　3　**特定技能1号**　4　**介護**である
　　　選択肢1はEPAについて、2は技能実習、3は特定技能1号(介護)、そして4が介護につい

ての記述である。期限のある在留資格である他の三つと違い、介護ビザの申請にあたっては、申請時に**介護福祉士**の試験に合格していなければならないが、家族を帯同することができ、定年（介護職を退職する）まで在留することが可能である。それぞれの資格条件についても簡単に把握しておいてほしい。

問3　在留資格「**特定技能**」は、人材の確保が一段と厳しくなった14の**特定産業分野**（2022年7月現在）について、外国からの労働力を受け入れるために新設された。
　　　　申請には、まず**日本語能力試験N4**か新設された**国際交流基金日本語基礎テスト**のどちらかに合格していることが必要である。なお**介護**分野については、この試験に加えて**介護日本語評価試験**にも合格していなければならない。
　　　　日本語試験に加えて各産業分野別に設定された資格試験にも合格する必要がある。在留期間は1年、6カ月または4カ月で、最長5年まで更新が認められる。
　　　　特定技能の受け入れについては、9カ国（2022年7月現在）と政府間取り決めを締結しているが、これ以外の国からも両国の法令を順守すれば受け入れることは可能である。
　　　　この資格は、これまでの「技能実習」と混乱しやすいので、二つの資格については、比較しながら理解しておくとよい。
　　　　なお**特定技能2号**については、2022年4月に初めて申請が認定されたことが発表された。資格要件の本格的な整備はこれからなので注目しておきたい。

問4　**出入国管理局**から**出入国在留管理庁**への組織再編が行われたのは、これまで市町村がおこなっていた**外国人登録制度**（外国人登録証）が廃止され、出入国在留管理庁が**在留カード**を交付することになったからである。**外国人登録法**（外国人登録証）が廃止されたのは、平成24年7月だが、その後も3年間、外国人登録証を在留カードとみなす経過措置がとられた。その経過措置も終了したので、平成31年に出入国管理局が出入国在留管理庁に再編されたわけである。ただし、外国人が日本国内で転居する場合は、従来と同じく市町村に届ければよい。自動的に出入国在留管理庁に転居が通知される。
　　　　その他、在留期間が最長5年に延長されたことに伴い**留学ビザ**も最長4年3か月まで延長された（それまでは2年3か月）。また**みなし再入国**制度が導入され、1年以内に再入国を予定している場合は、出入国許可を受ける必要がなくなった（出国カードにチェックすることが必要）。

問題8

| 問1：3 | 問2：4 | 問3：3 | 問4：4 |

日本政府は移民の受け入れを公式には認めていないが、すでに日本社会を維持していくために外国人の存在は欠かせないものとなっている。そのため、平成18（2006）年の「**『生活者としての外国人』に関する総合的対応策**」に始まり、平成30（2018）年には「**外国人材の受入れ・共生に関する関係閣僚会議**」を設置して、共生社会への対応策を決定してきた。令和4（2022）年に発表した**ロードマップ**では、目指すべき外国人との共生社会のビジョン（三つのビジョン）を示している。
「総合的対応策」「ロードマップ」とも下記の「外国人材の受入れ・共生に関する関係閣僚会議」（首相

官邸）でPDF版を読むことができる。
https://www.kantei.go.jp/jp/singi/gaikokujinzai/index.html

問1 **ロードマップ**では、さまざまな日本語教育への取り組みが明記されている。その教育は**日本語教育の参照枠**に沿って実施されることになっており、学習者の日本語習得レベルも参照枠に従うこととなっている。なお、日本語能力試験については、特に言及していない。

問2 平成30年からの歴代の**総合的対応策**を見比べると日本語教育の重要性への認識が次第に高くなっていくことが分かる。令和4年度版では「円滑なコミュニケーションと社会参加のための日本語教育等への取組」が筆頭に記述されている。

問3、問4 在留・訪日外国人数や日本語学習者数など、統計的な数値を問う問題は、毎年必ず出題される。統計データは、日本語教育政策の基本になるものである。主な統計的数値は各関連機関のホームページなどを確認し、概数が答えられるようにしておくこと。

2. 言語と社会

「言語と社会」では、主に社会言語学の知識について問われます。言語と社会の関係をとらえるマクロな視点と、各社会における個々人の言語の使い方をとらえるミクロな視点を併せ持つことが、この区分を攻略するカギとなります。

キーワード問題

演習問題

舩橋瑞貴
日本大学国際関係学部国際総合政策学科準教授
問題1、2、5〜7

本田弘之
北陸先端科学技術大学院大学教授
問題3、4、8〜10

言語と社会

キーワード問題

問題1　　① とは、ヨーロッパ内の学習言語の熟達度の参考基準を示したものである。　② によって40年以上にもわたって開発されたが、言語学習、教授、評価をする場合、ヨーロッパ内のどの言語にも共通なコミュニケーション能力の測定基準として参照することができることを目的に開発された枠組みであり、評価や教授法を標準化するためのツールではない。

問題2　状況や場面に応じた言葉の使用範囲のことを ① と言う。例えば社会人であれば、同僚であっても会議中と休憩中では言葉遣いは異なる。また、上司と後輩と対人関係によってもその適切な言葉遣いを選択している。このようなフォーマル／インフォーマルな区分はその一例であり、社会的・常識的に決められた範囲で言葉を選択している。一方、 ② は社会方言や集団語などを、社会的な基準ではなく相手やその場の雰囲気などに合わせて自分の好みで選択している点で ① と異なる。

問題3　　① は一般的には「〜弁」といったものを指すことが多いが、社会言語学の分野ではより広く捉え、場所によって異なる言葉のバリエーション（変種）を ② 、職業や、社会階級、年齢などの社会的な要素によって異なる言語のバリエーションを ③ など、さまざまな言語変種を総称して ① と呼んでいる。また、新 ① やネオ ① など新しい概念も生まれてきている。

問題4　言語によらないコミュニケーション、つまり ① には、ジェスチャーや視線、距離感などがあるが、声の質、声色、間の取り方といった音声に関わる要素を ② という。言語に付随するという意味から、「周辺言語」「準言語」などとも呼ばれる。

問題5　情報や経験や考え方の多くを共有している文化を ① といい、共有されている情報が少ない文化を ② という。そのため、 ② では、メッセージをはっきりと言語にして伝えることが重視されるが、 ① では言語にしなくても分かる情報が多く、非言語コミュニケーションの方法を取ることが多い。

問題6　　　①　　とは、日常の自然な会話の中にある無意識に用いられている会話の規則性を明らかにするための研究領域のことで、シェグロフ、サックス、ジェファーソンによって展開され、社会と人間関係の在り方を見る社会学の考えが基盤となっている。例えば、あいさつ―あいさつ、質問―応答といった会話を構成する最小単位である　　②　　を基本構造として、会話のメカニズムを分析している。

問題7　1980年代ごろから米国で、差別や偏見をなくすという考えの下、人種、性別、宗教などの用語で、差別的、偏見的な意味を含まないような中立的な表現を用いるようにする運動のことを　　①　　という。看護婦を看護師とするのはその一例である。

言語と社会

問題

問題8　　　①　　とは、言語が実際どのように使われているか、文がどのような文脈の中で使われているのかを研究する言語学の分野である。オースティンの『　②　』は、この分野の出発点となった著書であり、その他の主な研究としてグライスの　　③　　がある。

問題9　オースティンは言語を、何かの目的を遂行するために使われる行為であると捉えた。実際に発話する行為を　　①　　、発話によって話し手が聞き手に発話の意図を伝える行為を　　②　　、発話によって聞き手が影響をうけ引き起こされた行為のことを　③　という。　②　には、命令、勧誘、依頼などの意図が込められている。

問題10　グライスは　　①　　によって語用論を大きく発展させた。グライスは　　①　　とは、会話が成立するために話し手と聞き手が暗黙の了解の下協力して行っている原則であるとし、必要な情報を過不足なく提示する「　②　」、うそ偽りのないことを言う「　③　」、関係のあることを言う「　④　」、明確で簡潔に順序だてて言う「　⑤　」という四つの公理(会話の公理、Conversational maxims)によって説明している。

問題11　　　①　　はお互いに通じる共通言語がない場合に、お互いの言語が混合し、一時しのぎの言語として使われるもので、簡易な文法と、目的に即して用いられた限られた語彙や表現が大きな特徴である。ヨーロッパの植民地政策に伴い、交易による言語接触から発生した例などがある。また、　　①　　を母語とする世代が登場し、新しい言語になった場合は　　②　　と呼ばれる。

問題12　異なる言語使用者が接触する場面で、コミュニケーションを目的として使われている共通語のことを　　①　　という。現在では英語が　　①　　として世界中で学習され、広く使われている。

問題1 　　　　　　　　　　　　　　　　　　　　　　　難易度 ★☆☆

次の文章を読み、下の問い（問1～3）に答えよ。

　異なった言語を話す者同士が意思疎通を図るために、互いの言語の要素を取り入れて作りあげた補助言語のことを ［(ア)］ という。 ［(ア)］ の使い手は、当然ながら自分の母語も話す者、つまりは、バイリンガル話者（二言語併用者）である。このように、個人内において二つの言語（あるいは方言）が共存している状態がバイリンガルであるが、これに対して、ある社会において威信性が高い言語と低い言語という二つが共存している状態をAダイグロシアという。バイリンガル話者やダイグロシアの社会における話し手は、場面・相手に応じて使用する言語を使い分けており、この言語の切り替えが行われることをBコード・スイッチングという。

問1　文章中の ［(ア)］ に入れるのに最も適当なものを、次の1～4の中から一つ選べ。
　　1　ジャーゴン　　　2　ドメイン　　　3　ピジン　　　4　クレオール

問2　文章中の下線部A「ダイグロシア」の例として不適当なものを、次の1～4の中から一つ選べ。
　　1　スイスのドイツ語圏における標準ドイツ語とスイス・ドイツ語
　　2　ハイチにおけるフランス語とハイチ・クレオール語
　　3　アラブ社会における正則アラビア語と口語としてのアラビア語
　　4　ブラジルにおけるポルトガル語とスペイン語

問3　文章中の下線部B「コード・スイッチング」の例として不適当なものを、次の1～4の中から一つ選べ。
　　1　日本語と英語のバイリンガル話者である姉妹が、日本人の母親に聞かれたくない話をする際には日本語から英語に切り替え、姉妹だけで話をする。
　　2　日本人だと思って日本語で話し掛けたところ、中国語で返答されたため、中国語での会話に切り替えて話す。
　　3　日本語と韓国語のバイリンガル話者である高校生が、日本人の友人に対しては常体で話すのに対して、日本人の先生に対しては敬体に切り替えて話す。
　　4　日本語とフランス語のバイリンガル話者である夫婦が、「昨日食べたbaguettes、とってもおいしかったよね。で、そのパン屋がね……」のように、フランス語に切り替えて「baguettes」と言い、パンに関する話を続ける。

次の文章を読み、下の問い (問1〜3) に答えよ

　ごく日常的な会話は、つっかえ、言いよどみ、言い間違いなどを含み、一見、行き当たりばったりの展開がなされているように思われるが、実は、非常に秩序立って行われている。この会話における秩序を見いだす研究が会話分析 (Conversation Analysis) であり、会話を分析する際のさまざまな概念が提示されている。主要な概念としては、会話の参加者同士が、いつ、どのようなタイミングで_Aターン・テイキングを行うのか、会話には「あいさつ−あいさつ」「質問−応答」といったペアになっている発話 (_B隣接ペア) があること、何かに対する応答において、_C期待に沿った好まれる応答と、期待に反する好まれない応答があり、それは社会的に決まっていること (選好) などがある。

問1　文章中の下線部A「ターン・テイキング」の例として最も適当なものを、次の1〜4の中から一つ選べ。

　1　ディスカッションの場で、参加者Aが話している途中で参加者Bが話を遮ろうと手を挙げたが、参加者Aが話し続けた。

　2　ディスカッションの場で、参加者Cが意見を述べ終え、参加者Dに視線を向けていた。長い沈黙の後、参加者Cが話し始めた。

　3　ディスカッションの場で、司会者が「他に意見のある方、どうぞ」と言ったところ、参加者Eが話し始めた。

　4　ディスカッションの場で、参加者Fが話している途中で参加者Gがうなずきながら小声で「うん、うん」と言い、参加者Fの話を促した。

問2　文章中の下線部B「隣接ペア」の例として最も適当なものを、次の1〜4の中から一つ選べ。

　1　X:今日、ひま？……ねえ、今日、ひま？

　2　X:週末、遊びに行かない？
　　　Y:どこ行くの？
　　　X:海。
　　　Y:いいね。

　3　X:明日の会議、17時からです。……(手帳を見て)あっ、16時からです。

　4　X:何時？
　　　Y:(時計を見せながら)ほら。

問3　文章中の下線部C「期待に沿った好まれる応答と、期待に反する好まれない応答」に関する記述として不適当なものを、次の1〜4の中から一つ選べ。

　1　好まれる応答は、応答までの時間が短い傾向がある。

　2　好まれる応答は、好まれない応答より短い応答になる傾向がある。

　3　好まれない応答は、「いいと思うんだけど」など、緩和表現が用いられる傾向がある。

　4　好まれない応答は、「い、いそ、いそがしくて」など、つっかえが多くなる傾向がある。

次の会話と文章を読み、後の問い (問1〜5) に答えよ

【会話】
(1) A:明日、時間ある？
(2) B:なにか用事？
(3) A:ちょうど見ごろだっていうから、花見に行かない？
(4) B:天気はどうなの？
(5) A:天気予報によれば快晴だって。
(6) B:そう。じゃあ、行こう。
(7) A:で、どこに行く。
(8) B:兼六園はどうですか。
(9) A:兼六園かぁ。
(10) B:なに。
(11) A:兼六園じゃ、混むからゆっくりできないし、お酒も飲めないし。
(12) B:なんだ、そういう花見か。
(13) A:もちろんだよ。
(14) B:じゃあ、卯辰山はどう。
(15) A:いいね。

　「会話分析」は、社会学の方法として始まった。上の例のようなごく普通の日常会話などをA精密に記録したものを、分析することによって、会話を交わす人々の人間関係や社会秩序が構成、維持される様相を明らかにしようとする。

　研究が進んだ結果、会話においては、B隣接ペアを最小の連鎖組織とすること、隣接ペアには、よりC好まれる回答（選好）とそうではないものがあり、選好されない回答が行われる場合、しばしばD拡張が見られること、会話の順番交代（ターン・テイキング）の方法やEオーバーラップなどが重要な意味を持つことなどが明らかになった。

問1　文章中の下線部A「精密に記録」する方法を何と呼ぶか。最も適当なものを、次の1〜4の中から一つ選べ。
　　1　パラグラフ・ライティング　　　2　プロクセミクス
　　3　トランスクリプト　　　　　　　4　ヒストグラム

問2　【会話】の中で、下線部B「隣接ペア」を形成している発話の組み合わせはどれか。最も適当なものを、次の1〜4の中から一つ選べ。
　　1　(1)と(2)　　　　　　2　(8)と(9)
　　3　(11)と(12)　　　　　4　(14)と(15)

問3 【会話】の中で、下線部C「好まれる回答（選好）」の例として**不適当な**発話はどれか。次の1～4の中から一つ選べ。

    1 （4）   2 （6）   3 （9）   4 （15）

問4 【会話】の中で下線部D「拡張」が形成されている部分はどこか。最も適当なものを、次の1～4の中から一つ選べ。

    1 （1）から（5）   2 （3）から（6）

    3 （8）から（11）   4 （12）から（15）

問5 文章中の下線部E「オーバーラップ」について述べたものとして最も適当なものを、次の1～4の中から一つ選べ。

    1 その場で会話に参加していた二人（以上）の人物が同時に話し始める現象である。

    2 オーバーラップは、必ずターン・テイキングに伴って起きる現象である。

    3 二人（以上）の意見が対立した場合など、他者の発話を止めようとして起きる。

    4 新たに会話に参加しようとしてその場にやって来た人物によって起きる。

問題 4　　　　　　　　　　　　　　　　　　　　　　　　　　難易度 ★★★

次の文章を読み、後の問い（問1～4）に答えよ。

　言語政策とは、国家に代表されるA統治機構が、領域内で使用される言語をコントロールしようとする行為である。言語政策は、一般的に三つの段階を追って行われるが、日本のように域内で広範囲に使われている言語が一つだけしかない場合、どの言語を公用語とするかを決定する ［（ア）］ を欠いて実施が進んでいく場合がある。

　このような場合、しばしば域内のマイノリティー言語が弾圧、迫害の対象になってしまうことが起きる。事実、日本においても、明治時代から進められたB国語教育は、「標準語」を確立すると同時に、C先住民の言語であるアイヌ語に消滅の危機を招き、日本語の方言を弾圧する運動を長期間にわたって教育現場にもたらした。

問1 文章中の下線部A「統治機構」に関して、日本において言語政策を主に担当している組織はどこか、最も適当なものを、次の1～4の中から一つ選べ。

    1 内閣府   2 総務省   3 文化庁   4 国立国語研究所

問2 文章中の ［（ア）］ に入れるのに最も適当なものを、次の1～4の中から一つ選べ。

    1 席次計画   2 コーパス計画   3 普及計画   4 実体計画

問3 文章中の下線部B「国語教育」に関して、明治期に「標準語」の確立と「国語教育」に多大な貢献をしたという評価を受けると同時に「方言撲滅運動」やアイヌ語消失の原因をつくったと批判されることも多い人物を、次の1〜4の中から一つ選べ。

   1　松本亀次郎　　　　　　2　伊沢修二

   3　松下大三郎　　　　　　4　上田万年

問4 文章中の下線部C「先住民の言語」を公用語としていない国を、次の1〜4の中から一つ選べ。

   1　ブラジル　　　　　　　2　ニュージーランド

   3　シンガポール　　　　　4　アイルランド

問題5 　　　　　　　　　　　　　　　　　　　　　　　難易度 ★★☆

次の文章を読み、後の問い（問1〜5）に答えよ。

　ブラウン＆レビンソン（P. Brown and S. Levinson）によると、人間は、相手と積極的に関わり認められたいという欲求である ［（ア）］ フェイスと、プライベートを保ちたい、邪魔されたくないという欲求である ［（イ）］ フェイスという二つのフェイスを持つという。そして、大抵のコミュニケーションは、相手のフェイスを脅かす可能性を秘めており、そのような行為を ［（ウ）］ という。私たちは互いのₐフェイスを脅かさないように配慮しながらコミュニケーションを行っている。

問1 文章中の ［（ア）］ に入れるのに最も適当なものを、次の1〜4の中から一つ選べ。

   1　アグレッシブ　　　　　2　ナチュラル

   3　ポジティブ　　　　　　4　パブリック

問2 文章中の ［（イ）］ に入れるのに最も適当なものを、次の1〜4の中から一つ選べ。

   1　ネガティブ　　　　　　2　マイナス

   3　センシティブ　　　　　4　プライベート

問3 文章中の下線部Aについて、［（ア）］ フェイスへの言語的配慮の例として不適当なものを、次の1〜4の中から一つ選べ。

   1　冗談を言う。

   2　同意できそうにないと思っても「そうですね」と応じ、同じ情報を共有しているように振る舞う。

   3　敬語を使って丁寧に伝える。

   4　「すごい！」と強く共感を示す。

問4　文章中の下線部Aについて、　(イ)　フェイスへの言語的配慮の例として最も適当なものを、次の1〜4の中から一つ選べ。

1　お願いするときに「忙しいときに申し訳ないですが」と、ひと言添える。

2　飲み会への誘いを断る際に、断る理由を添える。

3　グループリーダーである若年者がグループメンバーの年長者に対して「そろそろ掃除を始めましょう」など、話し手が聞き手と共に行動するような表現を使い、掃除を促す。

4　初対面の相手と心的距離を縮めたいがために、時折「ため口」を用いる。

問5　文章中の　(ウ)　に入れるのに最も適当なものを、次の1〜4の中から一つ選べ。

1　FTA　　　　2　JFL

3　FonFS　　　4　EPA

問題 6　　　　　　　　　　　　　　　　　　　難易度 ★★☆

次の文章を読み、後の問い（問1〜7）に答えよ

　待遇表現とは、話題の人物、聞き手、場面などへの配慮から用いられる表現の総称である。このうち、敬意や丁寧さを表すものが敬語に当たる。社会生活を営む上で敬語の使用は必須とも言え、敬語を活用できるようになる過程では、学校教育などを通した指導、学習が重要となる。従来の学校教育などでは、「尊敬語」「謙譲語」「丁寧語」の3分類、あるいは、「美化語」を加えた4分類の枠組みが提示されてきたが、2007年に示された「A敬語の指針」により、「　(ア)　」と一括されてきた語群が、B自分側から相手側または第三者に向かう行為・ものごとなどについて、その向かう先の人物を立てて述べる敬語と、C自分側の行為・ものごとなどを、話や文章の相手に対して丁重に述べる敬語の2群に区分され、5分類となった。現在、この5分類を踏まえて敬語指導・学習が進められている。

　言葉は、時代や地域によって異なりを見せるものであるが、敬語も例外ではなく多様性を有する。時代による変化としては、「　(イ)　」よりも「　(ウ)　」に基づいた敬語使用が重視されるようになったこと、「話題の人物」より「聞き手」への配慮が中心になったことが指摘されている。また、地域による変化とは、つまり、方言の敬語を意味する。例としては、関西地方の「うちの母さん、今、でかけてはります」といった使用が挙げられる。これは、全国共通の「〜れる・〜られる」と類似する意味の尊敬語として「〜はる」が用いられるものであり、全国共通の敬語とは言語形式が異なるばかりでなく、「　(エ)　」に基づく使用も異なるという多様性を見せている。

　このように、複雑な体系を有し、時代や地域による多様性もある敬語に関しては、その使用に難しさを感じる人も多く、敬語の議論においてはD誤用が話題になることも少なくない。

問1　文章中の下線部A「敬語の指針」に最も関連の深い機関を、次の1〜4から一つ選べ。

1　国立国語研究所　　　2　文化審議会

3　国際交流基金　　　　4　国立教育政策研究所

問2 文章中の ［（ア）］ に入れるのに最も適当なものを、次の１〜４の中から一つ選べ。

　　　１　尊敬語　　　　２　謙譲語　　　３　丁寧語　　　４　美化語

問3 文章中の下線部Ｂ「自分側から相手側または第三者に向かう行為・ものごとなどについて、その向かう先の人物を立てて述べる敬語」の例として最も適当なものを、次の１〜４の中から一つ選べ。

　　　１　おっしゃる　　２　なさる　　　３　参る　　　４　申し上げる

問4 文章中の下線部Ｃ「自分側の行為・ものごとなどを、話や文章の相手に対して丁重に述べる敬語」の例として最も適当なものを、次の１〜４の中から一つ選べ。

　　　１　召し上がる　　２　いたす　　　３　伺う　　　４　いらっしゃる

問5 文章中の ［（イ）］ と ［（ウ）］ に入れるのに最も適当なものを、次の１〜４の中から一つ選べ。

	（イ）	（ウ）
1	親疎関係	場面の公私
2	ウチ・ソト	上下関係
3	上下関係	親疎関係
4	場面の公私	ウチ・ソト

問6 文章中の ［（エ）］ に入れるのに最も適当なものを、次の１〜４の中から一つ選べ。

　　　１　場面の公私　　２　親疎関係　　３　上下関係　　　４　ウチ・ソト

問7 文章中の下線部Ｄ「誤用」の例として不適当なものを、次の１〜４の中から一つ選べ。

　　　１　お読みになっていらっしゃる
　　　２　先生がおっしゃられたように
　　　３　先月、野球の試合で大阪に伺いました
　　　４　受付で伺ってください

問題7　　　　　　　　　　　　　　　　　　　　　　　　難易度 ★★☆

次の文章を読み、後の問い（問１〜５）に答えよ

　方言地図上で語形Ａが分布する領域と語形Ｂが分布する領域を分ける境界線のことを ［（ア）］ 線と言う。方言分布は、 ［（ア）］ 線が引かれる位置によって、A東西対立型、B同心円型などのタイプに分かれる。学校教育やマスメディアの拡大といった社会変化に伴い、方言の共通語化が進んでいることが指摘されているが、C方言が完全になくなるわけではない。D現代社会において方言は、話をする相手や場面、話題によって、共通語と使い分けられる言語になっていると言える。

問1 文章中の ［（ア）］ に入れるのに最も適当なものを、次の1〜4の中から一つ選べ。

    1　等語　　2　語彙（ごい）　　3　地方　　4方言

問2 文章中の下線部A「東西対立型」の例として最も適当なものを、次の1〜4の中から一つ選べ。

    1　シモヤケ／ユキヤケ　　2　ツラ／カオ

    3　ナスビ／ナス　　　　　4　ケーヘン／コーヘン

問3 文章中の下線部B「同心円型」に最も関係があるものを、次の1〜4の中から一つ選べ。

    1　東条操　　　　　　　　2　「居る」(イル／オル)の分布

    3　グロットグラム　　　　4　ラ抜き言葉

問4 文章中の下線部Cの状況が懸念される方言がある。ユネスコ（国連教育科学文化機関）が2009年2月に発表した、日本における危機言語・方言に含まれないものを、次の1〜4の中から一つ選べ。

    1　八重山諸島の方言　　2　与那国島の方言

    3　三陸地方の方言　　　4　八丈島、青ケ島の方言

問5 文章中の下線部Dのように、相手によって自分の話し方を調整する現象を説明する理論として、アコモデーション理論がある。アコモデーション理論にはコンバージェンスとダイバージェンスがあるが、コンバージェンスの具体例として最も適当なものを、次の1〜4の中から一つ選べ。

    1　外国人が第二言語で話す際に、外国人アクセントを強調して話す。

    2　年配の上司が若い部下に受け入れられるよう、若者言葉を使う。

    3　東京弁話者が多数を占める会社において大阪弁を使う。

    4　看護師が高齢の患者に対してベビートークを使う。

問題 8　　　　　　　　　　　　　難易度 ★★☆

次の会話と文章を読み、後の問い（問1〜4）に答えよ。

　日本語教育の現場は、同時に異文化接触の現場でもある。従って、日本語教師は、常により望ましい異文化接触の在り方を考えていなければならない。

　異文化接触の際、最も陥りやすいわなが ［（ア）］ である。つまり、自分の文化を基準に置いて異文化を評価、判断してはならず、双方の文化を理解し、比較対照しなければならないのである。しかし、これは簡単なことではない。なぜなら ［（イ）］。

　異文化コミュニケーションにおいては、Aノンバーバル・コミュニケーションの違いを理解することも重要である。同じ「歓迎のあいさつ」が、おじぎ、握手、ハグ……などのように、異なった身体行動で表現されることが、決して少なくないからである。

　異文化社会に移動した人が取る反応や行動についても注意が必要である。ベリーは移住者が出身地の文化と移住先の文化に対して取るB文化受容態度を四つに分類した。

問1　文章中の ［（ア）］ に入るものとして最も適当なものを、次の1〜4の中から一つ選べ。

1　エスノメソドロジー　　　2　エスノグラフィー

3　エスノセントリズム　　　4　エスノローグ

問2　文章中の ［（イ）］ に入る文として最も適当なものを、次の1〜4の中から一つ選べ。

1　相手の文化の優劣を判定できる正確な知識があるとは限らないからである。

2　人間は、自分自身が属する文化を客観的に認識していないからである。

3　二つの文化を比較検討するためには、それなりの時間が必要だからである。

4　個人的な属性（性格など）と文化とを区別することが難しいからである。

問3　文章中の下線部A「ノンバーバル・コミュニケーション」の中で「音声言語のメッセージと共に使われ、その内容を視覚的に保障・補強する身体動作」を何と呼ぶか、最も適当なものを、次の1〜4の中から一つ選べ。

1　エンブレム　　　　2　イラストレーター

3　レギュレーター　　4　アフェクト・ディスプレー

問4　文章中の下線部B「文化受容態度」について、ベリーの分類を正しく表した表はどれか、最も適当なものを、次の1〜4の中から一つ選べ。

1

	移住先の文化を受容する	移住先の文化を拒絶する
出身地の文化的アイデンティティを維持したい	統合	分離・離脱
出身地の文化的アイデンティティを維持したくない	同化	境界化・周辺化

2

	移住先の文化を受容する	移住先の文化を拒絶する
出身地の文化的アイデンティティを維持したい	統合	同化
出身地の文化的アイデンティティを維持したくない	分離・離脱	境界化・周辺化

3

	移住先の文化を受容する	移住先の文化を拒絶する
出身地の文化的アイデンティティを維持したい	分離・離脱	統合
出身地の文化的アイデンティティを維持したくない	同化	境界化・周辺化

4

	移住先の文化を受容する	移住先の文化を拒絶する
出身地の文化的アイデンティティを維持したい	統合	分離・離脱
出身地の文化的アイデンティティを維持したくない	境界化・周辺化	同化

問題9 　　　　　　　　　　　　　　　　　　　難易度 ★★☆

次の文章を読み、後の問い（問1～3）に答えよ。

　令和3（2021）年10月に文化庁が「日本語教育の参照枠」の最終報告を取りまとめ発表した。これは「日本語教育の推進に関する法律」を受け、外国人等が適切な日本語教育を国内外で継続的に受けられるようにするため、日本語教育に関わる全ての人が共通に参照できる日本語学習、教育、評価のための枠組みである。「日本語教育の参照枠」では「言語教育観の柱」として 1.A日本語学習者を社会的存在として捉える、2.言語を使って「できること」に注目する、3.B多様な日本語使用を尊重する、の三つを挙げている。

問1　下線部A「日本語学習者を社会的存在として捉える」ことにより日本語学習の場はどのようなものになると考えられるか。最も適当なものを次の1～4の中から一つ選べ。
　　1　日本語を通した学びの場が人と人の出会う社会そのものとなる。
　　2　毎日の日常生活の中で実際に使われる語彙や文法から教え始める。
　　3　教室における学習ではなく、実生活の体験の中で習得していく。
　　4　日本語と共に日本社会での生活に必要な知識の学びにも同等の時間を割く。

問2 「日本語教育の参照枠」において、日本語能力の熟達度をいくつかのレベルに分けているが、そのレベル分けについて最も適当なものを、次の1~4の中から一つ選べ。

1 入門、初級、中級、上級の四つのレベル
2 日本語能力試験N1~N5に対応する五つのレベル
3 「基礎段階の言語使用者」「自立した言語使用者」「熟達した言語使用者」の3段階をそれぞれ二つのレベルに分けた六つのレベル
4 学習時間数、習得語彙数、習得漢字数の目安を示した四つのレベル

問3 下線部B「多様な日本語使用を尊重する」ための学習法として不適当なものを、次の1~4の中から一つ選べ。

1 多様な場面で応用できるように4技能をバランスよく習得する。
2 日本語母語話者の日本語使用を最終的な学習目標としない。
3 学習者にとって必要な能力を意識的、優先的に学習する。
4 語彙や文法の習得度ではなく、日本語でできるようになりたい言語能力を学習目標に設定する。

問題10   難易度 ★☆☆

次の文章を読み、後の問い（問1~3）に答えよ。

 Aコミュニケーションストラテジーとは、コミュニケーションの途中で、コミュニケーションに支障があるような問題が起きた場合、それを解決するための方法のことである。支障とは、例えば言いたいことを表す語や構文（文型）がわからなくなった場合などである。コミュニケーションストラテジーにはさまざまなものがあるが、回避、言い換え、意識的転移、B援助要請などが含まれる。

 コミュニケーションストラテジーに近い、あるいは、ほぼ同じ事象をCハイムズ（Hymes）は、言語運用ストラテジーと呼び「コミュニケーション能力」（communication competence）を構成する要素の一つとした。

問1 下線部A「コミュニケーションストラテジー」に関し、母語話者の方が学習者（非母語話者）よりも使うケースが多いと考えられるものとして最も適当なものを、次の1~4の中から一つ選べ。

1 回避   2 言い換え   3 意識的転移   4 援助要請

問2 次の学習者と母語話者の会話例のうち、下線部B「援助要請」に当たるコミュニケーションストラテジーが使われていると解釈できるものとして最も適当なものを、1〜4の中から一つ選べ。

1 A：あ、あそこに……いろいろな色の橋が見えます。
  B：ああ、きれいな「虹」ですね。

2 A：ドーナツの形の……水の上で使うものは、日本語で何ですか。
  B：「浮き輪」といいます。

3 A：わたしはいろいろな小説を読みます。一番好きなのは科幻小説です。
  B：日本では「SF小説」と言うんですよ。

4 A：先生、この本が読みたいです。この本を貸して……いいですか。
  B：いいですよ。

問3 下線部C「ハイムズ」が、コミュニケーション能力を構成する要素の一つとして挙げた「社会言語能力」の説明について、最も適当なものを次の1〜4の中から一つ選べ。

1 人前でも恥ずかしがったり、緊張したりせずに、自分の意見や考えを正確に言語で表現する能力

2 会話や文章を書くとき、自分が語りたいトピック（話題）を相手に合わせながら、一貫性を持たせ、過不足なく語る能力

3 相手に応じて適切な待遇表現をしたり、場面に応じて適切な言語変種を選んだりする能力

4 自分自身のための要求や依頼ができるだけではなく、その時々の社会問題など一般的な話題についても意見交換ができる能力

言語と社会　　　　　　　　解答・解説

キーワード問題　　解答

問題1	①ヨーロッパ言語共通参照枠（CEFR）　②欧州評議会
問題2	①レジスター　②スタイル
問題3	①方言　②地域方言　③社会方言
問題4	①非言語コミュニケーション　②パラ言語
問題5	①高コンテクスト文化　②低コンテクスト文化
問題6	①会話分析　②隣接ペア
問題7	①ポリティカル・コレクトネス
問題8	①語用論　②言語と行為　③協調の原理
問題9	①発話行為　②発話内行為　③発話媒介行為
問題10	①協調の原理　②量の公理　③質の公理
	④関係性の公理　⑤様態の公理
問題11	①ピジン　②クレオール
問題12	①リンガフランカ

演習問題　　解説・解答

問題1

問1：3　　問2：4　　問3：3

問1　臨時的に作られた言語である**ピジン**は、使用される場面が限定的であり、語彙は少なく、文法や音声が単純化されている。ピジンが次世代に継承され、母語話者を持つようになったのが**クレオール**である。クレオールは、臨時的なピジンとは異なり、語彙が増え、文法や音声が複雑化した新たな言語である。**ジャーゴン**は、隠語とも呼ばれ、仲間内にだけ通じる特殊用語のことである。例えば、ある研究分野における専門用語や、ある職種に限定して用いられる職業用語もジャーゴンの一種である。**ドメイン**は、社会言語学者のフィッシュマン（J. Fishman）が後述の**ダイグロシア**に関して提唱した概念であり、言語選択は場面によってある程度予測可能であるという考え方である。言語が使われる主な場面（ドメイン）には、家庭、友人関係、宗教、教育、雇用関係が挙げられる。

　　なお、ある地域や集団間で実際にコミュニケーションを行うことができる言語のことを**共

通語という。また、異なる母語を持つ人々がコミュニケーションをするために、国家や民族を超えた共通語として習慣的に使用する言葉は**リンガフランカ**と呼ばれる。

問2　ダイグロシアは、社会言語学者のファーガソン（C. Ferguson）が提唱した概念であり、二つの言語あるいは方言が同時に社会に存在している状態を意味する。個人内の方言を含む2言語併用はバイリンガルと呼ばれるが、ダイグロシアはいわば、社会の成員がバイリンガルの状態にあることを指す。ダイグロシアにおける二つの言語は、使われる場面、状況が明確に分かれており、教育や行政などの公的な場面で使用される言語を**H変種**（High variety）、家族、友人間といった私的な場面で使用される言語を**L変種**（Low variety）と称する。それぞれ**H言語**や**高位変種**、**L言語**や**低位変種**とも呼ばれる。なお、三つ以上の言語変種が併存し、使用される状況は**ポリグロシア**と呼ばれる。1のスイス・ドイツ語圏においては、標準ドイツ語がH変種、スイス・ドイツ語がL変種である。2のハイチでは、フランス語がH変種、ハイチ・クレオール語がL変種である。3のアラブ社会では、コーランの文章にも用いられる正則アラビア語がH変種、口語としてのアラビア語がL変種である。4はH変種／L変種の言語対立ではない。南米の多くの国ではスペイン語が話されているが、ブラジルではポルトガル語が公用語とされている。

問3　**コード・スイッチング**とは、二つの言語を使う環境にあるバイリンガル話者、または、複数の言語を使う環境にある**マルチリンガル**話者が、一つの会話の中で二つ以上の言語を交差して使用することである。コード・スイッチングには大きく、状況の変化に応じた**状況的コード・スイッチング**、文字通りの内容以上の情報やニュアンスが付与される**隠喩的コード・スイッチング**、会話のストラテジーとして機能する**会話的コード・スイッチング**の3種類がある。1は、姉妹の親密さを強めるとともに母親を遠ざける機能も果たす隠喩的コード・スイッチング、2は、相手の言語能力に合わせた状況的コード・スイッチング、4は、会話の流れを維持しながら、話題を導入している会話的コード・スイッチングの例である。3は、相手に応じて丁寧さを切り替えている**スピーチレベルシフト**の例である。言語自体を切り替えるコード・スイッチングとは異なり、スピーチレベルシフトとは、相手や場面、コミュニケーションの性質に応じて、**敬体（デス・マス体）**と**常体（ダ体）**という、文末の丁寧さに関する文体のレベルを切り替えることなどである。

問題2

問1：3　　問2：4　　問3：4

問1　**ターン・テイキング**は、実質的に起こる話し手の交代を指す。司会者から参加者Eに話者の交代が起こっている3が、その例である。1では、参加者Bによるターン獲得の試みはあったものの、参加者Aのターンは保持されているため、ターン・テイキングには当たらない。2では、参加者Cは視線を向けることで次話者として参加者Dを選択したが、参加者Dがそれに応じることなく、参加者Cが発話を開始した（結果として、参加者Cのターンが保持された）ため、ターン・テイキングには当たらない。4の参加者Gは、相づちを打っているのみであり、参加

者Fのターンを奪うものではないため、ターン・テイキングには当たらない。

問2　**隣接ペア**とは、対になる二つのターンから成り、会話を分析する際の最小単位とされる。隣接ペアの特徴としては、異なった話者による隣接した（後述の挿入連鎖の場合は、対になる）発話であること、第1部分と第2部分という順序があり、（「質問−応答」ならば、第1部分が質問、第2発話部分が応答）、第1部分が決まった第2部分を求めるというようにパターン化されていることが挙げられる。1は同一話者による繰り返しの質問、3は同一話者による言い直しの例で、いずれも同一話者発話なので隣接ペアではない。2は「週末、遊びに行かない？」と「いいね」、「どこ行くの？」と「海」がそれぞれ隣接ペアで、下線部は隣接ペアではない。このように一つの隣接ペアの中にもう一つ、あるいはそれ以上の隣接ペアが挿入されている会話は**挿入連鎖**と呼ばれる。4は「何時？」というXの質問に対し、Yが時計を見せるという非言語行動を伴いながら「ほら。」と具体的な時間を知らせるべく応答をしており、隣接ペアの例である。

問3　期待に添った好まれる応答は、「今夜飲みに行かない？」「うん」という応答のように、第1部分に対して時間的に近接して端的な形で応答（第2部分）が行われる傾向がある。これに対し、好まれない応答は、「えっと……今日中に片付けなきゃいけない仕事があって……」のように沈黙や言いよどみによって第2部分が時間的に遅延されたり、好まれない応答の理由が付加されるといったことで第2部分が長くなる傾向がある。これらの傾向を踏まえると、1、2は適切な記述であり、3はいったん好まれる応答がなされた後で好まれない応答がなされる例に当たる。4のつっかえは、好まれない応答に限らず、好まれる応答をする際にも出現するものであり、**選好**ではなく流ちょう性に関わる現象である。

問題3

問1：3	問2：4	問3：3	問4：2	問5：1

問1　記号などを使い、会話を精密に書き起こしたものを**トランスクリプト**と呼ぶ。トランスクリプトは、会話の内容に加えて、言いよどみ、間やオーバーラップ（問5参照）の時間などの分析に必要な要素を2次元に書き起こす（従って、この問題の【会話】はトランスクリプトではない）。1**パラグラフ・ライティング**は、パラグラフ（段落）パターンを使って読みやすい文章を記述する方法。2**プロクセミクス**は、人の「なわばり」のような距離（感覚）のこと、4**ヒストグラム**は、データの出現頻度を表した棒グラフのことで、評価の分析などに使われる。

問2　**隣接ペア**は「あいさつ−あいさつ」「質問−回答」のように完結した2成分から成る会話の単位のこと。ここでは(14)(15)だけが「質問−回答」になっている。

問3　好まれる回答（**選好**）とは、一般的にいうと承諾、同意など肯定的な回答のことだと考えてよい。(9)は「兼六園かぁ」＝非同意という否定的な回答である。

問4　隣接ペアの前、途中、後ろにもう一つ隣接ペアが加わって会話が完結している場合、**拡張**とい

う。ここでは、(3)質問－(6)回答の隣接ペアの間に(4)－(5)という隣接ペアが挟まっている。これを**挿入拡張(挿入連鎖)**と呼ぶ。前にある場合は**前方拡張**と呼ぶ。

問5　**オーバーラップ**とは、会話に参加していた二人(以上)の人物が同時に話し始める現象のこと。ターン・テイキングのときに起こりやすいが、発話の途中でも起きることがあり、また意見が対立したときだけではなく、聞き手が強い同意や共感を覚えたときにもしばしば発生する。

問題4

問1：3	問2：1	問3：4	問4：1

問1　日本における言語政策を主として担当するのは**文部科学省**の下に置かれた**文化庁**であり、具体的な作業は、**文化審議会国語分科会**によって行われる。**国立国語研究所**は、大学共同利用機関法人の一つである。日本語学や言語学の研究と共に日本語教育についての研究を行っている。[令和5 (2023)年末現在]

問2　言語政策は、**席次計画**：使用する言語を定める、**実体計画**(コーパス計画とも呼ぶ)：語彙や文法、正書法など規範を定める、**普及計画**：学校教育や放送などを使って定められた言語を普及する、という3段階からなる。

問3　**上田万年**(うえ だ かずとし)は、明治期、標準語の制定や国語教育の確立に関わった。松本亀次郎は、宏文学院などで清国留学生向けの日本語教育に関わった人物、伊沢修二は、台湾における日本語(国語)教育を開始した人物、松下大三郎は、日華学院を創設し、『漢訳日本口語文典』などを出版した日本語教育者であると同時に日本語研究者としても著名である。

問4　ニュージーランドはマオリ語、シンガポールはマレー語、アイルランドはアイルランド語(アイリッシュ・ゲール語とも)という**先住民**の言語を英語などと共に**公用語**にしているが、ブラジルはポルトガル語のみを公用語としていて、先住民や移民の言葉については考慮されていない。

問題5

問1：3	問2：1	問3：3	問4：1	問5：1

問1、2　ブラウン＆レビンソンは、コミュニケーションを円滑にして、良好な人間関係を構築・維持するために、相手の**ポジティブフェイス**と**ネガティブフェイス**の、二つのフェイスを脅かさないように配慮した言語の使用・行動を**ポライトネス**と捉えた。

問3　1は、笑いの共有を通して相手との距離を縮減することにより、2は、真意に関係なく、「そうですね」で相手への共感を言語化し明示することにより、4は、相手への賛意を誇張すること

により、ポジティブフェイスを強化することから、それへの言語的配慮と考えられる。3の敬語使用は、相手を敬うという点では、ポジティブフェイスへの言語的配慮と考えられる。しかし、例えば、初対面の人に対しては、敬うためのみならず、なれなれしく感じられないために**敬語**を使うことも考えられる。この場合は、相手との距離を置くというネガティブフェイスへの言語的配慮に当たり、敬語はこの両側面を有している。

問4 1の「忙しいときに申し訳ないですが」は、相手の領域を侵害する可能性を含む依頼を行う際に、それに配慮する発話として機能するものであり、ネガティブフェイスへの言語的配慮である。2は、誘いに応じられない理由を伝えることで、誘ってくれた相手のポジティブフェイスに配慮する行為である。3は、「掃除を始めてください」と指示するような表現を使わず、あたかもリーダー(話し手)がメンバー(聞き手)と一緒に掃除をするかのような表現を用い、仲間意識を明示することで、年長者であるメンバーのポジティブフェイスへ配慮するものと考えられる。4のような初対面の会話では、上下関係にかかわらず一定の距離を保つために(なれなれしく感じられないために)敬語が使われる傾向があり、これはネガティブフェイスへの言語的配慮と考えられる。このような会話に、近しい相手との間で使われる「ため口」を適宜差し入れることは、相手との距離を縮減する行為であり、ポジティブフェイスへの言語的配慮である。

問5 相手のフェイスを脅かす行為を**FTA**(フェイス侵害行為:Face Threatening Act)という。2のJFLは日本国外で学ぶ「外国語としての日本語」(Japanese as a Foreign Language)の略。3のFonFS(Focus on Forms)は言語形式に焦点を当てた指導法のこと。4のEPAは、経済連携協定(Economic Partnership Agreement)の略である。

問題6

問1:2	問2:2	問3:4	問4:2	問5:3	問6:4	問7:1

問1 敬語を理解しやすくするため、国語の改善や普及に努める**文化審議会国語分科会**が示した「**敬語の指針**」では、敬語の内容や使い方についての基本的な解説、疑問や議論の対象となりやすい事項の具体的な説明がされている。

問2、3、4 「敬語の指針」では、敬語の働きと適切な使い方をより深く理解するために、従来、謙譲語と一括されていた敬語が**謙譲語Ⅰ**と**謙譲語Ⅱ**に分けられた。謙譲語Ⅰは「伺う・申し上げる」型であり、伺う、申し上げるの他に、お目に掛かる、差し上げる、お届けする、御案内するなどが挙げられる。謙譲語Ⅱは**丁重語**とも言われる「参る・申す」型であり、参る、申すの他に、いたす、おる、拙著、小社などが挙げられる。謙譲語ⅠとⅡの違いは、行為・ものごとの敬意が「誰に向けられているのか(誰を立てているのか)」である。例えば「行く」には謙譲語Ⅰ「伺う」と謙譲語Ⅱ「参る」があるが、謙譲語Ⅰは「行く」という行為が向かう相手を立てる場合に使うので、話している相手が誰であっても「社長の所に伺う」とは言えるが、「弟の所に伺う」とは言えない。これに対し謙譲語Ⅱは話している相手に対して行為・ものごとを丁重に述べる場合

に使うので、話している相手が上司など上の人であれば「社長の所に参ります」とも「弟の所に参ります」とも言えるが、話している相手が会社の同僚などの場合は「昨日、社長の所に参ったよ」とは言えない。この場合は「行く」という行為が向かう相手（社長）を立てる謙譲語Ⅰ「伺う」を使って「昨日、社長の所に伺ったよ」とすべきである。

問5、6　**ウチ**とは、自分の属する側または身近なものを意味し、**ソト**はその反対のものを意味する。日本語学習者に対する文法の説明にウチ・ソトという概念が有効であることが示されており、その最たるものの一つが敬語である。その他にも、例えば使い分けが複雑な「あげる／くれる」など**授受表現**の整理にも有効とされる。

問7　1は「読んでいる」の「読む」「いる」をそれぞれ尊敬語にしてつなげた**敬語連結**であり、冗長性が生じる場合もあるが、基本的には許容される。2は「言う」の尊敬語「おっしゃる」に尊敬の助動詞「〜られる」が付くことで尊敬語が重なっているので**二重敬語**となる。なお、二重敬語は一般に適切ではないとされるが、語によっては習慣として定着しているもの（例：「お召し上がりになる」「お見えになる」「お伺いする」「お伺いいたす」）がある。3は「行く」という行為が向かう相手が存在しないのに謙譲語Ⅰ「伺う」を使っている誤り。4は「お尋ねください」と相手を立てるべきところを、受付を立てる謙譲語Ⅰ「伺う」を使った不適切な敬語連結の例である。

問題7

問1：1	問2：3	問3：4	問4：3	問5：2

問1　言語の特徴について、発音やアクセント、語義などを分布図にすると、同じ特徴を示す地域ごとに境界線が現れる。これを**等語線**と呼ぶ。

問2　方言分布のタイプには、**東西対立型**、**同心円型**のほかに、全国に同一の語形が分布する**全国一律型**（例：雨、鼻）、2種類の語形が交互に並んでいる分布型である**交互型**（例：「舌」のシタ／ベロ、「幾ら」のイクラ／ナンボ）、日本列島を日本海側と太平洋側とに二分するような分布型である**南北対立型**（例：「手ぬぐいが凍る」のシミル／コール・イテル）、多様な語形が錯綜する分布型である**複雑型**（例：氷柱、くるぶし）がある。「シモヤケ／ユキヤケ」は「しもやけ」の南北対立型、「ツラ／カオ」は「顔」の同心円型、「ナスビ／ナス」は「茄子」の東西対立型。「ケーヘン／コーヘン」は方言分布のタイプに見られる対立ではない。「ケーヘン」は京阪神地区の「来ない」の方言であり、「コーヘン」は標準語の「来ない」の「コ」と方言否定辞ヘンを混交させた**ネオ方言**である。

問3　同心円型には、**周圏論的分布**と**逆周圏論的分布**があるが、**ラ抜き言葉**は逆周圏論的分布の例である。方言の要素が文化的中心地を中心とした同心円状の分布をなすことを周圏分布といい、そのうち、周辺部の要素が中央部の要素よりも、より古い時期に発生したと推定される分布を周圏論的分布、周辺部に見られる要素の方が中央部よりも新しいと推定される分布を逆

周圏論的分布という。最初に方言を区画したのが**東条操**である。日本語を大きく、本土方言と琉球方言に分け、その下位区画としてそれぞれを、東部方言・西部方言・九州方言と奄美方言・沖縄方言・先島方言に分けた。「居る」は「イル／オル」の東西対立型の分布タイプである。**グロットグラム**とは、地域による違いと年齢による違いをかけ合わせることにより、一定地域における言語変化の動向を把握する研究方法である。

問4 2009年2月に**ユネスコ**（国連教育科学文化機関）が発表した"Atlas of the World's Languages in Danger"（第3版）には、世界で約2500に上る言語が消滅の危機にあるとして掲載されている。日本の8言語・方言と危機の度合いも記述されており、具体的には、アイヌ語（極めて深刻）、八重山方言、与那国方言（以上、重大な危機）、八丈方言、奄美方言、国頭方言、沖縄方言、宮古方言（以上、危険）である。文化庁をはじめとする各種機関では、消滅の危機にある言語・方言の実態や保存・継承の取り組み状況に関する調査研究などを行っている。三陸地方の方言は、東日本大震災の被災地における危機的な言語の類である。

問5 **アコモデーション理論**における**コンバージェンス**とは、相手の言語使用に近づける言語使用であり、**ダイバージェンス**とは相手の言語使用から遠ざける言語使用である。1と3は、相手とは異なる属性（第二言語話者であること、大阪弁話者であること）を明示する言語使用であり、ダイバージェンスの例である。4は、誤ったコンバージェンスの例である。高齢者は知能的に幼児ではないため、**ベビートーク**を用いるのは不適当であり、待遇的な問題、摩擦が生じる可能性もある。

　なお、ベビートークとは、大人が幼い子どもに話し掛ける場合に使用する、子ども向けに簡略化された言語のことであり、子どもの言語獲得のインプットとしての役割を果たすこともある。その特徴としては、質問文が多い、指示文が多い、大人と子どもが一緒に会話を構築する、大人が子どもの代役となって会話を成立させる、特有の語彙や発音があることが挙げられる。

問題8

問1：3	問2：2	問3：2	問4：1

問1 **エスノセントリズム**とは自文化中心主義のこと。自分の文化を基準としてしか他の文化を評価できない状態。エスノメソドロジーは、人間の関係性（社会）を会話分析などにより精密に分析する社会学の方法論。エスノグラフィーは、民族誌と訳され、文化人類学の研究方法であったが、現在は広く社会現象を質的に分析するときに使われる。エスノローグは、世界中の言語を集めたカタログ（ウェブサイト）のこと。

問2 自分自身がエスノセントリズムに陥っていないかどうかを判断するのは、非常に難しい。なぜなら、自文化というのは、空気と同様普段そこにあるということを意識することがないからである。

問3　Ｐ・エクマンとＷ・Ｖ・フリーセンのノンバーバル・コミュニケーションの分類によると、音声言語と共に使い、内容を視覚的に保障・補強する身体動作を**イラストレーター**と呼ぶ。**エンブレム**は、野球のサインのように音声言語の代わりに使われる動作、レギュレーターは、うなずきのように相手のコミュニケーションへの返答として使われる動作、そしてアフェクト・ディスプレーは、ガッツポーズのように自分の感情を表現する動作である。

問4　ベリーは、移民の**文化受容態度**を、出身地の文化的アイデンティティを維持したいかどうか、移住先の文化を受容するかしないかによって四つに分類し、**統合**（＋＋）、**同化**（－＋）、**分離・離脱**（＋－）、**境界化・周辺化**（－－）と名付けた。

問題9

問1：1	問2：3	問3：1

『**日本語教育の参照枠**』(以下「参照枠」)は、今後の、特に日本国内における日本語教育の包括的な枠組みとなるので、内容を把握しておく必要がある。**「参照枠」の最終報告書**(以下「報告書」)および、令和4（2022）年2月に発表された**「参照枠の活用のための手引き」**は、文化庁のサイトでいつでも見ることができる。

　https://www.bunka.go.jp/seisaku/bunkashingikai/kokugo/hokoku/

　アルクのウェブサイト「日本語ジャーナル」に掲載されている「『日本語教育の参照枠』最終報告まとまる」は、この「参照枠」の内容を分かりやすくまとめた記事なので、こちらも一読をお勧めする。

　https://nj.alc-nihongo.jp/entry/20211128-sanshowaku

問1　参照枠では「日本語学習者を社会的存在として捉える」としている。そのため、日本語教育の場も、それぞれの学習者が持っている背景や社会的に置かれている状況に応じた多様な学びの場となる。報告書では、そのような学びの場のありかたを「学びの場を人と人が出会う社会そのものとする」と表現している。2や4では、教師が画一的に教える内容を決めてしまうことになる。その一方、3では、日本語教育そのものが不用なものとなってしまう。

問2　参照枠では、日本語能力の参照レベルを「基礎レベル」＝Ａ、「自立レベル」＝Ｂ、「熟達レベル」＝Ｃの3段階をそれぞれ二つに分けた（Ａ1、Ａ2、Ｂ1、Ｂ2、Ｃ1、Ｃ2）六つのレベルに分けている。これは**CEFR**(ヨーロッパ言語共通参照枠)を参考にしたものである。ただし、日本語がヨーロッパの諸言語と全く異なっている「漢字を含む文字」については、別扱いとしている（「報告書」p.66-70「8 漢字を含む文字の扱いについて」）。

問3　「多様な日本語使用」とはどのようなことだろうか。報告書には、母語話者の日本語使用を最終目標としない、学習者にとって必要な能力を意識的、優先的に学習する、個別の**「言語能力記述文」**(Can do)を学習目標とすることなどを挙げている。これまで主流であった、四技能を均等に伸ばしていくという学習目標は、明確に否定されている。

問題10

問1：2   問2：2   問3：3

　コミュニケーションストラテジーは、それだけではやや範囲が狭いので、単独で出題されるのではなく、他のテーマと組みあわせた問題の一部として出題される可能性が高いと思われる。関連する用語なども一緒に覚えておくとよい。

問1　コミュニケーションストラテジーの類型を問う問題である。「**回避**」とは、どのように言えばよいか分からない、自信がないために、その表現をしないこと、「**言い換え**」は、単語を知らないので、別の言い方や説明で表現すること、「**意識的転移**」は、母語を使ったり、母語の直訳を使ったりすること、「**援助要請**」とは、聞き手(母語話者)に尋ねたり、辞書を引いて調べたりすることを指す。母語話者は「言い換え」を使うことが多いが、「言い換え」をするためには、いろいろな表現を適切に使う必要があるので、学習者には、負担が大きい。

問2　選択肢1は「言い換え」、2は「援助要請」、3は「意識的転移」、4は「回避」に当たると考えられる。

問3　ハイムズは**コミュニケーション能力**という概念を提唱し、円滑なコミュニケーションを行うためには**言語能力**だけでは不十分であり、他に**談話管理能力**と**社会言語能力**、そして**言語運用ストラテジー**が必要であるとした。問3の選択肢のうち2が「談話管理能力」、3が「社会言語能力」である。

3. 言語と心理

「言語と心理」では、言語学習の仕組みや言語の理解に関わるさまざまな情報を押さえることが攻略のカギになります。言語の習得と発達、学習理論、記憶のメカニズム、異文化適応などに関する知識について理解しておきましょう。

キーワード問題

演習問題

福田倫子
文教大学文学部外国語学科
日本語教育研究室教授
問題1、2、4、7、8

鈴木綾乃
横浜市立大学グローバル都市協力
研究センター日本語担当准教授
問題3、6、10、11

柳本大地
広島大学森戸国際高等教育学院
特任講師
問題5、9

言語と心理

キーワード問題

問題1

教育心理学の分野で、何かを学ぶ際に「褒められるから」「給料が高くなるから」といった学習者自身の外側から来る動機づけを ① 、「面白いから、知りたいから勉強する」「好きだから」といった自身の内面から来る動機づけを ② と呼んでいる。この動機づけは言語学習に限ったものではない。外国語学習に関わる動機づけの分類には、その言語を話す人や文化を理解したいという ③ と、その言語を使って高い報酬を得たいなどといった ④ がある。

問題2

① に入った情報を一時的に保持し、処理をして、 ② に送るなどの処理を行う記憶のシステムを ③ という。 ① に入った情報を ② に移動させるために、情報を繰り返し意識することを ④ といい、文字や音の情報を単純に繰り返す ⑤ と、既有知識やイメージと関連させる ⑥ がある。 ③ には個人差があるが、容量以上のことはできない。しかし外国語の学習の理解、産出には多くの処理が必要で、 ③ に負荷がかかるため、学習者の負担を考慮した授業の展開を考える必要がある。

問題3

カミンズは日常生活のコミュニケーションに必要な言語能力を ① 、読み書き、複雑なディスカッションをするために必要な言語能力を ② と説明しているが、 ① を獲得するには1-2年、 ② がその年齢相当のレベルに達するためには5-6年かかると言われている。また、カミンズは共有基底言語能力モデル(CUP)で、 ② は母語と第二言語で共有される能力であるとしている。

問題4

クラッシェンは、言語習得にはインプットが重要であるということを、 ① の中で、(1) ② (2)習得/学習仮説 (3)モニター仮説 (4)自然習得順序仮説 (5)情意フィルター仮説の五つの仮説で説明している。 ② の中で、学習者に与えるインプットは理解可能なインプットでなければならないとし、現在のレベルより少し高いi+1のインプットが言語の習得には必要だと述べている。

問題5　学習者の誤りは、一時的な間違いである　①　と繰り返し間違える　②　に分けられるが、　②　はさらに、コミュニケーションや談話全体の理解に支障を与える　③　と、意味の理解に支障を与えない　④　に分類される。教師がフィードバックをする際、学習者の習得を促進させるため、気付きやすい　③　だけでなく、見過ごされやすい　④　にも目を向けることが必要である。

問題6　異なる文化と接触することによって、新しい文化へ適応していく過程を　①　という。しかし、その過程の中で文化のある一面を固定的に捉えた見方（　②　）が生まれ、固定化してしまうこともある。そうならないように、新しい文化に接触した際にはすぐに判断せずに、態度をいったん保留し（　③　）観察することが重要である。

問題7　　①　とは、子どもや学習者にとって援助があればできる課題に対して、教師や熟達者によって与えられるサポート、援助のことである。旧ソ連の心理学者　②　は、援助があればできる範囲のことを　③　と呼び、この理論はピア・ラーニングなどの協働学習を考える際の重要な概念となっている。

問題8　学習者はコミュニケーションに支障が起きたときや起きそうなとき、さまざまなストラテジーを使って対処している。これらのストラテジーを　①　と呼び、必要な言葉が見つからなかったときに他の言葉で代用する　②　、対話相手に質問したり、辞書で調べたりする　③　、分からない語彙を使うことをあきらめたり、話題を変えたりする　④　、必要な言葉を母語で言い換えたり、母語を直訳して使用したりする意識的転移（母語使用）などがある。

問題9　文章を読むときには、常に推論をしながらその文章を理解している。明示的に述べられていない部分をコンテクストの情報から推測し、埋めていく　①　は文章理解の過程では、不可欠なものである。一方、　②　は読んで理解した内容をより深く理解するための推論である。

問題10　　①　と　②　はどちらも速読の方法であるが、　①　が自分にとって必要な情報だけを拾い出す読み方であるのに対し、　②　は全体にざっと目を通して大意を取る読み方である。レストランのメニューの中から、鶏肉を使った料理だけを探すような読み方は　①　に当たる。

演習問題

問題 1
難易度 ★☆☆

次の文章を読み、下の問い（問1〜4）に答えよ。

　第二言語習得の代表的な研究者であるクラッシェンは、インプット仮説など五つの仮説を含むA モニターモデルと呼ばれる理論を提唱した。また、ロングがインターアクション仮説を、スウェインがB アウトプット仮説を提唱した。

　学習者が第二言語を習得する過程で頭の中で作り上げるC 中間言語を使用する際にはさまざまなエラーが起こり得るが、学習者の母語との違いによって生じる言語間エラーと目標言語の発達途上に共通して生じるD 言語内エラーに分けることができる。

問1　下線部A「モニターモデル」に関する説明として不適当なものを次の1〜4の中から一つ選べ。
1　習得・学習仮説では、無意識に習得された知識と意識的に学習して身に付けた知識は初めは別物だが、学習して身に付けた知識は練習によって習得された知識に変化するとされている。
2　自然習得順序仮説では、学習者には内在化したシラバスがあって、どのような順序で教えても形態素が習得される順序は変わらないとされている。
3　インプット仮説では、第二言語習得には学習者の現在のレベルよりわずかにレベルが高いインプットが必要だとされている。
4　情意フィルター仮説では、学習者が不安な状態では言語習得が起こりにくいとされている。

問2　下線部B「アウトプット仮説」でアウトプットの効果とされていることとして不適当なものを次の1〜4の中から一つ選べ。
1　言語形式に注意が向くこと
2　間接的にリスニング力が向上すること
3　相手の反応によって自分の中間言語が適切かどうか仮説検証できること
4　自分が言いたいことと実際に言えることの間のギャップに気付くこと

問3　下線部C「中間言語」の説明として最も適当なものを次の1〜4の中から一つ選べ。
1　中間言語研究では、中間言語が目標言語に対して正しいかどうかはそれほど重要ではない。
2　学習者の中間言語は習得が進んだ結果、目標言語話者と同じ言語体系になる。
3　一度正しい形で中間言語に取り込まれた言語形式は誤った形になることはない。
4　母語が同じ学習者は中間言語も同じ体系になる。

問4　下線部D「言語内エラー」に含まれないものを次の1〜4の中から一つ選べ。
1　誘発されたエラー　　　2　過剰般化
3　簡略化　　　　　　　　4　プラグマティック・トランスファー

問題 2　　　　　　　　　　　　　　　　　　　　　　　難易度 ★☆☆

次の文章を読み、下の問い（問1〜3）に答えよ。

　学習者の多様性への対応が重視されるようになり、言語学習に関わる、個人差を生む要因が注目されるようになった。A言語適性のような認知面だけでなく第二言語不安やビリーフ、動機づけなどの情意面についても徐々に明らかになり、学習者への配慮につながっている。

　動機づけについては、社会文化的な観点からの分類である統合的動機づけと道具的動機づけ以外に、心理学的な観点から検討されたB外発的動機づけ、内発的動機づけという考え方も注目されている。さらに、教室指導においてC学習者の動機づけに働き掛けるための手法も提案されている。

問1　下線部A「言語適性」に関してスキーハンという研究者が提示した構成要素に含まれないものはどれか。次の1〜4の中から一つ選べ。
　　1　言語分析能力　　　2　記憶力　　　3　認知学習言語能力　　　4　音韻符号化能力

問2　下線部B「外発的動機づけ、内発的動機づけ」に関する記述として最も適当なものを次の1〜4の中から一つ選べ。
　　1　内発的動機づけは学習そのものに興味や楽しさを感じる動機づけである。
　　2　外発的動機づけは、学習者以外の人間からの働き掛けを意味し、物事からの働き掛けは含まれない。
　　3　周囲から強制され、学習に対して拒否反応を起こしている状態も外発的動機づけに含まれる。
　　4　外発的動機づけの方が、内発的動機づけより、自分の行動を自分で決める程度が高い。

問3　下線部C「学習者の動機づけに働き掛けるための手法」を何というか。最も適当なものを次の1〜4の中から一つ選べ。
　　1　スキャフォールディング　　　2　肯定的動機づけ
　　3　動機づけストラテジー　　　　4　コンシャスネス・レイジング

問題 3　　　　　　　　　　　　　　　　　　　　　　　難易度 ★★☆

次の文章を読み、後の問い（問1〜3）に答えよ。

　言語を学ぶことは、目標言語に関する情報を記憶し、それを運用できるようにするプロセスである。人間の短期記憶が保持できるのは15〜20秒といわれており、それを長期記憶に移すためにさまざまなA記憶ストラテジーを用いる。しかし言語の知識を持っているからといって、流ちょうに書いたり話したりできるとは限らないため、　（ア）　が重要である。また、言語学習を効果的に進めるためには学習ストラテジーも重要であるが、ストラテジーの選択にはその学習者がこれまでどのような方法で教えられ、学んできたか、B学習をどのようなものと捉えているかなど、学習者の個人的要因が大きく関わっている。

問1 文章中の下線部A「記憶ストラテジー」の例として不適当なものを、次の1～4の中から一つ選べ。

1 何度もノートに書く。
2 同じ部分を持つ漢字をグループにする。
3 単語の意味と例文を一緒に調べる。
4 友達と単語の問題を出し合う。

問2 文章中の ［ （ア） ］ に入る言葉として最も適当なものを、次の1～4の中から一つ選べ。

1 宣言的知識　　2 手続き的知識　　3 意味知識　　4 エピソード知識

問3 文章中の下線部Bを表す言葉として最も適当なものを、次の1～4の中から一つ選べ。

1 学習スタイル　　2 プロトタイプ　　3 ビリーフ　　4 学習リソース

問題4
難易度 ★★☆

次の文章を読み、後の問い（問1～3）に答えよ。

　言語使用の処理過程を示したリーヴェルト(Levelt)のモデルに関して言語産出に注目してみると、まず話したいこと（メッセージ）が生成され、次にA心内辞書から取り出された語彙を使って文法や音韻などの形式が作られ、物理的な音が作られ、発話として産出される。また、ヘイズとフラワー(Hayes & Flower)による文章産出のプロセスには、［ （ア） ］、［ （イ） ］、［ （ウ） ］がある。これらは順々に遂行されるのではなく、課題を達成するためにB全体の状況を監視しながら、必要があれば不十分な作業に戻ってやり直し、完成に向かっていく。

問1 下線部A「心内辞書」に関する記述として不適当なものを、次の1～4の中から一つ選べ。

1 心内辞書内の語の認知はその単語を認知する機会が多いほど速くできるようになる。
2 心内辞書の中身は固定的ではなく常に新しい語を追加している。
3 心内辞書の語は既に格納されている語の発音や意味が更新されることはない。
4 心内辞書の中で、語は意味が関連していたり音が似ていたりしているものが結び付いた状態で格納されている。

問2 ［ （ア） ］、［ （イ） ］、［ （ウ） ］に入る言葉の組み合わせとして最も適当なものを、次の1～4の中から一つ選べ。

	（ア）	（イ）	（ウ）
1	文章化	推敲	校正
2	文章化	レスポンス	推敲
3	プランニング	分析	文章化
4	プランニング	文章化	推敲

問3 下線部B「全体の状況を監視」することをライティングプロセスのモデルにおいて何というか。最も適当なものを、次の1〜4の中から一つ選べ。

1 スキャニング　　　2 ルーブリック　　　3 プライミング　　　4 モニター

問題5　難易度 ★★☆

次の文章を読み、下の問い（問1〜3）に答えよ。

　学習者自身が学習を効果的に行うために使う方略のことを学習ストラテジーという。オックスフォードによる分類では、学習の仕方に直接関わるものを直接ストラテジーとし、学習を間接的に支えるものを間接ストラテジーとしている。直接ストラテジーはさらに記憶ストラテジー、A補償ストラテジー、B認知ストラテジーに分けられる。また、間接ストラテジーはさらに、メタ認知ストラテジー、情意ストラテジー、社会的ストラテジーに分けられる。学習者がどのような学習ストラテジーを選ぶかは、学習者の　（ア）　が関係してくる。　（ア）　は、教師や学習者の、学習はこれがよい、こうするべきだという信念である。例えば、毎日、日本語のニュースを聞いていれば、自然と日本語が上手になると信じ、欠かさず続ける、というようなことである。一方で、偏った　（ア）　を持っていると、かえって学習を妨げることがある。

問1 下線部A「補償ストラテジー」の例として最も適切なものを次の1〜4の中から一つ選べ。
1 漢字を覚えるときに分解してストーリーを作って覚える。
2 自分を褒めたり、目標が達成できたときに買うものを考えたりする。
3 一緒に学習するスタディーグループに参加したり母語話者の友達を作ったりする。
4 分からない単語を、周りの文脈情報から推測したり、ほかの言葉に置き換えてみたりする。

問2 下線部B「認知ストラテジー」の例として不適切なものを、次の1〜4の中から一つ選べ。
1 授業を聞きながら、先生が話したことをノートに取る。
2 習った文法を使って文を作る練習をする。
3 アナウンサーの話す日本語のまねをして発音する。
4 単語を覚えるときに語呂合わせで覚える。

問3 文章中の　（ア）　に入れるのに最も適切なものを次の1〜4の中から一つ選べ。
1 ステレオタイプ　　　2 アウェアネス　　　3 ビリーフ　　　4 学習意欲

言語と心理

問題

上級レベルのクラスにおいて、下記のような授業を実施した。資料を読み、問1～4に答えよ。

〈資料〉 授業の概要

学習者	上級レベルの留学生9人（3人ずつ3グループを作る）
授業時間	50分×2コマ
教材	あるテーマに関する社説3本（A社・B社・C社）
到達目標	（1）文章中の事実と意見を区別することができる。 （2）各新聞社の意見を理解し説明することができる。 （3）各新聞社の意見を比較した上で、テーマについて自分の意見を述べることができる。

授業の流れ	第1回目	（1）テーマに関する_Aスキーマの活性化 （2）意見を表す表現の確認 _B（3）三つのグループに、それぞれ異なる社説を配布する。グループで協力して担当する社説を読み、その新聞社の意見をまとめる。 _C※（2）で確認した表現に注意して読む。
	第2回目	（4）A社・B社・C社の社説を担当する人が一人ずつ集まって、新しいグループを作る。 _D自分が担当した社説を他の人に説明する。 （5）各新聞社の意見を比較し、ワークシートにまとめる。 （6）（5）のワークシートを見ながら、グループの中で意見交換をする。 （7）宿題として、自分の意見について作文を書く。

問1 文章中の下線部Ａ「スキーマの活性化」を目的に行う活動として<u>不適当なもの</u>を、次の1～4の中から一つ選べ。

  1 テーマについて知っていることや、各自の意見を自由に話させる。

  2 テーマについて母語でインターネットを使って調べさせる。

  3 社説に出てくる語彙のリストを配り、意味を確認・説明する。

  4 社説に出てくる上級文法を取り出して説明し、文を作らせる。

問2 文章中の下線部B（3）の活動に対する指示として不適当なものを、次の1〜4の中から一つ選べ。

1 タイトルからどんな内容か想像してから読みなさい。
2 分からない言葉があっても調べてはいけません。推測したり友達に聞いたりしなさい。
3 その新聞社が賛成なのか、反対なのか、意識して読みなさい。
4 書かれている内容と自分の経験や意見を結び付けながら読みなさい。

問3 文章中の下線部Cのような処理の仕方を何と呼ぶか。最も適当なものを、次の1〜4の中から一つ選べ。

1 トップダウン　　　　2 ボトムアップ
3 先行オーガナイザー　4 ワーキング・メモリー

問4 下線部Dの活動で、教師の行動として最も適当なものを次の1〜4の中から一つ選べ。

1 文法や語彙を間違えている学習者がいたら、その場ですぐに訂正する。
2 社説の内容を間違えて説明している学習者がいたら、正しい答えを教える。
3 日本語以外で話している学習者がいたら、日本語で話すように促す。
4 すぐに終わってしまったグループがあったら、内容を確認する質問をする。

問題7　　　　　　　　　　　　　　　　　　難易度 ★★★

次の文章を読み、後の問い（問1〜5）に答えよ。

小学校で取り出し授業を担当しているX先生が、クラス担任のY先生に相談している。

X先生：A日本語指導が必要な子どもが増えてきましたね。実は私が担当しているBHちゃんのことで少し困ってまして。

Y先生：どうしたんですか。

X先生：学校では日本語、家で家族と話すときはC両親が話せる中国語を使っているようなんですが、だんだん日本語の方が得意になって中国語を忘れてしまうことがあって、悩んでいるみたいなんですよ。

Y先生：そうでしたか。気付かなくてすみませんでした。ご家族の方は特に問題ないのでしょうか。

X先生：お父さんの転勤で来日していつ帰国するか分からないから、Dお母さんはあまり日本になじもうとしていないようなんです。同じマンションに住んでて同じ国から来ているお父さんの同僚の家族としかお付き合いがないようで。だから日本語の勉強もされてませんし、積極的に日本の教育システムについて知りたいとも考えていないみたいです。

Y先生：そうでしたか。私にも何かEサポートができるといいんですが。これからは私ももっとHちゃんに話を聞いてみるようにしますね。

問1　下線部A「日本語指導が必要な子ども」について、公立学校における日本語の指導が必要な子どもの平成30(2018)年度末現在の状況について最も適当なものを、次の1〜4の中から一つ選べ。

1　平成20(2008)年度からのデータを見ると、外国籍の児童生徒、日本国籍の児童生徒のどちらも増加を続けている。

2　外国籍の児童生徒が約4万人、日本国籍の児童生徒が約1万人で合わせて5万人である。

3　外国籍の児童生徒の母語別在籍状況を見ると、中国語が最も多く、ポルトガル語、フィリピノ語と続く。

4　日本語指導など特別な指導を受けている児童生徒の割合は外国籍、日本国籍のいずれも90%を超えている。

問2　下線部Bについて、子どもの言語習得において見られる現象とそれを説明する概念や理論との組み合わせとして不適当なものを、次の1〜4の中から一つ選べ。

1　Aちゃんは友だちと楽しそうに今はやっているアニメの話をしていたが、授業の内容はあまり理解できていないようだ。−BICSとCALP

2　Bちゃんは理科の授業で、どうして夏は暑くて冬は寒いのかを先生から説明してもらっても分からなかったのでBちゃんの母語が話せる先生に説明してもらったが、それでも分からなかった。−敷居仮説(閾仮説)

3　Cちゃんは誰が話し掛けても全然日本語で話そうとしないので友だちができなかった。しかし、来日から半年たった頃に急に日本語でぺらぺらと話し始めたので先生もクラスメートも驚いた。−サイレント・ピリオド

4　2年前に来日したDちゃんは国での成績がとても良く、特に読解力が高かった。来日するまで日本語は全く知らなかったが、今は日本語で書かれた文章の内容も日本人のクラスメートと同程度に理解できている。−同時バイリンガル

問3　下線部C「両親が話せる中国語」について、異言語環境に移動した子どもの親の母語を継承語と呼ぶ。継承語を保持する意義として不適当なものを、次の1〜4の中から一つ選べ。

1　子どもが継承語で既に身に付けてきた知識やスキルを生かせること

2　現地語を習得しようとする動機づけが高められること

3　先祖から受け継いできたものを保持し誇りを持てること

4　親族とのコミュニケーションの質を高められること

問4　下線部Dについて、異文化で生活する体験が個人の文化的アイデンティティに変化をもたらすことがある。下線部Dのような状態の人は文化変容のどの状態にあると考えられるか。最も適当なものを次の1〜4の中から一つ選べ。

1　統合　　　　2　同化　　　　3　分離　　　　4　周辺化

問5　下線部E「サポート」について、異文化で生活する人々を支援する方法の一つとしてソーシャルサポートがある。異文化での生活者が受けられるソーシャルサポートの例として不適当なものを、次の1〜4の中から一つ選べ。

1　日本語ボランティア教室の教師に自分と同じような状況にある学習者を紹介してもらうことができる。

2　悩みを解決するために近所の書店で本を購入して調べることができる。

3　隣の家に住む人が開催するお茶会に招待されて参加することができる。

4　友人を自宅に呼んで悩みごとを聞いてもらうことができる。

問題 8　　　　　　　　　　　　　　　　　　　　　　　難易度 ★★★

次の文章を読み、後の問い（問1〜5）に答えよ。

A第二言語習得のプロセスは、インプットが認識、理解、インテイクを経て中間言語に統合され、中間言語のルールに基づいてアウトプットされるという流れと捉える考え方がある。また、近年ではBヴィゴツキー（Vygotsky）の学習論の流れをくみ、言語習得のような人間の認知的発達は社会における相互行為を通じて起こると仮定する、社会文化的アプローチが発展してきた。このアプローチでは、学習者が少しずつその社会との関わりを強めていくことを「学習」と捉えており、c少ししか関わりを持っていなくても初めからその共同体の正式なメンバーであると考える。

第二言語習得と社会的要因との関係から見られる現象を説明した理論にDアコモデーション理論がある。このような現象を明らかにする場合には、E対象者を一人または少数に絞って言語使用の様子を一定期間にわたって詳細に観察する方法が取られる。

問1　下線部A「第二言語習得のプロセス」に関して学習項目が可能形であった場合に習得が促進される教師の行動例として不適当なものを次の1〜4から一つ選べ。

1　可能形があまり出現しないよう、発話での使用回数に留意する。

2　可能の意味と可能形がつながるような例文を用意する。

3　既習項目の「〜することができる」と同じ意味であることを説明する。

4　可能形を使用する場面を設定して会話練習をさせる。

問2　下線部B「ヴィゴツキー」が提唱した、最近接発達領域の考え方を援用した授業の活動として最も適当なものを次の1〜4から一つ選べ。

1　できるだけ同じレベルの学習者を集めたグループで行うピア・レスポンス

2　企業から招いた目標言語話者の講演を聞いた後、質疑応答を行うビジターセッション

3　レベルの異なるクラスの合同授業で、別のクラスの学習者同士がペアになって行うロールプレイ

4　日本の社会について調べるために個人で実施するインターネット経由のアンケート調査

問3　下線部Cを表す用語はどれか。最も適当なものを次の1〜4から一つ選べ。

　　1　社会的ストラテジー　　　　　2　観察の徒弟制度
　　3　防衛的学習態度　　　　　　　4　正統的周辺参加

問4　下線部D「アコモデーション理論」に関する記述として<u>不適当な</u>ものを次の1〜4から一つ選べ。

　　1　留学生をなかなか受け入れてくれない日本人学生にがっかりした留学生が、日本人学生のように常体を使うことを避け、敬体を使い続ける例をダイバージェンスと言う。
　　2　米国で仕事を見つけた英国人が、社内の米国人と会議をするときも雑談をするときも英国英語のアクセントや発音で話そうとする例をコンバージェンスと言う。
　　3　広島から北海道へ転勤した人が、広島を忘れたくなくて広島弁で話す例をダイバージェンスと言う。
　　4　コンビニの店長がアルバイトの学生の仲間に入りたくて若者言葉を積極的に使って話そうとする例をコンバージェンスと言う。

問5　下線部Eのような調査方法を何というか。最も適当なものを次の1〜4から一つ選べ。

　　1　フィールド・ワーク　　　　　2　ケース・スタディー
　　3　ダイアリー・スタディー　　　4　テキスト・マイニング

問題9　　　　　　　　　　　　　　　　　　　　　　　　　　　難易度 ★★★

次の文章を読み、後の問い（問1〜4）に答えよ。

　コースデザイン、カリキュラムを編成する上では、学習者の動機づけ、認知スタイル、そしてニーズを十分に把握しておく必要がある。

　学習者が外国語を学習するとき、どのような興味・関心を持って勉強しているのだろうか。ガードナーとランバートは外国語学習の動機づけについて、例えば日本語を学んで日本の文化を理解したいというような　（ア）　と、日本語を使って自分の就職活動を有利にしたいというような　（イ）　との二つのタイプに分類して説明している。教師は授業を組み立てる際、学習者の動機を把握し、学習者のニーズ調査やA言語適性の調査などにより学習者の特徴を把握していることが望ましい。それらを基に授業における到達目標を設定し、到達する上で何が必要なのかを踏まえてシラバスを作成する。

　以前は、外国語教育を行う際、教師から学習者へ教えるという知識注入型のスタイルが広く取り入れられていたが、近年、学習の主体を学習者に置いた、B協働学習やタスク中心主義の授業が注目されている。

　ただし、どのようなやり方を取り入れるにしても、C学習者によって認知スタイルが異なるので、それぞれの学習者に適切な指導法や教材が異なることは十分に考慮する必要がある。

問1 ［ （ア） ］と［ （イ） ］の組み合わせとして最も適当なものを、次の1～4の中から一つ選べ。

	（ア）	（イ）
1	統合的動機づけ	道具的動機づけ
2	外発的動機づけ	統合的動機づけ
3	内発的動機づけ	外発的動機づけ
4	道具的動機づけ	内発的動機づけ

問2 下線部A「言語適性の調査」として不適当なものを、次の1～4の中から一つ選べ。
1 学習者が論理的に考えられるかどうかを測るために批判的思考力テストを行う。
2 なじみのない音を聞いて、そのつづり（文字）を見たとき判別できるかどうかを測る。
3 いろいろな品詞を含んだ語句を並べ替えて文を作る課題を与え、文を構築する力を測る。
4 一度にどのぐらいの数、長さの単語を覚えられるかをテストする。

問3 下線部B「協働学習」の考え方として最も適当なものを、次の1～4の中から一つ選べ。
1 協働学習を行うとき、教師は介入してはいけない。
2 協働学習はクラス内の競争意識を高める。
3 協働学習を行うとき、学習者の母語を合わせたほうが効果的である。
4 協働学習を行うとき、能力が違う者同士でグループを組んでもよい。

問4 下線部Cはどのような考えによるものか。最も適当なものを、次の1～4の中から一つ選べ。
1 アコモデーション理論
2 社会文化理論
3 適性処遇交互作用
4 敷居理論

言語と心理

問題

問題 10　　　　　　　　　　　　　　　　　　　　　　　難易度 ★★★

留学生Aさんに関する次の文章を読み、後の問い（問1～4）に答えよ。

　Aさんは、B国から大学進学を目指して来日した留学生だ。来日当初、授業では教室の一番前に座り、宿題も忘れずにしっかりやってきていた。新しいことに挑戦したいという気持ちから、初めてアルバイトもすることにした。日本語学校の先生やクラスメート、アルバイト先の先輩など周囲の人はみんな優しくAさんに接してくれ、初めての日本生活は順調に始まった。しかし3カ月後、日本語学校の最初の学期が終わるころになると、A徐々に遅刻や欠席、宿題をやってこないことが増えてきて、顔色が悪い日も続いていた。アルバイトでも遅刻が増えたため、よく店長や先輩にも怒られているが、Aさんは B「たった5分の遅刻でなぜそんなに怒るのか」と不満に思っていた。一時、大学進学を諦めて帰国することも考えたが、さまざまな Cソーシャルサポートを受け、なんとか頑張り続けた。そしてだんだんと勉強にも再び身が入るようになり、来日から1年後、見事希望の大学に

合格することができた。このころには同国人の後輩の面倒を見たり、将来の目標を先生に話したり、前向きに生活できるようになった。

問1 文章中のAさんの1年間のような状態を表す言葉として最も適当なものを、次の1～4の中から一つ選べ。

1　Uカーブ
2　Wカーブ
3　リエントリーショック
4　ステレオタイプ

問2 文章中の下線部Aについて、Aさんはカルチャーショックを受けている可能性が考えられるが、カルチャーショックの説明として最も適当なものを、次の1～4の中から一つ選べ。

1　カルチャーショックは、自文化と異文化の大きな違いに気付いたとき瞬間的に起こる。
2　カルチャーショックは、心理的負担が大きいため、経験しない方がよい。
3　カルチャーショックは、似たような文化に入ったときには起こらない。
4　カルチャーショックは、自分の国にいるときにも経験する可能性がある。

問3 文章中の下線部Bのような考えから、Aさんは「文化受容態度」の一つのタイプである「分離」状態にあると考えられる。このときの状態を説明するものとして最も適当なものを、次の1～4の中から一つ選べ。

1　B国と違って、日本では相手の時間を大切にするから5分でも大切にするんだ。私も日本ではそのように気を付けよう。
2　たった5分で怒るなんて、日本人は心が狭い。やっぱりB国人の方が心が広くていい。
3　たった5分でも大切にする日本人はすごい。だからB国人は駄目なんだ。
4　5分にこだわる日本人も嫌だが、全然気にしないB国人も嫌だ。

問4 文章中の下線部C「ソーシャルサポート」に関する記述として最も適当なものを、次の1～4の中から一つ選べ。

1　受け入れ側である日本人からより、言葉が通じる同国人から受ける方が効果が高い。
2　朝起きられないAさんに、電話をかけてあげることもソーシャルサポートに当たる。
3　先生や店長など目上の人から受けるより、同じ立場の人からのサポートの方が効果が高い。
4　Aさんの気持ちを聞いて、励ましてあげることは、最も重要なサポートである。

次の文章を読み、下の問い（問1〜4）に答えよ。

　新人日本語教師のX先生が、先輩教師のY先生に相談している。
X先生：この学生、もう上級レベルなのに、いまだに初級みたいな間違え方するんです。
Y先生：例えば？
X先生：A イ形容詞の活用は何度も教えているのに「おいしいでした」みたいに間違えるし、B「質問を聞く」みたいに単語の組み合わせが変なことも多くて。ちゃんと勉強していないんじゃないでしょうか。
Y先生：その学生の母語は何ですか。
X先生：英語です。
Y先生：じゃあ「質問を聞く」は「ask the question」から直訳しているのかもしれませんね。
X先生：なるほど。C 英語と日本語の違いを分析して教えれば、間違いは防げるんですね。
Y先生：Xさん、でも、二つの言語の違いを分析しても、全ての D 誤用 は防げないですよ。
X先生：ああ、そうでした。養成講座で習いました。
Y先生：私たち教師は、学生の誤用から学ぶことがたくさんありますね。

問1　文章中の下線部Aの要因を表す言葉として不適当なものを、次の1〜4の中から一つ選べ。
　　　1　過剰般化　　2　化石化　　3　回避　　4　言語内誤用

問2　文章中の下線部B「単語の組み合わせ」を表す言葉として適切なものを、次の1〜4の中から一つ選べ。
　　　1　コロケーション　　2　コリゲーション　　3　コーパス　　4　コンコーダンス

問3　文章中の下線部Cのような考え方で行われてきた分析を表す言葉として適切なものを、次の1〜4の中から一つ選べ。
　　　1　対照分析　　2　誤用分析　　3　中間言語分析　　4　母語干渉分析

問4　文章中の下線部D「誤用」に関する記述として適切なものを、次の1〜4の中から一つ選べ。
　　　1　正しい教え方をすれば、誤用は防ぐことができる。
　　　2　誤用は、学習者が第二言語を学ぶ過程で必ず必要なものである。
　　　3　学習者の誤用には、全て明示的・即時的に訂正フィードバックを与える必要がある。
　　　4　誤用が少ない学習者は、誤用が多い学習者より習得が進んでいる。

言語と心理

キーワード問題　解答

問題1	①外発的動機づけ　②内発的動機づけ　③統合的動機づけ　④道具的動機づけ
問題2	①短期記憶　②長期記憶　③ワーキングメモリー　④リハーサル　⑤維持リハーサル
	⑥精緻化リハーサル
問題3	①BICS　②CALP
問題4	①モニターモデル　②インプット仮説
問題5	①ミステーク　②エラー　③グローバルエラー　④ローカルエラー
問題6	①文化変容　②ステレオタイプ　③エポケー
問題7	①スキャフォールディング　②ヴィゴツキー　③最近接発達領域(ZPD)
問題8	①コミュニケーション・ストラテジー　②言い換え(パラフレーズ)
	③援助要請　④回避
問題9	①橋渡し推論　②精緻化推論
問題10	①スキャニング　②スキミング

演習問題　解説・解答

問題1

問1：1　問2：2　問3：1　問4：4

問1　**モニターモデル**には選択肢1〜4の仮説の他に**モニター仮説**を含めて五つの仮説がある。モニター仮説は、言語を運用するときには無意識に習得した知識が使われ、意識的に学習した知識はその運用が正しいか監視する(モニターする)機能しかないとする仮説である。選択肢1に関して、習得した知識と学習した知識の間に接点があるかどうかに関する議論があり、**クラッシェン**は接点がない(**ノン・インターフェイス**)と主張した。

問2　選択肢2の効果は**アウトプット仮説**の中で述べられていない。また、アウトプットの効果として他に**自動化**も挙げられるが**スウェイン**のアウトプット仮説の主張には含まれていない。

問3　「**中間言語**」は**セリンカー**が命名した概念。中間言語は母語とも目標言語とも異なる言語体系を持ち、両者の間にあるため中間言語という名前が付いている。ルールは徐々に修正されて目標言語体系に近づくことはあっても目標言語体系そのものになることはないとされている。

中間言語はＵ字型発達のプロセスを経る場合があり、一度正しい形で習得された知識がその後で追加された情報や気付きなどによって誤った形になることがある。また、学習者ごとに個人差があり母語が同じであっても同じ体系になることはない。

問4　選択肢4は**語用論的転移**と訳され、母語で社会言語的に適切な表現手段を第二言語にそのまま持ち込むことを指す。

問題2

問1：3　問2：1　問3：3

問1　**言語適性**は、複数の要素から構成されている。幾つかの説があるが、**言語適性テスト**にはおおむねスキーハンが提示した三つの要素が含まれている。言語適性テストは目標言語を一定期間内に、いかに早く容易に習得するかを予測するためのものであり、最終的な到達度を予測するものではない点に注意が必要である。選択肢3は子どもが身に付けなければならない言語能力の一つであるCALPの日本語訳。

問2　**外発的動機づけ、内発的動機づけ**の分類はデジとライアン（Deci & Ryan）の**自己決定理論**において人はどうやって動機がない状態から内発的動機づけに達するのかを追求する中で登場する概念である。行動に対する自己決定の程度が高いほど内発的動機づけに近づく。選択肢2は、自分の外からの動機づけ全てを指すので、人でもお金やご褒美などの物でもよい。3は無動機の状態の説明。選択肢4は内発的と外発的が逆。

問3　「**動機づけストラテジー**」は動機づけ研究をけん引しているドルニエイによって提案された手法である。学習者が目標に向かって行う行動を促進するため、四つの局面を設定し、各局面で教師が学習者の動機づけを高める指導実践を提示している。4は第二言語の教室指導において学習者の注意が言語の重要な特徴に向くように教師が仕向けることを指す。

問題3

問1：4　問2：2　問3：3

問1　**言語学習ストラテジー**のうち、**記憶ストラテジー**に関する問題。記憶ストラテジーとは、語呂合わせで覚えるなど、記憶するために用いるストラテジーである。選択肢4は友達を利用するということで、**間接ストラテジー**の中の**社会的ストラテジー**に当たる。

問2　箸の使い方や自転車の乗り方など、言葉で説明するのは難しいがやってみればできる、という知識を**手続き的知識**という。日本語母語話者にとって、多くの日本語の知識は手続き的知識である。第二言語の学習者はさまざまな文法の規則や単語の意味を明示的に学び、知識として蓄積する（**宣言的知識**）。しかし、たとえテ形のルールや「は」と「が」の使い方、英語の場合「三単現のs」を学んだとしても、適切に運用できるまでには多くの練習と時間が必要である。認知的に発達した成人学習者の場合、明示的な知識は習得を促進するため、規則を明示的

に教えることと、運用の練習はどちらも重要である。

問3 選択肢のうち2以外の全てが学習ストラテジーの選択に関わるが、ここでは選択肢3**ビリー
フ**が正解。ビリーフ(belief)とは言語や学習に対する信念のこと。**学習スタイル**とは、教授法
の好みや情報処理、認知スタイルなどを指す。自分の学習スタイルを把握することで、自分に
合った学習環境やストラテジーを選択することができる。**学習リソース**とは、学習に使える
さまざまなもの(資源)のこと。パソコンやスマートフォンなど道具のほか、教師やクラスメー
ト、日本人の友達なども**社会的リソース**として利用可能である。

問題4

問1:3　問2:4　問3:4

問1 **心内辞書**は「**心的辞書**」「**メンタルレキシコン**」とも呼ばれ、**長期記憶**の中にあり、これまでに
習得した単語が蓄えられていると想定されている。選択肢2、4は心内辞書の特徴としてエイ
チソン(Aitchison)が挙げている。選択肢1は、認知されるとその語が**活性化**されるのだが、
その機会が多いほど活性化が素早く起こり認知も早く行われることが分かっている。選択肢
3はエイチソンが発音や意味も常に更新されると述べているので不適当である。

問2 ヘイズとフラワーのモデルでは、書き手は作文の課題に即してトピック、作文の読み手、蓄
積された作文のプランなどを長期記憶から取り出す。そして何を書こうかと考え体制化し目
標を立てる。この作業を**プランニング**と呼ぶ。プランニングした内容を**文章化**し推敲(すいこう)を行う。
必要に応じてこの作業を繰り返す。

問3 このモデルにおいて全体の状況を監視することを「**モニター**」と呼ぶ。「**スキャニング**」は速
読の方法の一つで自分にとって必要な情報のみを拾い出す読み方、「**ルーブリック**」は学習の
到達度を示す評価基準を表の形式で示したもの、「**プライミング**」は時間的に前に提示された
単語の処理が、後に提示された単語の処理に影響を与える現象を指す。

問題5

問1:4　問2:4　問3:3

問1 オックスフォードによる**ストラテジー**の6分類に関する問題である。ストラテジーは日本語
では「**方略**」と訳される。学習の仕方に直接関わるものを**直接ストラテジー**と言うのに対し、
学習の環境づくりのように周辺的なものに関わるのが**間接ストラテジー**である。1は「**記憶
ストラテジー**」で、記憶するときにイメージや音と結び付けたり、連想したり、文脈で覚えた
りする方略。2は「**情意ストラテジー**」、3は、「**社会的ストラテジー**」で、「情意ストラテジー」
は学習に対する不安を解消し、リラックスしたり、自分を励ましたりする方略。「社会的スト
ラテジー」は、自身の周りにいる外国語母語話者や教師の支援を得たり、学習者同士協力して
学習をしたりする方略。「**補償ストラテジー**」は外国語に対し、自身の足りない知識を補う方略。
選択肢4の例の他に、ジェスチャーを使う方略などがある。

その他のストラテジーについても併せて確認しておこう。「認知ストラテジー」は、学習者が第二言語を理解したり練習したりする過程で、繰り返し声に出して発音したり、ノートに分かりやすくまとめたりして学習を進める方略。「メタ認知ストラテジー」は、自分自身が、何が得意で何が苦手なのかを把握し、必要な学習を自身で計画する方略。例えば、皆さんが検定試験までの学習計画を立てたり、自身がどういった知識を得ていてどのような知識を得ていないのかを把握したりする方略が、メタ認知ストラテジーになる。

問2　認知ストラテジーについては上記を参照のこと。1～3は認知ストラテジーで、4は、記憶ストラテジーの例である。認知ストラテジーは「理解」「練習」の過程に関するものか、記憶ストラテジーは「記憶」に関するものかが区別できる点になり、4には「覚える」という言葉があることが、記憶ストラテジーについての文であるというヒントになる。

問3　学習者や教師が、自身の経験や知識に基づき、これが良いと考えるものを「ビリーフ(信念)」という。1のステレオタイプは、あるものや人などに対して、印象が固定化することを指す。例えば、「日本人は礼儀正しい」「日本人は少食だ」ということを外国の人から言われることがある。しかしこれは必ずしもそうではなく、人によって異なるものだが、限られた事例や外から得た知識によって、単純に決め付けてしまう見方のことをいう。ステレオタイプは外国語教育に限ったものではなく、一般的な言葉である。2のアウェアネスは、意識や気付きという意味である。学習時に明示的に習ったことのないことについて自己の気付きにより身に付くことがある。

問題6

問1:4　問2:2　問3:2　問4:4

問1　**スキーマ**とは、経験から蓄積された既有知識のこと。スキーマを活性化させておくことによって、理解を助けることができる。テーマについて知っていることを言語化し、クラス内で共有したり、インターネットを使って調べたりすることが有効である。この目的はあくまでも既有知識の活性化であるため、必ずしも目標言語(日本語)で行わなくてもよい。また、文章の理解に必要な語彙の意味を確認することも、テーマに関する言語知識を思い出すことになるので、良い方法である。ここでは既有知識を思い出し、理解することが目的であるため、文法の説明と文作成は不要。

その他、タイトルから内容を予測する、その文章を読んで何を知りたいのか目標を立てる、どのように読むか計画を立てる、などのストラテジーも、文章の理解を助ける。

問2　読解をどのように進めるか、つまり読解におけるメタ認知に関する問題。選択肢1のように、読む前にどんな内容か予測し、その予測を持って読み始めることは理解を助ける(=トップダウン処理)。選択肢3は社説という文章の特徴を押さえた指示で、このように「どのような文章か」ということを意識して読むことは重要である。選択肢4は、問1のスキーマに関わる。既有知識や経験、つまりスキーマと結び付けることで、内容を深く理解することができる。選択肢2は**推測ストラテジー**に関わる内容。全ての未知語を辞書で調べ、意味を100%理解し

ようとする必要はなく、周囲の文脈から推測したり、他者に質問したりすることは有効なストラテジーである。一方、辞書をうまく活用することも重要。辞書を使うことで、多義語のどの意味が文章中で使われているのか考えたり、その語の意味だけでなく使い方を知り語彙学習につなげたりすることができる。

問3　一つ一つの単語や文法の意味をつなぎ合わせ、全体の内容を理解していくことを**ボトムアップ処理**という。ここでは例えば、「～べきだ」「～のではないか」などの文末表現、「しかし」「確かに」のような接続詞などが、意見を表す表現として考えられ、このような表現に注目して読むことでその社説の意見を理解することができる。選択肢3の**先行オーガナイザー**は、既有知識を活性化させる活動のことで、自国の新聞の社説の内容を紹介するなど問題の中にある授業の流れ（1）のような活動を指す。

問4　グループワークにおける教師のサポートに関する問題。下線部Dの活動は、社説の内容にフォーカスしたものであるため、文法や語彙の誤りを訂正する場合も、即時ではなくその活動の終了後に取り出して行う方が効果的である。このように、意味に焦点を当てた指導の中で、必要に応じて文法に言及する指導を**フォーカス・オン・フォーム**という。こうした指導は、言語形式に関する意識化を促し、中間言語の発達につながると考えられている。選択肢2と3は、グループの状況によって対応が異なる。すぐに答えを教えたり、日本語以外の言語使用を一律に禁じたりするのではなく、学習者ができるだけ自力で課題を達成できるよう、**スキャフォールディング**することが重要。

問題7

問1：2	問2：4	問3：2	問4：3	問5：2

問1　公立の小中高校に在籍する**日本語指導が必要な児童生徒**に関する調査がほぼ2年に1回の頻度で実施され、結果が文部科学省のホームページに公開されている。外国籍だけでなく日本国籍の児童生徒も含まれている。日本国籍の方は増加の一途をたどっているが、外国籍の方は東日本大震災などでいったん減少した後で再び増加に転じているので選択肢1は正しくない。選択肢3はポルトガル語と中国語の順位が逆である。選択肢4は、いずれも90％を超えたことはなく平成30（2018）年度は外国籍79.5％、日本国籍74.4％である。

※文部科学省ホームページ「日本語指導が必要な児童生徒の受入状況等に関する調査（平成30年度）」の結果に基づいて作成された問題です。受験前に最新のデータをご確認ください。

問2　選択肢1は、**生活言語能力（BICS）**と**認知学習言語能力（CALP）**では習得にかかる年数が異なり、BICSは1～2年でCALPは5～7年とされている。このため、BICSが習得されていると日本語はもうできるものと周囲から評価され、CALPが習得されていないことが見逃されがちである。選択肢2は子どもが**バイリンガル**であることが認知発達に与える影響を検討した**敷居仮説**（閾仮説）に関わる現象である。**カミンズ**は2段階の敷居を想定し、上の敷居を越えている、つまり母語も第二言語も年齢相応の場合は認知的にプラスの影響があり、下の敷居を越えない、つまり両言語とも年齢相応のレベルに達していない場合は認知的にマイナスの

影響があるとした。Bちゃんは両言語において年齢相応の理解度を示していないので下の敷居を越えない**ダブルリミテッド**の状態であると推測される。選択肢3の**サイレント・ピリオド**は第二言語環境に移動してからしばらくの間第二言語で話そうとしない現象であり、子どもに見られることが多い。しかし、ただ黙っているのではなく**プライベート・スピーチ**と呼ばれる独り言で練習を行っているとされている。選択肢4は**2言語基底共有仮説**を示す現象であり、氷山の図で説明される。二つの言語で共有されている部分はCALPに関わるとされている。

問3 移動した子どもが日常的に接する言語は、親の母語である**継承語**と学校や家の外の生活場面で使用される**現地語**である。選択肢1、3、4は継承語を保持する意義として適当だが選択肢2は該当しない。

問4 ベリーという研究者は移民に対して、**自文化アイデンティティ**を維持するか、現地文化の人々との関係を築きたいか、という二つの質問をして四つのタイプに分類した。**統合**は自文化アイデンティティを維持しつつ現地の人々との関係を築きたいとする態度、**同化**は自文化アイデンティティを捨てて現地文化に溶け込もうとする態度、自文化アイデンティティを維持し、現地の人々との関係を構築しようとしない態度を**分離**、どちらの文化とも関わりを持たず居場所がない状態を**周辺化**と呼ぶ。

問5 ソーシャルサポートは友人、教師、地域社会などからの物理的、心理的援助を指す。選択肢2は周囲からの支援を受けずに自分の力で解決しようとしているので含まれない。

問題8

| 問1：1 | 問2：3 | 問3：4 | 問4：2 | 問5：2 |

問1 教室指導ではインプットの中から学習項目に気付かせ認識をさせるために学習者の注意が向くようにする必要がある。インプット内での出現回数を増やすことが**気付き**の促進につながることから1は不適当。選択肢2は理解の段階で見られる処理であり、このステップを経て第二言語習得に役立つデータである**インテイク**となる。選択肢3は学習者が既に中間言語に持っていた知識に可能形を加えることで**再構築**がなされ、中間言語に統合される。選択肢4はアウトプットをするために学習者が中間言語の可能形の項目を使用する頻度が高くなることで検索が速くなりスムーズな運用につながると考えられる。

問2 **最近接発達領域**（**ZPD**: the Zone of Proximal Development）とは**ヴィゴツキー**が提唱した概念。問題解決に際して子どもが自分一人で解決できる現在の水準と、親など有能な他者の介入によって解決できる水準があり、この二つの水準の間の領域を指す。日本語教育の場面で言えば、教師や自分より能力が高い仲間との共同作業において活用できる概念である。選択肢1は共同作業であるが同じレベルの仲間である点、選択肢2ではビジターは能力が高い存在ではあるが質疑応答は共同作業とは言い難い点、選択肢4は個人の作業である点によって該当しない。

問3 選択肢1は**学習ストラテジー**の一つ。選択肢2は教師が、自身の受けてきた授業に影響を受ける傾向があることを指す。選択肢3は不安を感じている学習者が誤用を恐れて授業内での活動への参加が消極的になることを指す。

問4 聞き手との心理的な距離を縮めたくて聞き手の話し方に近づけようとすることを**コンバージェンス（収斂^{しゅうれん}または収束）**、自分が所属する集団の一員であるという意識が強い場合に、相手との異質性を示すために相手の話し方から遠ざけたり自分の元々の話し方を維持したりすることを**ダイバージェンス（分岐）**と呼ぶ。

問5 選択肢1は文化人類学や民俗学でよく使用される方法である。研究対象となる現象が見られる現場に赴き、対象者を観察したり関係者に話を聞いたりする。選択肢3は第二言語の学習または教育経験を個人の日記として記録したものを分析し繰り返し見られるパターンや突出した出来事について分析する手法。選択肢4は大量の言語情報データから必要な情報を取り出す手法。

問題9

問1：1　問2：1　問3：4　問4：3

問1 「**統合的動機づけ**」は、「目標言語を話す人々を理解したい、その社会の一員になりたい」といったものである。「**道具的動機づけ**」は、「日本語能力試験に合格したい。日本語を使っていい職場に就職したい」といった、言語の獲得によって社会的地位を高めようとする動機づけである。これらがガードナーとランバートによる、言語学習についての動機づけである。「**内発的動機づけ**」は、楽しい、もっと知りたいなどといった自身の内面から出てくるものである。他方、「**外発的動機づけ**」は、いい評価を得たい、あるいは報酬を得たいといった、外から受ける恩恵などのことである。これら二つは言語学習に限らない、一般的な動機づけを説明するものである。

問2 言語適性とは、言語学習に関わる適性をいい、音を認識する能力、語や文法の構成の規則を見つけ出す能力、音・文字・語・文などを機能的に分析する能力、暗記力から測られる。これらが、言語習得の速さに影響すると考えられている。1の**批判的思考力（クリティカルシンキング）**は、論理的に考える上で指標となるもの。

問3 **協働学習**とは、教師中心ではなく学習者中心の授業を目指すもので、ペア活動やグループ学習を通して、学習者同士による相互学習を促す学習のことである。協働学習は、競争意識を高めることを目的に行うものではない。能力や母語の違うもの同士でも違いを認め合いながら、その違いを相互学習にも生かすことができる。協働学習を進めるに当たって、教師は、活動の目的を明確にしたり、学習者間が円滑に学習を進められるように適切なところでアドバイスしたりするなどのファシリテーターとしての役割も担っている。

問4 **適性処遇交互作用**とは、適性（学習者の特性に合っているかどうか）と、処遇（教材や指導法）

とがお互いに影響し、学習効果を生み出すということ。下線部中の認知スタイルとは、情報を取り入れたり何か覚えたりするとき、個人によってそのスタイルに違いがあることを示す。一例として**場依存型**と**場独立型**を押さえておきたい。場依存型は、物事を周りの物と関連させて捉えようとする認知スタイルである。場依存性の高い人は社交性があり、外国語学習では、コミュニケーション場面で力を発揮する傾向がある。場独立型は、周りと自身を切り離して、焦点を絞って捉えようとする認知スタイル。場独立性の高い人は外国語学習では分析型のスタイルで文法の学習に力を発揮する傾向がある。なお、場依存型か場独立型のどちらであるかは、個人によって異なる上、個人内でも変動があるものである。**アコモデーション理論**は、相手に合わせて話し方を調整することを説明しようとする理論。ヴィゴツキーが提唱した**社会文化理論**は、学習は人や環境とのインターアクションをうまく行うことで効率的にできるという考え方。

問題10

問1：1　問2：4　問3：2　問4：2

異文化適応の過程に関する問題。日本語教師が教室で見る学習者の「問題行動」の背景には、異文化への適応に問題があるケースもある。

問1　正解は選択肢1の**Uカーブ**。Uカーブとは、自文化とは異なる文化に入ったときの心理的状態を表すモデル。入ったばかりのときは新鮮さなどから良い感情を抱くが（ハネムーン期＝U字の左側）、徐々に自文化との違いなどからショックを受け（ショック期＝U字の最下部）、さらにその後、良い関係を築くことができるようになる（回復期＝U字の右側）。**Wカーブ**は、Uを二つ並べた形で、例えば問題のAさんがB国に帰国した後、B国の文化に再適応する過程をも含めた考え方である。なお、B国に帰国してから、自文化に違和感を覚えることを**リエントリーショック**という。

問2　**カルチャーショック**という言葉の特に「ショック」という部分のイメージから、大きな違和感に出合って瞬間的・一時的に起こる衝動的な感情と捉えやすいが、そうではない。小さな違和感が積み重なることでも、カルチャーショックは起こり得るし、似ていると思っていた文化で異なる部分があると、大きなショックを受けることもある。また、カルチャーショックは異文化に対する気付きであり、成長の機会とする考え方もあるため、必ずしも経験しない方がよいものでもない。文化とは、国と国だけではなく、家庭や学校、会社などによっても異なるため、たとえ自分の国にいるときでも、転校、進学、結婚、転職など新しい組織に入った際にはカルチャーショックを経験する可能性がある。

問3　ベリーが提唱した**文化変容態度**には、「統合」「分離」「同化」「周辺化」の四つがある。選択肢1はB国の文化を否定せずに、日本の文化を尊重し受け入れているため「統合」、選択肢2は日本を否定しB国を肯定する「分離」、選択肢3は逆にB国を否定し日本を肯定する「同化」である。選択肢4のようにどちらの文化も否定することを「周辺化」という。自分の文化にない価値観に出合ったときには、すぐに判断しないこと（**エポケー**）が大切である。問題のAさんの

場合だと、「5分の遅刻で怒るなんて、日本人は心が狭い」「日本人はせっかちで、嫌だ」と判断するのではなく、「なぜ5分で怒るのだろう」と判断を保留し観察することで、スムーズに適応することができるようになると思われる。

問4 行政や会社などの機関から公的に受けるサポートとは別に、周囲の人々から日常生活の中で受けるサポートを**ソーシャルサポート**という。ソーシャルサポートには、①**情緒的サポート**（共感、安心、尊敬の提供）、②**情報的サポート**（問題解決のための情報提供、助言）、③**道具的サポート**（形のあるモノやサービスの提供）、④**評価的サポート**（肯定的な評価の提供）という4種類があるとされる。選択肢2はこのうち③にあたる。選択肢4は①のサポートに当たるが、「最も重要」かどうかは場合による。またソーシャルサポートは、本人がそのサポートを認知していることが重要で、将来必要になったときに利用できると思っているサポートのことを**予期されたサポート**という。人と人の社会的なつながりを**ソーシャルネットワーク**といい、ソーシャルサポートはそのネットワークから提供される。ホスト側（Aさんの場合、日本）との良い関係があることで、そのホスト文化への適応が促進されると言われている。ソーシャルネットワークは、量（たくさんの人とつながっていること）と共に質（さまざまな背景の人と、さまざまなつながり方をすること）も重要であり、同国人だけ・日本人だけ、同年代の友達だけ、というより、必要に応じて適切なソーシャルサポートを提供してくれるつながりを持つとよい。

問題11

問1：3　問2：1　問3：1　問4：2

問1 学習者の誤用とその要因に関する問題。「おいしいでした」は、ナ形容詞や名詞の過去形のルールをイ形容詞にあてはめた**過剰般化**で、この誤用は目標言語の中のルールが原因である**言語内誤用**である。また、当該学習者は上級であるためこの誤用が**化石化**していると思われる。なお選択肢4の言語内誤用は、学習者の母語に関係なく発達過程において必然的に起こる。母語に原因がある誤用は**言語間誤用**と言う。選択肢3の**回避**とは、学習者が自信がない文法や単語、表現を使わないようにすることで、四つの選択肢のうち、唯一学習者の誤用からは推測することができない。学習者の誤用は、学習者のその時点の言語能力を表すものであるが、誤用だけ見ていてはその学習者の言語能力を正しく捉えることはできない。学習者がどのような表現を使っているかだけでなく、あまり使っていない表現がないかまで考える必要がある。

問2 母語の知識が日本語習得に影響することを**母語転移**と呼び、母語の知識が日本語習得にプラスの影響があることを**正の転移**、マイナスの影響があることを**負の転移**と言う。一般的に発音や語の意味は転移が起こりやすい。二つ以上の語の組み合わせである**コロケーション**も、語の意味と関わりが深く転移が起こりやすい。「質問」と「question」のように日本語と母語で同じ概念を指す場合でも、共起する語が異なる場合があるため、語を指導する際には組み合わせまで教えることが必要である。選択肢2コリゲーションとは、ある語と助詞など文法的成分などの共起のこと。例えば「ございます」は動詞「ござる」と丁寧形の共起で、「ござる」単独で使われることはほとんどない。このようなコロケーションやコリゲーションの知識は、流ちょうな言語使用に役に立つ。

また、転移に関しては、ある場面でどのような表現を使うのが適切か、ということが言語によって異なる場合があり、このような母語での適切さを学習言語に転移させることは**語用論的転移**と言う。例えば英語話者が先生にお菓子を勧める際、英語のDo you want to ~？をそのまま訳して「このお菓子が食べたいですか」と言ってしまうなどの例である。選択肢3の**コーパス**は、大量の電子化された言語データのことで、選択肢4のコンコーダンスとは、コーパスである語を検索したとき、その後が前後の文脈と共に表示されるリストのこと。コロケーションやコリゲーションを考えるとき、日本語話者としての直感に頼らずコーパスを検索しコンコーダンスを見ることで、より自然な言語使用に気が付くことができる。

問3　母語と目標言語の差異に注目し、これを分析すれば全ての誤りを予測できる、としたのが**対照分析仮説**である。しかし二つの言語の違いを分析するだけでは説明できない誤用があることが徐々に明らかになり、**誤用分析**が行われるようになった。さらにその後、誤用だけを見ていては学習者の言語習得全体を捉えることができない、と、誤用分析の限界が指摘されるようになり、正用も含めた学習者の言語使用全体を分析する**中間言語分析**が行われるようになった。言語を教えるにあたって、対照分析研究や誤用分析研究の考え方は必要不可欠である。しかし中間言語分析の観点から言えば、学習者の誤用は学習者が構築した規則の表れの一つであるため、学習者は頭の中でどのような規則を作っているのか、という観点を常に持つことが重要である。

問4　正解は選択肢2。問1～3の解説をよく読めば、問4は理解することができる。誤用には、言語内誤用のように必然的に起こるものもあるため、どんな教え方をしても全ての誤用を防ぐことはできない（選択肢1）。選択肢3は、**行動主義に基づくオーディオリンガル・メソッド**の考え方。また誤用は一時的な誤りである**ミステイク**と、その時点で学習者が構築した規則に基づき繰り返し起こる**エラー**とに分けられる。そのため、いつ、どのような誤用に、どのような**フィードバック**を与えるべきかは、その学習者や発話の状況によって判断する必要がある。選択肢4の誤用の量は、習得状況とは関係がない。誤用が少なく、流ちょうな言語運用が行えているように見えても、簡単な単語や文法しか使っていない学習者と、誤用は多く見えるが積極的に難しい単語や文法を使っている学習者とでは、どちらが習得が進んでいるか簡単に決めることはできないからである。

4. 言語と教育

「言語と教育」では、学習活動を支援するための実践的で幅広い知識が問われます。教授法やコースデザイン、評価法まで、日本語教育に関する基礎的な知識と教室での実践を関連付けることができるかどうかがこの区分攻略のカギとなるでしょう。

キーワード問題

演習問題

鈴木綾乃
横浜市立大学グローバル都市協力研究センター
日本語担当准教授
問題1、2、6、8、11

近藤行人
名古屋外国語大学世界教養学部国際日本学科准教授
問題3、7

石澤徹
東京外国語大学大学院国際日本学研究院准教授
問題4、5、9

近藤有美
名古屋外国語大学世界教養学部国際日本学科教授
問題10

本田弘之
北陸先端科学技術大学院大学教授
問題12

言語と教育

問題

キーワード問題

問題1
総合的な外国語能力を評価するのが ① 、あるコースにおける目標をどのくらい達成しているか評価するのが ② である。 ③ を評価するテストとしては、日本語能力試験、日本留学試験などの大規模試験のほか、コース開始前に行われるプレースメント・テストがある。 ④ を評価するテストは、そのコースで行われる課ごとのテスト、中間・期末テストなどである。

問題2
論述式や口頭テストなど、採点者の主観によって評価されるのが ① である。言語の運用力を測定することができるが、採点基準を明確に示す必要がある。一方正解が一つであり、採点者の主観が入らずに評価できるのが ② である。効率的で統計処理が可能だが、言語の運用力を測定するのは難しい。従って、テストの目的や、テストを受ける人数や実施する教室環境といった実施状況に合わせて選択することが重要である。

問題3
フィードバックは誤用に対して行われる ① だけではなく、正しさに対して行われる ② もある。「そうですね」などと、学習者の発話が正しいことを言うのは ② の例である。また、 ① は、 ③ と ④ に分けられるが、どちらの方法が効果的であるのかは学習目標によって異なる。

問題4
訂正フィードバックは、教師から学習者に正しい使い方を示す ① と学習者に訂正を促す ② という分類もできる。「昨日は寒いでした。」という誤用に対し、「ああ、寒かったですか。」のようにコミュニケーションの流れを止めず誤った部分の正しい文を提示する方法を ③ といい、 ① に分類される。 ② には、間違いに対し「もう一度お願いします。」のように教師が理解していないことをはっきり伝える(明確化要求)、「寒いでした?」のように相手の発話を繰り返す(繰り返し)、「寒……?」のように途中まで教師が言う(誘導)、「寒いはイ形容詞ですね」と文法的な説明を与える(メタ言語的フィードバック)などの方法があり、これらは ④ といわれる。

問題5　コミュニケーションを重視する言語指導の流れの中で、形式に焦点を置いた　①　から、意味に焦点を当てた　②　へと指導法も変化していった。この流れの中に、意味を中心としながらそれだけでなく音声や文法といった言語の形式(form)にも注意を向けさせる　③　がある。

問題6　教案、シラバス、教材など授業に関するものを集積し、それらを基に教育理念、評価、改善案などを示したものを、　①　という。自らの授業を振り返り、教師の自己成長を目指すための方法の一つである。

問題7　　①　とは、カナダで始まった教科学習のプログラムだが、目標言語の言語環境の中に浸す(immersion)ことで、目標言語だけでなく教科内容も学ぼうとするものである。この考え方は、内容重視の教授法(　②　)や内容言語統合型学習(　③　)にも浸透していった。

問題8　教育活動が効果的、効率的に行われるための授業設計、プログラム開発、評価する手法は　①　という。当初は企業における人材教育用の学習プロダクト開発で用いられており、その効果も検証されている。日本語教育では、効果的な学習環境を整えるために、新しいプログラムを開発したり、CBT(Computer Based Training)を導入したりするなど、eラーニングの普及とともに注目されている

問題9　日本語教育における教授法の流れは、オーディオリンガル・メソッドから1970年代はコミュニカティブアプローチへと移っていくが、それらは伝統的な教師主導型の教授法である。しかし、その後学習者が中心となった教授法へと変化していった。　①　はこの時期に生まれてきた考え方で、学習者が自ら学習目標、計画を立て、そのために必要な教材も選び、自己評価をすることをいう。このような学習者の能力を　②　といい、教師の役割は、この能力の育成へと変化していった。

問題10　教科書やワークシートなど、教師から与えられる教材だけでなく、学習者の身の回りにある学習に活用できるさまざまな資源や情報を　①　という。学習者は自分の環境の中から、友人や教師といった　②　やインターネット、アニメなどといった　③　を活用することによって主体的に学ぶことができる。

問題11

日本語教育の学習者は、海外から日本へ（またはその逆に）移動したり、また高校から大学へと進学したりと、学習する状況が横断的、縦断的に変化している。このように学習環境が変化する際に、例えば海外で受講した「初級レベル」と日本で受講する「初級レベル」がどう関係しているのか、大学へ進学する際に高校で学習した日本語が大学ではどう関係していくのか、レベルやカリキュラムの連続性が問題となる。この連続性のことを ① といい、前者を ② 、後者を ③ という。

問題12

どのような教材を選定するのかは、コースデザインをする際の中心となる作業である。例えば、教室での初級のクラスでは1課から順番に学んでいく ① の教材を選び、その順番にコースシラバスも決められる。これに対し、 ② の教材は1課から順番に使うことが前提になっておらず、学習者の興味や必要に応じて扱う課を自由に選ぶことができる。

問題13

オーディオリンガル・メソッドはミシガン大学の ① が提唱した外国語教授法で、第2次世界大戦中に米軍で行われた ② が元になっている。行動主義心理学と構造主義言語学が理論的な基盤。言語の本質は音声であり、耳と口を使った訓練によって習慣形成をすることで言語を身に付ける。正確な言語形式が身に付くが、実践的なコミュニケーション能力育成ができないなどの批判がある。

問題14

心理学や認知学習理論に基づいた外国語教授法には、心理学者であるガテーニョによって提唱された ① 、カランがカウンセリングの理論と手順を外国語教育に応用した ② 、アッシャーが母語習得の方法をモデル化した ③ や、精神科医のロザノフが、暗示学の理論を外国語学習に応用させた ④ などがある。

問題15

学習者が第二言語を習得する過程で作られる、母語でも目標言語でもない、その中間のどこかに位置する学習者独自の言語体系を ① といい、 ② によって提唱された。 ① は自律的なものと考えられ、学習者の誤用も第二言語習得発達プロセスとして考える。

問題16

日本語を使って、ある場面で特定の課題を達成できる能力を課題遂行能力といい、そのような能力の育成を目標とする活動のことを ① という。日本語の課題遂行能力をレベルごとに「Can-Do（〜できる）」で記述した指標としては、CEFR (Common European Framework of Reference for Languages、ヨーロッパ言語共通参照枠)の共通参照枠を基に開発されたJF日本語教育スタンダードなどがある。

問題17

学習者が自分で自分の目標を考え、計画を立て、学習を実施し、評価することを ① という。学習者の自律性を育てるためには、さまざまなリソースを提供する、学習を計画したり学び方を学んだりするための手助けをする、といった方法がある。

問題18

① とは、インターネットを介した学習であるeラーニングと、教師との対面授業を組み合わせる授業形態のこと。それぞれが得意なことを授業の目的や内容に応じて組み合わせ、最適な方法を用いることが重要である。 ① にはいろいろな方法があるが、その一つが反転授業。

問題19

相互を信頼し合い、安心して自由に感情の交流を行える関係が成立している状態を ① という。教育現場においては、学習者とその支援者の間にある信頼関係を指すことが多い。良好な ① の形成は学習者を孤立感から守り、帰属意識を生み、精神的な安定を促すと考えられる。

問題20

① とは、内容言語統合型学習のこと。特定の教科やトピック、テーマといった内容を、目標言語を通して学ぶことで、内容と言語の両方を身に付けていこうとする教育方法。

問題21

業務マネジメントや品質管理の方法として知られる ① では、Plan（計画）→ Do（実行）→ Check（評価）→ Act（改善）の４段階を繰り返し循環させることで、継続的に業務の改善を図る。日本語教育においても授業改善において用いられ、教師の自己点検能力や省察力の向上につながる。

問題22

① とは「外国人児童生徒のためのJSL対話型アセスメント」のこと。文化的、言語的に多様な背景を持つ児童生徒の日本語の能力を把握し、その後の指導方針を検討する際の参考とするために、文科省が作成を主導した日本語能力評価ツールで、1.会話の流ちょう度（Conversational Fluency ＝ CF）、2. 弁別的言語能力（Discrete Language Skills ＝ DLS）、3.教科学習言語能力（Academic Language Proficiency ＝ ALP）の三つの観点から評価する。

問題 1   難易度 ★☆☆

初級の授業について、次の問い（問1〜4）に答えよ。

問1 「直接法」に関する記述として最も適当なものを、次の1〜4の中から一つ選べ。

　　1　直接法で授業を行う場合には、教師も学習者も、必ず目標言語のみを使わなければならない。

　　2　教師は、学習者が理解できるよう、すでに学習した語彙や文法を使って話す。

　　3　日本語のインプットを大量に浴びることができるため、間接法よりも習得が早い。

　　4　教室内では目標言語のみを使うため、学習者には母語での予習が求められる。

問2 初級で用いる教材に関する記述として最も適当なものを、次の1〜4の中から一つ選べ。

　　1　語の導入で使う絵カードは、できるだけリアルで詳細な絵がよい。

　　2　ロールカードは、学習者の読解力を向上させるためにも、日本語で書いた方がよい。

　　3　フラッシュカードは、動詞や形容詞のドリル練習のときのみに用いる。

　　4　レアリアは、真正性のあるコミュニケーション練習のために有効なことがある。

問3 パターン・プラクティスにおける代入練習として最も適当なものを、1〜4の中から一つ選べ。

　　1　T：きのう何時に起きましたか。7時。
　　　　S：きのう7時に起きました。

　　2　T：行きます。
　　　　S：行きました。
　　　　T：食べます。
　　　　S：食べました。

　　3　T：読みました。
　　　　S：読みました。
　　　　T：本を。
　　　　S：本を読みました。
　　　　T：図書館で。
　　　　S：図書館で本を読みました。

　　4　T：あした学校に行きます。スーパー。
　　　　S：あしたスーパーに行きます。

問4 コミュニケーション能力養成のためのアクティビティーとして<u>不適当なもの</u>を、次の1〜4の中から一つ選べ。

1 インフォメーション・ギャップ活動
2 ロールプレイ
3 ジグソー法
4 ミムメム練習

外国語教授法に関する次の問い（問1〜3）に答えよ。

問1 オーディオリンガル・メソッドにおける教師の行動として最も適当なものを、次の1〜4の中から一つ選べ。

1 正しい文法や発音を身に付けさせるために、学習者の誤用は即時に訂正する。
2 学習者の母語で言語の構造を説明し、日本語でドリルを行う。
3 学習者が教師の発話を全て聞き取れるよう、ティーチャートークを積極的に使う。
4 口頭でのドリルの際には、必ず文字でキューを与える。

問2 コミュニカティブ・アプローチに関する記述として<u>不適当なもの</u>を、次の1〜4の中から一つ選べ。

1 誤用の訂正は厳密には行わず、学習者自身が気付くようにする。
2 文法や語彙の正確さよりも、意味の伝達を重視する。
3 教師は目標言語のみで授業を行う。
4 実際のコミュニケーション活動に近い練習を行う。

問3 TBLTに関する記述として最も適当なものを、次の1〜4の中から一つ選べ。

1 TBLTでは、タスクの完成が目標であるため、教師はそのタスクの内容に関する知識があれば誰でも実施できる。
2 TBLTでは、意味の伝達に焦点が当てられるが、必要に応じて言語の形式にも注目する。
3 TBLTでは、インプットよりもアウトプットが重視される。
4 TBLTは、コミュニケーションに焦点があるため、外交的で自律的な学習者に向いている。

問題 3　　　　　　　　　　　　　　　　　　　　　　　　　難易度 ★★☆

次のコースデザインに関する文章を読み、後の問い(問1〜5)に答えよ。

　コースデザインとは、コース全体の設計のことをいうが、これは、(1)コースの方針・目標を考える、(2)目標に合った学習内容を考える、(3)学習成果の評価について考える—という段階に分けられる。

　一つ目の段階であるコースの方針・目標を考えるためには、まず、言語を学ぶ主体である学習者の背景を知るため、Aレディネス調査、ニーズ調査、目標言語行動調査などが行われる。これらの学習者に関する情報や、学習時間や使用教材といった情報を基にコースでの到達目標を定めることになる。学習目標や目標レベルの設定には、B行動中心アプローチを取るCEFRやJFスタンダードの能力記述文などの利用が増えてきている。

　目標が決まると、これに合わせた学習内容を考えることになる。まずはCどのような内容を取り上げるかについて決定し、その内容を授業やコースの中でどのように扱うかについての具体的な計画であるカリキュラムを作成する。

　シラバスとカリキュラムが決まると、次はD学習成果の評価についても考えなければならない。ただし、学習目標、学習内容、学習成果は相互に関連しているため、この段階で学習内容を変更する場合もある。教える内容や項目を決めてから評価の方法を考えていくコースデザインに対し、最終目標を定め、それに合わせた評価方法を作成してから、授業内容をデザインしていく方法を　(ア)　と呼ぶ。

問1　文章中の下線部A「レディネス調査」とあるが、この説明として不適当なものを、次の1〜4の中から選べ。
　　1　学習者の年齢・職業・母語など、学習者の背景について聞く。
　　2　学習者のこれまでの学習経験について聞く。
　　3　学習者が何を勉強したいと考えているかを聞く。
　　4　学習者の好む学習方法や日本語学習に割くことができる時間などを聞く。

問2　文章中の下線部B「行動中心アプローチ」とあるが、行動中心アプローチにおける授業について述べたものとして最も適当なものを、次の1〜4の中から選べ。
　　1　反復練習やパターンプラクティスを活用する。
　　2　言語、文法を学び、これを用いてあるタスクができるようになることを目指す。
　　3　「誰かを映画に誘う」などのタスクがまずあり、そのために必要な言語や文型を学ぶ。
　　4　命令形で行われる教師の指示を聞いて、その通りに行動する。

問3　文章中の下線部C「どのような内容を取り上げるか」とあるが、これはシラバスのことを述べている。「依頼する」、「誘う」、「命令する」のような言葉を使って何らかの目的を達成することを基に内容を決める場合に適切なシラバスはどれか。最も適当なものを、次の1〜4の中から選べ。
　　1　場面シラバス　　　　2　話題シラバス
　　3　構造シラバス　　　　4　機能シラバス

問4　文章中の下線部D「学習成果の評価」とあるが、評価のために近年はルーブリックが用いられることが増えてきた。ルーブリックの説明として最も適当なものを、次の1〜4の中から選べ。

　　1　できる・分かるのような能力を表す表現で終わる文のチェックリスト表で、自己評価などに使用される。

　　2　評価する項目それぞれにレベルごとの評価基準が記述された表のこと。

　　3　一対一で行われる対話を通じ、紙筆テストでは測れない潜在的な能力を測定する評価のこと。

　　4　学習の中で得られた学習成果を集積したファイルであり、学習過程を重視した評価に用いられる。

問5　　　(ア)　　に入れるのに最も適当なものを、次の1〜4の中から選べ。

　　1　バックワードデザイン　　　　　2　カリキュラムデザイン
　　3　シラバスデザイン　　　　　　　4　アーティキュレーション

問題4　　　　　　　　　　　　　　　　　　　　　　　　難易度 ★☆☆

テストや評価に関する次の問い（問1〜5）に答えよ。

問1　テスト結果の分析において、最も多くの学習者が取った点数を調べたい場合に用いるべき数値として最も適当なものを、次の1〜4の中から一つ選べ。

　　1　平均値　　　　2　中央値　　　　3　最頻値　　　　4　偏差値

問2　学習者の言語運用力を測るテストとして、パフォーマンス・テストを行うことになった。評価において、普段そのクラスを教えていない教員が評価者を務めることにしたが、その理由として最も適当なものを、次の1〜4の中から一つ選べ。

　　1　波及効果を避けるため
　　2　後光効果を避けるため
　　3　中心化傾向を避けるため
　　4　系列効果を避けるため

問3　大規模テストが持つ性質として最も適当なものを、次の1〜4の中から一つ選べ。

　　1　絶対評価
　　2　総括的評価
　　3　形成的評価
　　4　熟達度評価

問4 テストの妥当性の説明として<u>不適当な</u>ものを、次の1〜4の中から一つ選べ。

　　1　出題する問題の難易度や問題数は適切だったか。

　　2　テストは何度やっても同様の結果が得られるか。

　　3　出題内容は測定目標に沿っていたか。

　　4　出題範囲から偏りなく出題されているか。

問5 目標基準準拠テストの特徴として<u>不適当な</u>ものを、次の1〜4の中から一つ選べ。

　　1　コースやカリキュラムの内容に即して作成される。

　　2　日本語能力試験N1合格などゴールを分かりやすく目標にしたものである。

　　3　ほかの学習者との比較は必要としない。

　　4　学習の達成度の把握に有用なアチーブメントテストとしての側面がある。

問題5　　　　　　　　　　　　　　　　　　　　　　　　　難易度 ★★☆

次の文章を読み、後の問い（問1〜5）に答えよ。

　今日、文化背景の異なる人と接する機会が増えており、異文化間コミュニケーションスキルを身に付けられるようにすることがいっそう重要となってきている。それは日本語教師にとっても同様である。しかし、そもそも自分の異文化に対する態度がどのように形作られているか、気付いていないことも少なくない。自分が文化に優劣をつけるようなA「異文化に対するタテの態度」を持っている場合、それに気付き、「異文化に対するヨコの態度」を養うように努める必要がある。

　このような態度、すなわち、多文化主義およびB異文化間トレランスといった態度やその能力の養成には、C異文化トレーニングなどの機会を持つことが欠かせない。なお、異文化トレーニングは、日本語教師のためのものだけではなく、学習者にとっても有用である。例えば、学習者が日本に留学する前に日本での習慣などを学ぶことは日本社会・日本文化への適応の支援ともなり得る。特にD文化的・言語的に多様な背景を持つ児童（CLD児童）の場合、表面的には適応しているように見えても、心のストレスのはけ口は見いだしにくいため、周りの支援者が注意深く見守ることが肝要である。

問1 文章中の下線部A「異文化に対するタテの態度」につながるものとして最も適当なものを、次の1〜4の中から一つ選べ。

　　1　エスノセントリズム

　　2　エポケー

　　3　カルチュラルアウェアネス

　　4　カルチャーレラティヴィズム

問2 文章中の下線部B「異文化間トレランス」の説明として<u>不適当なもの</u>を、次の1～4の中から一つ選べ。

1 異なった文化・価値観を受け入れていくことである。
2 個人の問題であり、行政は関わらない方がいい。
3 他者を受容することだが、それまでの過程で生じる葛藤に耐えることも含まれる。
4 自分なりに他者を受容できる距離を見いだし、他者と関わり合い続けることができる状態である。

問3 文章中の下線部C「異文化トレーニング」に関係が深いものとして<u>不適当なもの</u>を、次の1～4の中から一つ選べ。

1 ファシリテーター
2 カルチャーアシミレーター
3 ターン・イールディング
4 デブリーフィング

問4 文章中の下線部C「異文化トレーニング」の方法として<u>不適当なもの</u>を、次の1～4の中から一つ選べ。

1 バファバファ
2 バックトゥバック
3 アルバトロス
4 ブレンディッドラーニング

問5 文章中の下線部D「文化的・言語的に多様な背景を持つ児童(CLD児童)」への指導において最も適当なものを、次の1～4の中から一つ選べ。

1 文化的アイデンティティは大人になるにつれて自然に身に付くため、そこまで配慮しなくてもよい。
2 日本生まれ日本育ちのCLD児童にも母語・母文化の指導は必要である。
3 認知能力や思考能力は、日常生活を送る中で自然に身に付くため、まずは日常会話を十分に指導することが大切だ。
4 国際理解教育の授業でCLD児童に特別な存在として協力してもらうことは、CLD児童の自己効力感を高めるだけでなく、子どもたちの相互理解を深めることにつながるため、積極的に行うべきである。

言語と教育

問題

大学において、次のような日本人学生と留学生の国際共修クラスを実施することになった。次の資料を読み、後の問い（問1〜4）に答えよ。

〈資料〉

科目名	異文化コミュニケーション
受講生	日本語を母語とする学生15人＋留学生15人
主な使用言語	日本語
留学生の日本語レベル	上級
授業時間	90分×15回
到達目標	1　多様な背景を持つ他者とのディスカッション、協働作業を通じ、さまざまな観点から物事を捉えることができるようになる。 2　自分の考えを論理的に伝えることができるようになる。
授業内容	**第1期：異文化コミュニケーション入門** 第1回：異文化コミュニケーションとは何か 第2回：A異文化理解のトレーニング（バーンガ） 第3回：アサーティブコミュニケーション 第4回：異文化コミュニケーションに関するディスカッション
	第2期：グループでの調査 第5・6回：テーマ決め、パイロット調査計画、実施 第7・8回：Bパイロット調査発表 第9・10・11・12回：本調査計画、実施
	第3期：グループ調査の最終発表 第13・14回：本調査発表 第15回：まとめ
評価	毎回の振り返りシート、パイロット調査発表・本調査発表パフォーマンス、最終レポート

問1　国際共修クラスでの教師の行動として最も適当なものを、次の1〜4の中から一つ選べ。

1　学習者自身が持つ価値観から正誤を判断せず、異文化と自文化を客観的に捉えるように促す。

2　日本人学生の日本語が早すぎて留学生が理解できないときは、すぐに留学生の母語や英語で説明する。

3　留学生は日本語で書いたり話したりするのが大変なので、全ての評価を日本人学生よりも甘くつける。

4　クラス内で文化的背景の差異が原因で問題が起きた場合には、日本での振る舞い方を留学生に教える。

問2 下線部A「異文化理解のトレーニング(バーンガ)」について、バーンガの記述として最も適当なものを、次の1～4の中から一つ選べ。

1 異なる文化的背景を持つ人々の間に起こった危機的状況について読み、質問に答える。
2 トランプを用いて行うゲームで、互いに相手のルールを知らないままに無言でゲームを進める。
3 参加者は二つのグループに分かれ、仮想の国民としてその国の文化を学び、その後交流する。
4 異文化間ミスコミュニケーションの事例を描写・解釈・評価の視点から分析する。

問3 文章中の下線部B「パイロット調査発表」に関連し、アカデミック・プレゼンテーションの指導として**不適当**なものを、次の1～4の中から一つ選べ。

1 プレゼンテーションに使うスライドは、聞き手の興味を引き付けるためにアニメーションやイラストをたくさん使う。
2 プレゼンテーションに使うスライドは、短い言葉を使って箇条書きで書く。
3 図や表などのデータや参考文献から引用するときには、必ず出典を書く。
4 全員が理解できるように、難しい言葉や専門用語は、簡単な日本語で説明を加える。

問4 この授業で使う教材・素材として、著作権者の許諾なしに利用できるものとして最も適当なものを、次の1～4から一つ選べ。

1 異文化コミュニケーションの入門書を全てコピーして配布する。
2 アカデミック・プレゼンテーションに関するワークブックの一部をコピーして配布する。
3 多文化共生に関する新聞記事をコピーして配布する。
4 異文化摩擦の例として適切な動画をダウンロード・複製して、復習用に配布する。

問題 7 難易度 ★★☆

スピーキング指導についての文章を読み、後の問い (問1～5) に答えよ。

　私たちは何かを話す際、(1)言いたい内容を考える、(2)どのように言うかを考える、(3)実際に言う－というプロセスをたどる。話すという行為は聞き手と話し手の間の情報差を埋めようとするコミュニケーション行動であり、実際の活動や練習でも、情報差があること、会話に参加する学習者に内容や表現形式を選んで話す 　(ア)　 があること、相手に情報がきちんと伝わったかなど、相手からのフィードバックを得ながら会話を進めることができる活動や練習を組み立てる必要があるだろう。

　従来より会話型のスピーキング指導を行う際には、学習項目の提示→A機械的ドリル→コンテクストの中の練習→ペアワーク→Bロールプレイといったように、徐々に自由度を上げていく指導が一般的であるとされてきた。ただし機械的ドリルなどは(1)言いたい内容を考えるというプロセスがない不自然な練習である、教室では上手に話せても実際にはあまり話せるようにならない、という批判もある。授業計画を立てる際には、C意味のやりとりがあることを重視し、文法能力だけでなく、Dコミュニケーション能力をバランスよく伸ばすような授業を考えることが重要である。

問1 　(ア)　 に入る言葉として最も適当なものを、次の1〜4の中から選べ。

1　インフォメーション・ギャップ

2　選択権

3　反応

4　ストラテジー

問2 文章中の下線部A「機械的ドリル」の例として不適当なものを、次の1〜4の中から選べ。

1　ショー・アンド・テル

2　リピート

3　代入練習

4　結合練習

問3 文章中の下線部B「ロールプレイ」の説明として最も適当なものを、次の1〜4の中から選べ。

1　ペアで会話を作って下書きし、それを読み上げる活動である。

2　学習項目の確実な定着を目指す練習である。

3　ある会話場面で役割を与えられ、それを演じる練習である。

4　社会で実際にありそうな問題を日本語を使って解決する練習である。

問4 文章中の下線部C「意味のやりとり」がある練習の場合、言っていることが互いに通じるよう工夫する「意味交渉」が行われる。この意味交渉の説明として不適当なものを、次の1〜4の中から選べ。

1　相手の発言が不明確で理解できないときに、発言を明確にするよう要求する。

2　相手の発言を自分が正しく理解しているか確認する。

3　自分の発言を相手が正しく理解したか確認する。

4　相手の発言を自然な流れの中でさりげなく正しい表現に言い換える。

問5 文章中の下線部D「コミュニケーション能力」について、カナル(Canale)は、コミュニケーション能力の要素を明らかにしたが、カナルの述べるコミュニケーション能力として不適当なものを、次の1〜4の中から選べ。

1　社会言語的能力

2　談話的能力

3　方略的能力

4　言語運用的能力

次の文章と資料を読み、後の問い（問１〜４）に答えよ。

　大学の同僚であるＸ先生とＹ先生が、初級レベルの留学生を対象とした同期型オンライン授業について話している。

Ｘ先生：新しく始まったオンラインクラス、どうですか？

Ｙ先生：そうですねえ……やはりＡ対面とは違う点もあって、難しいですね。

Ｘ先生：そうそう。私もなんだか手応えがなくて。こんな感じの授業をしているんですけど、学生が分かっているのかいないのか、よく分からないんです。
　　　　（Ｘ先生の授業についての資料を見せる）

Ｙ先生：この前の研修で習った「ガニェの９教授事象」で考えてみたらどうですか。ほら、これ。（Ｙ先生の資料を見せる）
　　　　例えばＸ先生のＢ（１）の導入部分では、事象１〜３を押さえられていますか。

Ｘ先生：なるほど。

Ｙ先生：あと、（３）では、Ｃ発表に対するフィードバックはしていますか。

Ｘ先生：ええ、していますが、見直してみます。

Ｙ先生：それからさっき、「分かっているのかどうか、分かりにくい」と話していましたが、もう少しＤ形成的評価をこまめに入れてもいいかもしれません。今は作文だけですね。

Ｘ先生：そうですね、ありがとうございます。ちょっと考えてみます。

〈Ｘ先生の授業についての資料〉

学習者	初級後半レベル、10人
授業回数	90分×15コマ
到達目標	新しい文法や語彙を身に付け、自分の身の回りのことや日常的な生活のことについて説明したり、相手とやりとりしたりすることができる。
使用ツール	Zoom、大学指定のLMS
使用教科書	みんなで話そう！日本語初級２
授業の進め方	（１）ウオーミングアップ、その日の新規項目を導入 （２）口頭練習 （３）応用練習（ロールプレイやインフォメーション・ギャップ活動など） 　　①一人で考える 　　②ブレイクアウトルームでペア活動 　　③発表 （４）次の授業の予告
評価	各課のまとめ作文（LMSにアップする）、期末テスト

〈Y先生の資料〉「ガニェの9教授事象」

導入	事象1	学習者の注意を喚起する
	事象2	授業の目標を知らせる
	事象3	前提条件を思い出させる
情報提示	事象4	新しい事項を提示する
	事象5	学習の指針を与える
学習活動	事象6	練習の機会をつくる
	事象7	フィードバックを与える
まとめ	事象8	学習の成果を評価する
	事象9	保持と転移を高める

問1 文章中の下線部A「対面とは違う点」について、ウェブ会議システムを用いたオンライン授業における教師の行動として最も適当なものを、次の1〜4の中から一つ選べ。

1 教師も学習者も、相手の非言語情報が得にくいため、指示をするときには名前を呼ぶなど、言葉ではっきり与える。

2 音声と映像のずれによりターン・テイキングに問題が起こりがちなので、学習者同士のディスカッションはできるだけ行わない。

3 オンラインでも顔が見えるコミュニケーションを行うため、どのような接続環境にある学生でも、必ず全員カメラをオンにさせる。

4 教室と同じような環境をつくるため、学生からの質問は音声でのみ受け付け、チャットなど文字は使わない。

問2 文章中の下線部Bの記述に関して、X先生の(1)を改善する方法として最も適当なものを、次の1〜4の中から一つ選べ。

1 授業で使うスライドに学習者が好きなアニメの画像を多数入れて、注意を向けさせる。

2 その日の学習事項を、「今日は○○という文型を勉強します。」と一言で紹介する。

3 その日の学習事項と関連する既習事項を思い出させる。

4 授業の最初に、毎回漢字テストをする。

問3 文章中の下線部C「発表に対するフィードバック」について、X先生が(3)で行うフィードバックとして最も適当なものを、1〜4の中から一つ選べ。

1 文法の間違いを全てチェックして、LMSに書いてクラスに共有する。

2 意味は伝わるが発音が間違っているところを取り出して指摘し、全員で練習する。

3 その日の目標を達成しているかをチェックし、達成していたらそのことだけを伝える。

4 発表の中で良かった点を取り出し、褒める。

問4 文章中の下線部D「形成的評価」について、X先生が実施する形成的評価として<u>不適当なもの</u>を、1～4の中から一つ選べ。

1 LMSを利用し、学習した文法項目についてクイズを行う。
2 毎週日本語能力試験の過去問題をLMSに出題し、回答させる。
3 毎回の授業後に、その日に学習したことについて振り返りを書く。
4 ペアでロールプレイを録音し、LMSにアップして学生同士でコメントをする。

問題 9   難易度 ★★★

中級後半レベルの学習者を対象としたクラスにおいて、日本事情に関する授業を実施した。授業の概要に関する次の資料を読み、後の問い（問1～6）に答えよ。

〈資料〉
学習者：20人（出身国：ベトナム、ネパール、中国）

展開1

テーマ	地方都市のシャッター通りの現状に関する新聞記事を読む。
前作業	・学生それぞれの出身地の様子について説明し合う。 ・内容理解のためのキーワードとなる語彙・表現を確認する。
本作業	・時間を与え、A精読をするよう指示。 ・内容のチェックとなる質問を自分で作るように指示する。
後作業	・新出語彙や表現を練習し、文章構造などを確認する。 ・感想や意見を話したり書いたりする。

展開2

テーマ	町おこしに関するBビデオクリップを視聴する。
前作業	・展開1の内容について覚えていることをグループで話した後で、ビデオクリップのキーワードを確認する。 ・質問を与え、聞き取りの目的を意識させる。
本作業	メモを取りながらビデオクリップを視聴する。 ・メモは大まかな内容でよい。 ・分からなかったところがあれば、周りの学生と相談する（Cピア・ラーニング）。
後作業	・映像だけをもう一度見て、内容を思い出す。 ・映像なしでもう一度聞いて理解できるか確認する。

問1　〈資料〉の下線部A「精読」について、関係が深い用語として最も適当なものを、次の1～4の中から一つ選べ。

1　コンプリヘンション・アプローチ
2　ボトムアップ処理
3　トップダウン処理
4　エクステンシブ・リーディング

問2　〈資料〉の下線部B「ビデオクリップ」について、声だけの素材と比べ、映像を伴うことがもたらすデメリットとして最も適当なものを、次の1～4の中から一つ選べ。

1　映像から内容のほとんどが理解できる場合がある。
2　パラ言語情報を含んでいる。
3　どのような話者の発話かイメージしやすい。
4　何度も繰り返し確認できる。

問3　展開1、展開2の作業全体を通して、指導を試みていることとして最も適当なものを、次の1～4の中から一つ選べ。

1　メタ認知ストラテジーの活用
2　形式スキーマの活性化
3　受容技能の流ちょうさ
4　文法知識の正確さ

問4　〈資料〉の下線部C「ピア・ラーニング」に関して、ピア・ラーニングとしての要素を含まない活動として最も適当なものを、次の1～4の中から一つ選べ。

1　ディクトグロス
2　ディクテーション
3　ジグソー・リーディング
4　プロセス・リーディング

問5　この授業が技能統合型のプロジェクト・ワークとなるためには、この後どのような展開をたどればよいか。最も適当なものを、次の1～4の中から一つ選べ。

1　学生にとって身近な場所についての記事を準備しておき、読ませる。
2　より詳しいニュースを視聴する。
3　地域の住民の方にお願いし、教室に来ていただき、学生にインタビューさせる。
4　学習者自ら町の現状と解決策を考えるために、資料を集め、結果をまとめて報告する。

問6　このような活動を実施する際の著作権に関わる記述として<u>不適当なもの</u>を、次の1〜4の中から一つ選べ。

1　学生が書いた作文には著作権がある。

2　インターネットで公開されているものは、公開されているのだから使ってもよい。

3　引用とするには誰が見ても主従の関係がはっきりしている必要がある。

4　著作権は映像でも印刷物でも同じように発生する。

問題 10

日本語学校で、学習者が住む地域の市役所の防災担当者を招いて、ビジターセッションを行った。次の資料を読み、後の問い（問1〜5）に答えよ。資料は授業の概要である。

〈資料〉授業の概要

日本語レベル	_ACEFR A2レベル、14人（多国籍）
授業時間	60分×2コマ
活動の目的	・調整されていない日本語での講義を聞いて、内容を理解する。 ・住んでいる地域の防災について知識を深める。 ・地域の防災について、外国人住民の視点を交えて検討する。 ・日本語でのコミュニケーションがとれる言語調整能力を、学習者と防災担当者の双方が身に付ける。
教材	市役所発行の防災マニュアル
授業の流れ	
1コマ目	【授業活動①】（クラス全体） 市役所の防災担当者より、防災に関する講義を聞く。
	【授業活動②】（グループ活動→クラス全体） 1）クラスを3〜4人程度の小グループに分ける。 　各グループに_Bワークシートを配布し、グループで作業する。 2）1）の後に、市役所の防災担当者との質疑応答を行う。
2コマ目	【授業活動③】（グループ活動） 3）1コマ目に聴いた話を基に、地域の防災について意見を出し合う。
	【授業活動④】（クラス全体） 4）「授業活動③」で出たグループの意見をクラス全体で共有する。 5）市役所の防災担当者も交え、4）について議論する。

問1　資料の下線部A「CEFR」の説明として不適当なものを、次の1～4の中から一つ選べ。

1　2001年に欧州協議会によって発表された欧州における言語教育・言語学習の在り方をまとめたものである。

2　言語教育・言語学習の具体的レベルを段階で設定し、指標形式の目標をCan-Do Statementsとして提示している。

3　CEFRは、人々が複数の言語をさまざまなレベルで用いて、文化の異なるもの同士がやりとりできるようになるという複言語主義の考えが基盤となっている。

4　CEFRでは、資格を持ったテスターがインタビューやロールプレイによって、一人一人の口頭能力を測定する。

問2　本授業の前作業（プレタスク）として不適当なものを、次の1～4の中から一つ選べ。

1　地震をテーマとしたブレーンストーミングを行う。

2　東日本大震災に関する新聞記事を用いた読解授業を行う。

3　講義担当者が作成した講義スクリプトを学生に配布し、予習してくるよう指示する。

4　多言語で書かれている市役所発行の防災マニュアルを配布し、疑問点を書かせる。

問3　資料の下線部B「ワークシート」の設問として入れるのに不適当なものを、次の1～4の中から一つ選べ。

1　講義のディクテーション問題

2　講義の要約文を作成させる問い

3　理解できたことと疑問点を整理して書かせる課題

4　ポイントとなる防災情報が聞き取れているかを問う問題

問4　本授業を行うことにより期待できる効果として不適当なものを、次の1～4の中から選べ。

1　外国人も含めた防災協働社会の実現を考える好機となる。

2　防災情報の発信者と受信者の間に対話の機会を設けることができる。

3　留学生も地域住民であるという認識を防災担当者と共有することができる。

4　災害時、外国語での情報提供が最も有効であることを共有することができる。

問5　本授業における教師の役割として不適当なものを、次の1～4の中から一つ選べ。

1　グループの話し合いが順調なとき、発言は控え、見守るようにする。

2　意見の相違が起こらないよう気を配り、意見対立を未然に防ぐ。

3　学習者の発話を記録し、本授業後のフィードバックに役立てる。

4　グループでの話し合いが停滞しているとき、言葉掛けをして発言を促す。

日本語学校の作文クラスで、次のような反転授業を実施した。資料を読み、後の問い（問1〜4）に答えよ。

〈資料〉授業の概要

学習者		中級レベル、10人
授業時間		45分×2コマ
到達目標		1　論理的で分かりやすい作文が書けるようになる。 2　学習した単語や文法を、作文の中で適切に使うことができるようになる。
授業の流れ	授業前	（1）作文の構成や A 作文の中で注意すべき文法に関する動画を視聴する。 （2）動画の内容についてのクイズに答える。
	授業中	（1）クイズの解説 （2）その日のテーマについて作文を書く。 （3）B 2〜3人のグループになって作文を読み合い、アドバイスをする。 （4）まとめ
評価		C ルーブリックによる自己評価、ピア評価、教師評価

問1　反転授業を行う上での教師の行動として最も適当なものを、次の1〜4の中から一つ選べ。
1　事前学習には、自作の動画を使わなければならない。
2　事前学習では、授業で扱う時間がない事項を多く盛り込み、授業中はそのことは扱わない。
3　事前動画を見てこなかった学習者が一人でもいた場合には、動画の内容を授業の冒頭で簡単に説明する。
4　授業中は、個別指導や、学習者同士の学び合いの支援をする。

問2　下線部Aに関して、「〜てくる・〜ていく」についての説明動画を作成することにした。異なる意味を表す文を、次の1〜4の中から一つ選べ。
1　隣の部屋から誰かの話し声が聞こえてくる。
2　この町は人口が増えてきた。
3　11月になれば、寒くなっていくだろう。
4　子どもは少しずつ、いろいろなことができるようになっていく。

問3　下線部Bの活動に関して、ピア・ラーニングの記述として最も適当なものを、次の1〜4の中から一つ選べ。
　　1　ピア・ラーニングとは、学習者がペアやグループで行う教室活動の総称である。
　　2　ピア・ラーニングでは、学習者の話し合いがうまくいくよう、教師はグループ内の役割を決めておかなければならない。
　　3　ピア・ラーニングは、仲間との相互作用により、考えを深化させることが目的の一つである。
　　4　ピア・ラーニングは、安心・安全な場が重要なので、毎回同じグループで行うべきである。

問4　下線部C「ルーブリック」について、この授業で提出された作文を評価するルーブリックの評価項目として不適当なものを、次の1〜4の中から一つ選べ。
　　1　与えられたテーマに合った内容が、明確に書かれている。
　　2　「序論・本論・結論」という構成で書かれている。
　　3　単語、文法が適切に使われている。
　　4　友達の作文に対して適切なアドバイスができる。

問題 12　　　　　　　　　　　　　　　　　　　難易度 ★★☆

次の文章は、著作物の教育利用に関する関係者フォーラムが2020年12月に発表した「改正著作権第35条運用指針」（以下「運用指針」）の冒頭におかれた解説である。この文章を読み、問1〜3に答えよ。

　改正著作権法第35条は、「学校その他の教育機関」で「教育を担任する者」と「A授業を受ける者」に対して、B「授業の過程」で著作物を無許諾・無償で複製すること、無許諾・無償又は補償金で公衆送信（「授業目的公衆送信」）すること、無許諾・無償で公に伝達することを認めています。ただし、C著作権者の利益を不当に害することとなる場合は、この限りではありません 。

問1　下線部A「授業」の定義に当てはまる最も適当なものを、次の1〜4の中から一つ選べ。
　　1　実習や演習
　　2　オープンキャンパスでの模擬授業
　　3　学内で実施される教職員を対象としたセミナー
　　4　高校、大学の課外活動（クラブ、サークル活動）

問2 下線部B「『授業の過程』で著作物を無許諾・無償で複製すること」について認められないものを、次の1〜4の中から一つ選べ。

1 教員が授業の準備段階で必要だと思われる著作物をコピーする。

2 授業の前日、教員が履修者に予習に必要な著作物をコピーして渡す。

3 教員が授業のために送信した著作物を履修者が紙にプリントする。

4 教員が授業では扱わなかったが、参考となる著作物をコピーして履修者に配布する。

問3 下線部C「著作権者の利益を不当に害することとなる場合」について最も適当なものを、次の1〜4の中から一つ選べ。

1 日本語の学習として音楽の歌詞を板書して、クラスのみんなで歌うこと

2 問題集に適当な問題があったので、コピーして試験問題に使うこと

3 新聞記事とその写真のコピーを授業で使用するスライドに掲載すること

4 テレビの報道番組を録画し、その一部を授業で聴解練習に使うこと

言語と教育　　　　　解答・解説

キーワード問題　　　解答

問題1	①熟達度評価　②到達度評価　③熟達度　④到達度
問題2	①主観テスト　②客観テスト
問題3	①訂正フィードバック　②肯定フィードバック
	③明示的フィードバック　④暗示的フィードバック(③と④は順不同)
問題4	①インプット誘発型　②アウトプット促進型
	③リキャスト　④プロンプト
問題5	①フォーカス・オン・フォームズ　②フォーカス・オン・ミーニング
	③フォーカス・オン・フォーム
問題6	①ティーチング・ポートフォリオ
問題7	①イマージョン・プログラム　②CBI
	③CLIL(クリル、Content Language Integrated Learning)
問題8	①インストラクショナルデザイン
問題9	①自律学習(オートノマスラーニング)　②学習者オートノミー
問題10	①学習リソース　②人的リソース　③社会的リソース
問題11	①アーティキュレーション　②横のアーティキュレーション
	③縦のアーティキュレーション
問題12	①文法積み上げ式　②モジュール型
問題13	①フリーズ　②アーミー・メソッド
問題14	①サイレント・ウェイ
	②CLL(Community Language Learning)
	③TPR(Total Physical Response)
	④サジェストペディア(Suggestopedia)
問題15	①中間言語　②セリンカー
問題16	①課題遂行型
問題17	①自律学習(オートノマスラーニング)
問題18	①ブレンディッドラーニング
問題19	①ラポール
問題20	①CLIL(クリル、Content Language Integrated Learning)
問題21	①PDCAサイクル
問題22	①DLA(Dialogic Language Assessment)

問題1

問1：2　　問2：4　　問3：4　　問4：4

問1　目標言語のみを使って教える方法を**直接法**、媒介語を使う方法を**間接法**という。直接法で行う場合には、教師は学習者が理解できるよう既習の文法や語彙を使って話したり、絵や写真などで言葉がなくても理解できるように工夫したりすることが必要である。日本国内の日本語教育機関の場合、クラス内の学習者の背景が多様であることが多いため、直接法を用いることが一般的である。ただし、直接法で行う場合でも、効率性を考えて**媒介語**を用いたり、学習者が母語などで書かれた解説書を主教材と並行して使ったりすることもある。直接法と間接法は対立するものではなく、習得の速さや学習効果などに優劣はない。その場や学習者の状況、目的に合わせて選択することが重要である。

問2　**レアリア**とは、実物（realia）のことで、例えば「ペン」という単語を教えるために実物のペンを使う、数字を読む練習のために実際のチラシを用いるなどがある。教育用に作られたものではなく、実際に日本語話者が生活の中で使っているものをそのまま教材とするので、コミュニケーション練習で使用すれば、より現実の言語環境に近い（＝真正性が高い）練習にすることができる。なお、新聞や雑誌の記事、ラジオ・テレビ番組など、教育用に作られたものではない教材を**生教材**という。レアリアと生教材はほぼ同じ意味で使われることもあるが、レアリアを物、生教材を情報（例：物としての新聞と、新聞の記事）と区別することもある。**絵カード**は、初級レベルにおいて語や文型の導入、練習などに使われる。誰が見ても理解できること、正確に伝わることが重要で、余分な情報を入れないようにしなければならない。**ロールカード**は、会話練習として**ロールプレイ**を行う際に、それぞれの役割（ロール）と達成したい課題が書かれたカード。ロールカードの目的はロールプレイで行う内容を理解してもらうことであるため、必ずしも目標言語で書かなくてもよい。**フラッシュカード**は、文字や単語、数字などが書かれた紙（カード）で、単語の導入、数字の読み方の導入や練習、ドリル練習など幅広い場面で活用できる。

問3　**パターン・プラクティス**とは、オーディオリンガル・メソッドで行われる口頭練習の一つ。1は**応答練習**、2は**変形練習**、3は**拡張練習**。オーディオリンガル・メソッドではこうした機械的なドリル練習が中心であり、発音や文法が記憶され正確な産出ができるようになる。一方、言語の構造が学習の中心となるため、コミュニケーション力が養成されないという批判がある。

問4　**ミムメム練習**とは、オーディオリンガル・メソッドでパターン・プラクティスの前に行われる練習で、学習者は教師の発話を模倣して、記憶する。ミムメム（mim-mem）というのはmimicry-memorization（模倣-記憶）の略。1の**インフォメーション・ギャップ活動**とは、情報差（**インフォメーション・ギャップ**）のある状態を利用したり意図的に作ったりして、その情報差を利用して会話をする練習。例えば、週末にしたことをインタビューする、二人それぞ

107

れに部分的に異なる絵を渡して情報交換をしながら違いを探す、などの活動がある。さきほ
ども触れたロールプレイとは、役割を与えて行う会話練習。例えば学生Ａが学生役、学生Ｂが
先生役になり、学生Ａには「先生の部屋に行って明日の授業を休みたいと伝えてください」、
学生Ｂには「学生が部屋に来るので、対応してください」といったロールカードを渡し、役に
なり切って会話を行う。**ジグソー法**とは、読解活動で用いられることが多い**協働学習**の方法。
読解活動で行う場合、ある文章を幾つかの部分に分け、また、学習者をその部分と同じ数のグ
ループに分ける。そして、そのグループで担当する部分の読解を進める（**エキスパート活動**）。
次にグループを再構成し、エキスパート活動で読み取った内容をお互いに共有し、文章全体
の読解を行う（**ジグソー活動**）。

問1：1　問2：3　問3：2

問1　**オーディオリンガル・メソッド**では、言語学習は練習によって目標言語の習慣を形成するも
のであり、誤用は悪い習慣であるとされるため即時の訂正が行われる。2は第2次世界大戦
中に米国陸軍で採用された**アーミー・メソッド**で行われた方法。オーディオリンガル・メソッ
ドは、このアーミー・メソッドの影響を受けているが、学習者の母語で言語の構造を説明する
ことは、必ずしも行われない。**ティーチャートーク**とは、学習者に話の内容が伝わるよう、話
すスピードや使用語彙・文法などが調整された話し方。オーディオリンガル・メソッドでは、
教師は既習の語彙や文法を使って、自然なスピードで話すことが求められる。**キュー**とは、オー
ディオリンガル・メソッドで行われる**パターン・プラクティス**において、学習者に文を作らせ
るための合図のこと。オーディオリンガル・メソッドでは、文字はある程度学習が進んでから
導入されるため、特に学習の初期は、キューも口頭や絵など文字以外で与えられる。

問2　オーディオリンガル・メソッドへの批判から生まれた**コミュニカティブ・アプローチ**では、意
味の伝達を重視する。意味が伝わることが重要であるため、誤用の訂正は厳密には行われない。
また、文法形式の定着を目的とするドリル練習よりも、**インフォメーション・ギャップ活動**や
ロールプレイなど、実際のコミュニケーション場面に近く、**意味交渉**が起こるコミュニケーショ
ン練習が行われる。教師は必要に応じて**媒介語**を使うため、3が不適当。

問3　**TBLT**（Task-Based Language Teaching、タスク中心指導法）は、第二言語習得問題研究の
理論に基づいて開発された教授法である。ここでいう**タスク**とは、「言語使用以外の何らかの
目的を達成するためにコミュニケーションをする活動」（畑佐2018：136）で、旅行の計画を立
てる、物語を説明する、あるテーマについて意見を述べる、何らかの問題について解決策を考
える、などさまざまなものが考えられる。TBLTは、（1）プレタスク、（2）タスクサイクル、（3）
言語フォーカス、という三つの大きな流れで行われる。（1）プレタスクでは、トピックとタス
クを紹介し、必要な語彙やフレーズなどの導入も行われる。（2）タスクサイクルでは、タスク
を実施し、準備をした上で結果を発表する。学習者はこの中でタスクの内容に集中するが、発
表準備の段階では正確さにも注意が向くため、教師はその状況に応じて助言する。最後の（3）
言語フォーカスでは、タスクで使用した言語項目や、使えば有効だった言語項目を取り上げ、

練習する。このように、内容に注意を向けつつ必要に応じて言語形式に焦点を当てる指導を、**フォーカス・オン・フォーム**という。TBLTでは、タスク実施においてアウトプットさせるだけでなく、必要に応じて理解可能なインプットを与えることやインターアクションを促すこと、意味と形式の両方に注目させることが重視される。また、能力の高低やストラテジー、性格（外向的／内向的）などにかかわらず参加できるよう、タスクを行う方法や指導に配慮したり、内容にバリエーションを持たせたりするなどの工夫が必要。

問題3

問1：3	問2：3	問3：4	問4：2	問5：1

コースデザインは一連の流れを理解する必要がある。流れと項目を整理しておきたい

問1　**レディネス調査**とは、学習者がコース開始前にどのような状況にあるのかを調査するもので、学習者自身の母語や背景などの情報に加え、学習者のコース開始時点での能力や学習環境、教授法や学習スタイルの好みなどを調査する。選択肢3は学習者の**ニーズ調査**の説明となる。

問2　**行動中心アプローチ**は、文法や語彙こいが先にあるのではなく、言語を使って何をするかを重視するもので、ある場面における課題を、言語を使用して遂行する過程に文型や語彙が付随すると考える。選択肢1は**行動主義心理学**を基にした**オーディオリンガル・メソッド**の授業の進め方、2は言語を中心とした**タスク**のこと、4は**TPR**（Total Physical Response：全身反応教授法）の説明となる。これらの説明は外国語教授法にも関連するため、これまでの教授法の歴史と関連付けて整理しておこう。

問3　教える内容を並べたリストのようなものを**シラバス**と呼ぶが、シラバスはどのような点から分類したかによって幾つかの種類に分けることができる。問題は、言語の機能を基に分類したシラバスの説明となっており、選択肢4が正解となる。**場面シラバス**は「郵便局」、「図書館」など、言語が使われる場面を基に分類したシラバス、**話題シラバス**は「料理」や「家族」、「趣味」といったように話題（トピック）で分類するもの。**構造シラバス**は文法や表現など、言語的な構造によって分類したシラバスである。この他にも「書く・読む・聞く・話す」を具体的に細かく分類した「**技能シラバス**」、「友達と映画を見に行く」のように具体的な目標を達成する課題を中心とした「**タスクシラバス**」、これらを組み合わせる「**複合シラバス**」などがある。また、確定の時期によって分類する**先行シラバス**や**後行シラバス**、**プロセス・シラバス**（可変シラバス）も整理しておこう。

問4　選択肢1は**Can-Do Statements**による自己評価チェックリストを説明したものである。**ルーブリック表**にはCan-Do Statements（「〜ができる」という形式で書かれた**能力記述文**）が使われることも多いが、レベルごとのパフォーマンスの特徴が記述されているものを**ルーブリック**と呼ぶ。3は「外国人児童生徒のためのJSL対話型アセスメントDLA」のこと。この**DLA**は「Dialogic Language Assessment」の略で、外国人児童生徒の日本語力測定のために作成された。

問5 バックワード(さかのぼる)という名の通り、最後に行われる評価からさかのぼって授業内容を考えていくコースデザインの方法のことを言う。**カリキュラムデザイン**は、いつ、どうやって教えるかについての方法を考えることであり、項目を教える順番や目標に合わせた教授法を決定したり、コースの期間・曜日・時間に合わせて項目を配列したりする。**シラバスデザイン**は、シラバスの内容、すなわち教える内容を考えること。問3の解説も参照。**アーティキュレーション**は、異なるカリキュラム間の連続性や、同一プログラム内のレベル間の連続性などのこと。

問題4

> 問1:3　問2:2　問3:4　問4:2　問5:2

問1 **平均値**は、測定した値の合計をデータ総数で割ったもの。最も一般的に知られている測定分析の数値であろう。平均値は、全ての数値が計算式の中に出てくるので、「データを代表している」感が強く、よく使われる。しかし、平均値には「極端な数値があった場合、それも考慮してしまう」というデメリットがあるため、クラスのちょうど真ん中の成績とは言えない場合がある。**中央値**は得点を高いものから順に並べた場合に真ん中に位置する値のこと。そして、**最頻値**は、同じ点を取った受験者が最も多い値のことを言う。平均値、中央値、最頻値が一致していれば、その度数分布グラフは正規分布と呼ばれるベルカーブを描くものとなる。なお、平均値や最頻値、中央値など、テストを受験した集団の特徴を表す数値は、「**代表値**」と呼ばれる。ただし、代表値は「たくさんある数値の特徴を一つの数値で表す」というものであり、そもそもこれだけで全てを表すのには無理がある。一つの数値で表現できればよいが、分布の仕方がきれいでない場合は、逆にテストの結果に誤解を招く恐れもあるため注意が必要である。

問2 **後光効果**は評価の対象ではない要素が評価に影響を及ぼすこと。例えば、見やすい字だと印象が良く評価が良くなったり、普段教えている時の様子を意識してしまってパフォーマンスを適切に評価できなくなってしまったりすることをいう。採点者の主観的判断で採点される主観テストで起こりやすいが、事前に採点基準を決め、教師も複数で評価することでこれを避けることができる。**波及効果**はテストが授業に影響を及ぼすこと。学習を促進できる場合もあるが、望ましくない波及効果が起きることもあるため、テスト作成は慎重に行うことが求められる。系列効果は、前のテストの結果が後のテストの結果に影響を与えてしまうこと。例えば、良い答案を続けて見た後で良くない答案を見たときに、実際より低く評価してしまうことがこれに当たる。これを避けるために順番を入れ替えて見直したりする必要がある。中心化傾向はアンケートや10点満点の採点などで、結果が真ん中に集まりやすくなることをいう。

問3 **熟達度評価**は学習結果の到達度を測るものではなく、一定の基準に達しているかどうかを見るテストのことを指す。日本語能力試験や日本留学試験などは、学習者の能力が一定の基準に達しているかどうかを測るため、特定の教材や教育内容に基づいて出題されることはない。そのため、不特定多数の受験者が受験する大規模テストとなり得る。またこの場合、受験者の集団の中での相対的な位置づけが明らかになるため、**相対評価**と言える。これに対して**絶対**

評価は、その学習者の能力の伸びを測ったり、目標に対して何ができているかを評価したりすることを指しており、大規模テストには結び付かない。なお、評価に関する用語はその実施目的と評価対象、実施のタイミングによって異なるため、実際のコースのどの部分とつながるか考えておくとよい。例えば、**総括的評価**はコース終了時に実施するもので、学習到達度の把握や教育内容が適切であったかを判断することを目的としている。修了試験などがこれに当たる。また、**形成的評価**は学習者が適切に理解できているか、学んだことが定着しているかを確認するために行われる。コースの実施途中に行うもので、課ごとのまとめテストや中間試験がこれに当たり、場合によっては学期末試験もこの要素を含む。この結果を受け、学習内容や進度の調整を行うことが多い。

問4 テスト作成においては、その結果が安定していることが求められる。同じ対象者に同じ条件でテストした場合に同一の結果が得られることは、**信頼性**の問題である。テストの**妥当性**とは、テストで得られた結果が有意味で有効なものであるか、という適切さの観点を指している。例えば、測定しようと考えているものが的確に測定できているか(構成概念的妥当性)やテストの出題範囲から偏りなく出題されているか(内容的妥当性)などが満たされていなければ、テストの意味がなくなると言えるだろう。また、測定目標に合ったレベルの問題を出題しなければ測りたい能力は測ることはできない。この点でも妥当なテストだったかどうかが問われる。

問5 **目標基準準拠テスト**では、受験者の到達目標として、テストを実施する前に習得するべき内容・レベルが設定されるものである。そのため、到達度評価である**アチーブメントテスト**(到達度テスト)が行われる。受験者の得点はほかの受験者と比較されるわけではなく、絶対評価として受験者個人の学力の伸びの測定が行われるものである。これに対して、日本語能力試験などは**集団基準準拠テスト**であり、不特定多数の集団を対象に実施されるものである。そのため、ある機関のコースやカリキュラム、プログラムの内容に即して行われるものではない。テストを受験した集団の中でどの位置にいるか、相対的に示されることが多い。アチーブメントテストではなく、**プロフィシェンシーテスト**としての性質が強い。

問題5

| 問1:1 | 問2:2 | 問3:3 | 問4:4 | 問5:2 |

異文化間コミュニケーションや異文化間および多文化間の教育は、日本語を教えるということの背景にある「日本語を学ぶ学習者が多様である」ということを理解するために欠かせない視点である。漢語と片仮名語の両方で用語を整理し、核となる考えを意識して日々行動することが望まれる。

問1 異文化に対するタテの態度は、自文化を基準に異文化の優劣を決めるような態度のことを言う。これに対し、全ての文化はそれぞれ存在価値を有しているという**文化相対主義**(カルチャーレラティヴィズム／文化相対論ともいう)は、異文化に対するヨコの態度だと言える。文化と文化の間に格差なく、各文化の多様性が認められること、そして、価値判断に絶対的基準が存在しないという考えを持っていくことが、文化背景の異なる人々との良好なコミュニケー

ションを生み、多文化に開かれた社会の醸成へとつながる。**エポケー**は異文化と遭遇したときに、自分の持っている価値観で判断・評価を行ってしまうのではなく、その判断を保留にして様子を見ることをいう。また、異文化と接することによって自文化との違いを意識することになるが、その結果、自文化についても改めて認識することができる。これを**カルチュラルアウェアネス**といい、自文化を相対的に捉える第一歩だと言える。

問2 **異文化間トレランス**は、異文化に対する耐性および寛容さのこと。文化的な背景が異なる者同士が出会い、コミュニケーションを行うとき、さまざまな摩擦や障害が起こることもあるが、それらを回避するのではなく、困難を乗り越え、異なる他者との関係を築くところまでを指す。なお、異文化間トレランスは、個人的なレベルと社会的なレベルが考えられる。個人的なレベルの場合、例えば、近所に外国人家族が引っ越してきた、または、自分が海外で暮らすことになった場合など、異なる文化や行動様式をどれだけ受け入れられるかということでもある。一方、社会的なレベルでは、コミュニティーや学校、会社というレベルから国といった大きな単位まで含まれる。国や地域における異文化間トレランスを考えるなら、社会制度レベルで異文化をどれだけ受け入れられるようになっているかも考える必要があるため、行政や法律といったようなことまでも視野に入れておかなければならない。

問3 異文化に接触する際に生じる摩擦やショックを事前に予測し、必要な準備をするための訓練が**異文化トレーニング**である。知識を得るためというよりは、実体験として認知面、情意面、行動面の３種類の訓練を組み合わせることが多い。異文化トレーニングを行う講師は、参加者が自分で考えたり、気付いたりすることを補助し促す役割で、**ファシリテーター**と呼ばれる。近年では、構成的グループ・エンカウンターなどの対人関係の社会的スキルを養う活動も異文化トレーニングに取り入れられるようになってきた。なお、**カルチャーアシミレーター**は、問題解答形式で行う異文化受容訓練。文化の違いが原因で起こったトラブルやカルチャーショックの事例（クリティカル・インシデント）を取り上げ、その時の心情や解釈、原因について問題形式で出題し、解説やアドバイスを通じて正しい解釈や解決方法などについて考えを深めようとするもの。なお、どのような方法で行うのであれ、異文化トレーニングでは、振り返りが極めて重要である。この、異文化トレーニングの実施後に気付きや学びについて振り返り、新たに得た考え方を言語化し明確にしていく作業を「**デブリーフィング**（debriefing）」と呼ぶ。なお、ターン・イールディング（turn yielding）は、会話におけるターンを譲ること。ターンを譲ろうとするときに質問したり、ポーズを置いて間を空けたりすることで、相手の発話を促す行動。会話分析研究における用語であり、異文化トレーニングと関係が深いとは言えない。

問4 異文化トレーニングの方法については、近年よく問われている。**バファバファ**や**バーンガ**は頻出だが、**アルバトロス**、**エコトノス**、**バックトゥバック**のように見慣れないものもあるため、「異文化トレーニングではない」とはっきり言えることが重要となる。**ブレンディッドラーニング**は、異文化トレーニングではなく、eラーニングと対面式集合学習を組み合わせる授業スタイルのこと。

問5 **CLD児童**は、**カミンズ**が用いた言葉で「文化的・言語的に多様な背景を持つ児童（Culturally Linguistically Diverse Children）」のこと。国際結婚家庭、帰国者、移民などの子どもがこれに当たる。「CLD児童」とほぼ同様の意味として「外国につながる子ども」や「帰国・外国人児童生徒」などと呼ぶこともある。また年齢に応じて「年少者」と呼ぶこともある。彼らに対する日本語教育は急務であるが、その子どもが日本にルーツを持つ場合、「継承語教育」としての日本語教育と呼んで区別することもある。年少者への日本語教育や継承語教育において、子どもの認知能力の発達を考えることは切り離せない。なお、小学校や中学校の学齢期のCLD児童生徒に対する指導は、地域によってさまざまではあるが、教育委員会や学校が決定する。指導の種類としては、適応指導（初期指導）、日本語指導（初期指導型、教科指導型）、母語・母文化指導の三つが挙げられる。特に母語・母文化指導はさまざまな点で重要である。カミンズが提唱した2言語基底共有説では、母語が育まれなければ、認知・学習面の言語能力を養うことは難しいとされている。また、家庭内でのコミュニケーションや文化的アイデンティティを形成していく過程としても、母語と母文化をポジティブに捉えられるように指導していくことは、CLD児童にとって極めて重要である。なお大人からすれば「異なる」ものが、子どもにとっては同じ文化の一つに位置付けられているかもしれない。文化的調節は時間がかかるものであり、今、教師や大人たちが「違う」と規定することが子どもの文化的アイデンティティに影響する可能性があることを十分に意識しておくべきである。その意味でも、支援者の異文化トレーニングが重要であり、ステレオタイプ的にならないよう意識することが必要である。

問題6

| 問1：1 | 問2：2 | 問3：1 | 問4：3 |

　留学生と日本人学生のように、さまざまな文化的背景を持つ学生が一つの学びのコミュニティを構成し、その多様性を生かして学び合う仕組みを**国際共修**や**多文化間共修**という。自分とは異なる、複数の視点から物事を捉えることができるようになり、多文化／異文化環境で必要な**異文化間能力**の養成が可能とされている。

問1 選択肢1は自文化を絶対的なものとせず、相対的に捉える**文化相対主義**の考え方である。2について、クラス内で言語能力に差がある場合にこうした問題は起こりがちであるが、これは教室外でも母語話者と非母語話者のコミュニケーションでよく起こる問題である。そのため、教師がすぐに留学生側を手助けするのではなく、日本人学生・留学生共に自ら問題に気付き、解決できるように支援することが重要である。例えば、日本人学生に**やさしい日本語**の考え方を紹介する、教室内の使用言語を一時的に英語にする、留学生に「ちょっと聞き取れなかったんですが」など確認要求のスキルを教える、などの方法が考えられる。3について、評価はその授業の到達目標を、それぞれの学習者が達成しているかどうかが最も重要な点である。言語能力と、内容の評価は分けて考えるのが適当であり、留学生に対しては日本語の添削はしつつ成績に関わる減点はしない、という方法も考えられる。4は、日本の文化を基準とする**自文化中心主義**。

問2 **バーンガ**は、トランプゲームを通して異文化接触を疑似的に体験するトレーニングである。ゲームの後には、ゲームの中で考えたことを話し合う振り返りが行われる。1 は**カルチャーアシミレーター**。文化が異なることによって起きた**危機的事例**(critical incident クリティカル・インシデント)を読み、それに関する選択式問題に答えて解説を読むことで、異文化を受容する態度を養成する。3 は**バファバファ**。バーンガ同様、疑似的に異文化接触を体験するトレーニングである。4 は**D.I.E. 法**(D.I.E. メソッド)。文化的背景の違いによって起きたトラブルを、事実の描写(Description)、解釈(Interpretation)、評価(Evaluation)の三つの観点から分析する方法である。起こったことを解釈や評価を交えずに描写し、それぞれの立場で解釈や評価を考えることで、自分とは異なる背景・価値観を持つ相手の考えを理解し、解決策を探すことができるようになることを目指している。

問3 スライドにイラストやアニメーションを入れることは、聞き手の興味を引き付けるために必要であるが、スライドの内容と関係があるものや説明をより分かりやすくするために必要なもの・量であることが重要。選択肢 2 〜 4 はいずれもプレゼンテーション指導の際に重要となるポイントである。

問4 授業において教材などを複製する場合には、**著作権**に注意する必要がある。非営利の教育機関であれば、授業で使用する目的で、必要と認められる範囲に限り、著作権者の許諾なしに複製することができる。四つの選択肢のうち 3 のみが著作権の侵害とならない例であるが、その場合も出典(掲載紙名、見出し、発行年月日)を明記しなければならない。

問題7

> 問1:2　問2:1　問3:3　問4:4　問5:4

問1 **コミュニカティブ・アプローチ**では、コミュニケーションを行う際、次の三つの伝達過程があると考える。①**情報差(インフォメーション・ギャップ)**:お互いが知らないことを知っているという前提があり、この差を埋めるためにコミュニケーションを行う、②**選択権**:話し手は自分が何を言い、どうやって伝えるのかを選びながら話す選択権を持つ、③**反応(フィードバック)**:自分の言いたいことが相手に伝わったかなどをチェックしながらコミュニケーションを行う―このため、正解は選択肢 2 となる。選択肢 4 の**ストラテジー**は**方略**とも呼ばれる。コミュニケーションを成立させるために取られる方法や戦略のことをコミュニケーション・ストラテジーと呼ぶ。

問2 ドリルはオーディオリンガル・メソッドなどで多く用いられる機械的な練習であり、頭で考えて答えるのではなく、単純な繰り返しの練習によって、答えが学習者の口をついて出てくるようになることを目指す練習である。選択肢 1 の**ショー・アンド・テル**は、何かを見せて説明し、それに対してみんなで質問したり、答えたりする活動のことで、機械的ドリルではない。**リピート**は**反復練習**とも呼ばれる。教師がある形を発話して、学習者がそれをまねて反復する練習。**代入練習**は文型や動詞の変化形などを身に付けさせるため、文型に語彙や表現を代入していく練習。事前に「〜を飲みます」という文型が与えられ、教師が「コーラ」と言ったと

きには学習者が「コーラを飲みます」、「お酒」と言ったら「お酒を飲みます」などと答える。**結合練習**は教師が与える二つ以上の語、あるいは文を一つに結合して答える練習。教師が「コーラ、飲む」などと言い、学習者は「コーラを飲みます」のように答えるのである。ほかにもモデルとなる教師の発話が少しずつ長くなる**拡大練習**などがある。**フォーカス・オン・フォーム**を取り入れた授業や、**CLIL、社会文化的アプローチ**を基にした教育実践では、意味や内容を中心に扱うため、機械的ドリルは行われない、もしくは、補助的に扱われている。

問3 ロールプレイは一般的に、ウォームアップ、**ロールカード**配布、状況・役割分担の確認、カード回収、ロールプレイ開始という手順を取る。選択肢1は会話を作成してそれを読み上げる**シナリオプレイ**。混同されることも多いが、ロールプレイは即興で役を演じ、話し手の選択や反応があるという点が異なる。2は機械的ドリルの目標。4は**シミュレーション**のこと。4技能を総合的に活用する練習で、議員や住民がごみ焼却場建設の是非について討論する問題などを取り上げ、問題を解決するためにそれぞれの立場になって発言や行動をする活動である。ビジネス日本語のクラスでビジネス上の事例を扱ったり、一般のクラスであっても生活上の問題について考えたりするなど、実際の問題解決を行うことで日本語を学習する**ケース学習**もシミュレーションと同様の目的で行われている学習活動だと考えることができる。

問4 **意味交渉**(negotiation of meaning)とは会話の中で、誤解が生じるなどの問題が起きた場合に聞き手や話し手がそれを解決しようと、意味理解のためにやりとりをすること。意味交渉には、選択肢1のような**明確化要求**、2、3のように相手の理解や自分自身の理解を確認したりするやりとりがあるとされている。選択肢4は**リキャスト**の説明。

問5 **ハイムズ**(Hymes)は、従来の言語学は言語を文法規則や語彙の意味と捉えてきたとし、これに対して、文法規則をどのように使用するのか、そして、いつ誰に対してどのように話すのかといった言語使用の適切さに関する能力も含めた能力を**コミュニケーション能力**と名付けた。これ以降、コミュニケーション能力を伸ばすことが重要だとするコミュニカティブ・アプローチにつながった。カナルは、これを明確化し、**文法的能力、社会言語的能力、方略的能力、談話的能力**から構成されるとした。現在、日本語教育にも大きな影響を与える**CEFR**や、これに基づく**JFスタンダード**ではコミュニケーション能力を**言語構造的能力、社会言語能力、語用能力**の三つに区別しているが、カナルの言う方略的能力と談話的能力に当たる能力は語用能力に含まれている。選択肢4の言語運用はコミュニケーション能力に関する用語ではなく、言語学者**チョムスキー**(Chomsky)の用いた用語。実際の言語について持っている知識である**言語能力**に対し、言語の実際の使用に関する能力を言語運用と呼んだ。

問題8

問1:1 問2:3 問3:4 問4:2

インターネットを利用した遠隔教育である**オンライン授業**についての問題。オンライン授業には、**同期型オンライン授業**と**非同期型オンライン授業(オンデマンド授業)**がある。同期型とはリアルタイム・双方向のやりとりをすること、非同期型とはリアルタイムではなく、学習者が自分のペー

スで学習することを指す。同期型オンライン授業は、**ウェブ会議システム**を用いて、教師と学習者がリアルタイムに双方向で授業を行う。ウェブ会議システムには、Zoom、Google Meet、Microsoft Teamsなどさまざまなものがあるが、Zoomのブレイクアウトルームのように参加者をグループに分ける機能を持つものもある。非同期型オンライン授業では、教師はインターネット上に教材をアップロードし、学習者はそれを使って好きな時間に学ぶ。いずれの授業形態でも、**eラーニング**での学習を管理するシステムである**LMS**(学習管理システム:Learning Management System)を使って学習の進捗(しんちょく)状況管理などが行われることが多い。LMSには、教材の配布、テスト、学習の進捗状況や成績の管理、学習者同士の掲示板など、さまざまな機能がある。

問1 ウェブ会議システムは、ウェブカメラとマイクがあれば顔を見てコミュニケーションをすることが可能だが、対面でのコミュニケーションとは異なる部分も多く、授業をデザインする際にはその点も考慮する必要がある。対面でのコミュニケーションでは、視線や体の動きなど**非言語情報**によって学習者の理解度を推測したり、ドリルや活動を指示したりしているが、ウェブ会議システムではこのような非言語情報が対面よりも少ないか、ほとんど利用できない。そのため、選択肢1のように名前を呼んで指示したり、口頭とチャットなど音声と文字の両方を使ってはっきり指示を出したりするなど、工夫が必要である。2も、ウェブ会議システムの技術的な限界で、音声と映像にずれが生じてしまい、話し出しが重なってしまう、対面に比べて相手の話の切れ目が分かりにくく話者の交代(**ターン・テイキング**)が難しいなどの問題が起こる。しかしこうした問題があるからといって、授業で行う内容を全く変えてしまうのではなく、授業の目標・目的に応じて行うべき活動は、できる方法を探ることも必要である。オンラインでのディスカッションを円滑に進める方法としては、こうした技術的な限界を参加者で共有し、教師が適切にファシリテートするなどがある。3について、ウェブ会議システムはカメラ・マイクのオンとオフを自分で選択することができる。ただし、カメラをオンにすると、オフにして音声のみで話すよりもデータの通信量が多くなり、接続環境によっては音声が途切れる、システムが落ちてしまうなどのトラブルにつながり、結果的に授業を受けられなくなってしまうことがある。またカメラをオンにすることで自宅の様子が映ってしまうなど、プライバシーにも配慮する必要がある。そのため、接続環境を含む授業参加者それぞれの状況に配慮し、カメラオンにこだわることなく授業を行うことが大切。4については、前述のように、オンラインではターン・テイキングが難しく、教師が話しているときに手を挙げて質問をする、ということが困難な場合もある。その際には、チャットなどオンラインで使うことのできる音声以外の手段を活用するとよい。

問2 **インストラクショナルデザイン**(ID)の理論の一つ、**ガニェの9教授事象**に関する問題である。この9教授事象は、IDを生み出したガニェが、効果的・効率的・魅力的な授業や教材の構成要素として提案したもので、授業や教材を考えたり、改善したりする際に参考にできる。選択肢1は事象1、2は事象2、3は事象3と関連している。

まず事象1「学習者の注意を喚起する」は、学習者の好奇心を刺激し、その日の事項が「面白そうだ」「役に立ちそうだ」と思わせることである。その日の事項と関係する画像を資料に入れる、会話の動画を見せるなどの方法が挙げられるが、選択肢1のように学習者にとって魅力的でも学習内容と無関係なイラストを用いると、注意が学習内容から離れてしまうこと

もある。この事象1は、動機づけについてのモデルである**ARCSモデル**（A: Attention注意、R: Relevance関連性、C: Confidence自信、S: Satisfaction満足感）とも関連が深い。

　事象2「授業の目標を知らせる」は、学習者にその身に付けてほしい知識やスキルを伝えることである。選択肢2のように単に学習する文型を一言で知らせるだけでなく、その文型を使うと何ができるようになるのかまで説明することが必要。

　事象3「前提条件を思い出させる」は、事象2で説明した目標と関連する既習事項を思い出させ、新規事項の提示の準備とすることである。例えば普通形を使う文型が新規事項であれば、動詞の普通形の復習をするなどが考えられる。

　選択肢4の漢字テストは、漢字学習のペースをつくったり、授業の冒頭に行うことで授業に向かう姿勢にさせたりするといった効果があるが、新規事項の導入という観点では不適切。

問3　**フィードバック**には、学習者の発話などが正しいことを伝える**肯定的フィードバック**と、間違っていることを伝える**否定的フィードバック**がある。選択肢1と2は否定的フィードバック、3と4は肯定的フィードバックに当たる。フィードバックをする際には、何に対して、いつ、どのようなフィードバックをするのが効果的かを考えなければならない。誤用は、学習者が目標言語に関する新しい規則を構築し試行している表れであり、習得過程において必要なものである。1のように全ての誤用に対して否定的フィードバックを与えるのではなく、そのときの目標を考慮して、適切に与えることが重要。また2についても、意味が伝わるが発音が間違っているものについては、発表に対するフィードバックとして行わなくてもよい。またフィードバックは肯定的・否定的いずれの場合も具体的に伝えなければならない。3については、目標を達成したことを伝えることは必要であるが、達成する上でどの部分が良かったのかなど、具体的にフィードバックする方がよい。

問4　オンライン授業では、教室で行っているように表情や活動の様子などから理解度を測ることができないため、**形成的評価**が重要になってくる。形成的評価は、大きな到達目標に向かうステップとして捉えると、学習を支援するものとして有効なものとなる。四つの選択肢のうち2のみ、熟達度評価である日本語能力試験を用いているため、この授業の到達目標から見ると不適切。

問題9

| 問1:2 | 問2:1 | 問3:1 | 問4:2 | 問5:4 | 問6:2 |

問1　**精読**（インテンシブ・リーディング／Intensive Reading）は語句や文法などに注意を払い、細かく確認しながら逐語読みをしていく読み方で、ボトムアップ処理を行っていると言える。これに対し、全体の構成に注意を払ったり、背景知識を活性化して予測・推測したりしながら読むときの脳内での処理はトップダウン処理と言われている。**エクステンシブ・リーディング**（Extensive Reading）は多読と呼ばれる方法である。易しいもの・自分の好みに合ったものを、自分のペースで楽しくたくさん読む活動。なお、**コンプリヘンション・アプローチ**は、教授法の一つ。幼児の母語習得過程をモデルにした理解優先の教授法。

問2 映像を伴う素材は音声だけの素材と比べ、より多様な場面や状況が表現できる。映像によって、登場人物たちの年齢や性別、社会的役割や立場などの背景情報が伝えられるので、さまざまな人の異なる言葉の使い方の学習ができることもメリットであろう。一方、映像があることで、音声を聞かなくても内容が理解できてしまう可能性がある。この点はデメリットだと言える。ただし、映像だけ先に見せたり、音声だけを先に聞かせたりして、推測スキルを養う方法もある。2のパラ言語情報とは、話者が意図的に表出する情報ではあるが、文字では書き表しにくい情報。例えば、ひそひそ声のような発話の仕方や、語気のような発話意図となるものなどを指す。この問いでは、ビデオであることのデメリット、すなわち注意点を尋ねているため、1が正答。2、3、4はメリットであり、また4はビデオクリップに限った話ではない。

問3 技能の違いはあるが、展開1(読解)では質問作り、展開2(聴解)ではピアでの検討と、学習者自身が適切に理解できているか、分からなかった所はどこかを考えさせていた。よって、学習者自身の理解や学習を自己管理することを促しており、メタ認知ストラテジーの育成を意識していたと言える。**形式スキーマ**はテキストの構造を指す。例えば起承転結や3段構成(序論－本論－結論)などがこれに当たる。形式スキーマはトップダウン処理の際に活性化しやすい。受容技能の流ちょうさは、スムーズに読んだり聞いたりすることを指すが、展開1の精読では流ちょうさよりも正確さに重きが置かれている。

問4 **ピア・ラーニング**(協働学習)は学習者同士が互いに補い合い、情報を提供し合って学習を進めることで、一人で学習するときよりも多角的な視点とより多くの学習成果が得られるという考えに基づくものである。リーディングの中では、一つの文章を分割して読み、持ち寄って話し合って内容を共有・完成させる**ジグソー・リーディング**や、同じ文章をそれぞれ読み、理解した内容を確認し合っていくことで不十分だったところがあれば補い合う**プロセス・リーディング**といった活動がこれに当たる。ディクテーションは聞いた内容を書き取る一人で行う活動のことで、その書き取った内容が合っているかどうか、聞き逃したところは何だったかをペアやグループで話し合い、補完していく作業を**ディクトグロス**と呼ぶ。

問5 **プロジェクト・ワーク**は、学習者が個人またはグループである課題(project)を遂行しながら、日本語を中心としたさまざまな技能の習得を目指していく活動のことである。活動は学習者主体で行うものであり、現実の社会活動として実現できる形を取ることが多い。また、聴く、話す、読む、書く、考える、など、日本語を統合的に用いていく必要があるため、総合的なスキルアップが望めるというメリットがある。教師としては、適切なアドバイスや資料提供はする必要があるが、あくまでも学習者の主体性が尊重されるため、過度な支援は避ける方がよい。選択肢1～3は教師側が準備・お膳立てを行っているため、プロジェクト・ワークとしては4が望ましい。

問6 **著作権**は、知的財産権の一種。日本国内では、著作権の期限は作者・筆者の没後70年まで有効。著作権は著作物を作成した時点で自動的に発生し付与されるものである。当然ながら、学生が授業中に書いたものでも著作物として認められる。なお、他者が著作物を転載する場合は、著作権者に許諾を得る必要があるが、ルールにのっとって引用する場合は、許諾は不要である。

なお、引用は、単純に引用箇所が元の半分以下ならOKというようなものではない。引用元は当然のことながら明示した上で、引用に必然性があり、それに必要な量だけが使われていること、また、どちらが主でどちらが従かが分量的にも内容的にも、明確であることなどがポイントとなる。また、インターネットで公開されているからといって無断で用いることは許されていない。近年では**クリエイティブコモンズ**として、著作権者自らが公開の範囲を決められるようにする活動が行われている。

問題10

| 問1：4 問2：3 問3：1 問4：4 問5：2 |

　ビジターセッションとは、教育現場に目標言語の母語話者を招いたり、学習者の方が母語話者のコミュニティーを訪れたりすることにより、学習者が実際の場面で目標言語を使用する活動のことで、人的リソースの活用法の一つとして近年注目されている。会話や聴解能力の向上やモチベーション維持など学習者側のメリットだけでなく、異文化交流のきっかけになったり、異文化理解につながったりと母語話者側のメリットも報告されている。

問1　CEFRとは、2001年に欧州協議会が発表した**ヨーロッパ言語共通参照枠**のことで、背景には欧州の多言語・多文化の環境がある。多言語・多文化の環境とは、ある社会に幾つかの言語・文化が存在している状態のことで、この環境は、欧州の歴史の中で衝突や人種差別をもたらした。そのような歴史が繰り返されないために、一人一人が複数の言語を学び、複数の文化を身に付けることが大切であるという**複言語・複文化主義**が注目されるようになった。CEFRには、外国語教育のシラバスやカリキュラム、共通の言語能力指標が示されている。言語能力の共通参照レベルは、「基礎段階の言語使用者（Basic user）」、「自立した言語使用者（Independent user）」、「熟達した言語使用者（Proficient user）」と大きく3レベルが設けられ、さらに、具体的に何ができるか（Can-Do Statement）によって下位レベルが設定されている。選択肢4は、アメリカ外国語教育協会（The American Council on the Teaching of Foreign Languages）が開発した口頭能力評価基準（**ACTFL-OPI**）についての説明である。

問2　授業デザインに大切なことの一つとして授業構成がある。基本的には、**前作業（プレタスク）**、**本作業**、**後作業**という3段階で構成されている。前作業では、背景知識（スキーマ）の活性化、課題遂行の動機づけ、本作業に関連する言葉や知識のインプットなどを行う。これは、本作業の準備の段階として位置付けられている。また、後作業では、本作業の課題の確認、フィードバックや評価が行われたり、コースによってはポートフォリオ作成もここで行われたりする。選択肢1のブレーンストーミングは、本作業であるビジターセッションに向けたスキーマの活性化となるだけでなく、本作業で必要となる語彙のインプットや確認にもつながる。「防災」に関する知識は、学習者の出身国により差がある可能性もあるため、選択肢2にあるような「新聞記事」を用いて、語彙や知識のインプットを行いながら、本作業へのステップとする。選択肢4にあるように、学習者自身が暮らす地域発行のマニュアルなどを用いることは、授業で扱う「内容」（今回の場合は「防災」）を各学習者が身近な問題として捉えることにもつながるため、英語や学習者の母語で書かれているものであっても積極的に活用されるようになって

きた。ビジターセッションで学習者たちは、普段とは異なる調整されていない日本語を耳にすることもある。これは、実際の場面での自身の言語能力を知る良い機会でもある。事前に講義スクリプトを配布してしまっては、自身の聴解能力のチェックにもならない上に、本作業前にビジターの講義内容を知ってしまうことになり、ビジターを迎える意味が薄れてしまうので不適切である。

問3　学外からビジターとして講演者を招いた場合、講演の直後に質疑応答を行うと、自身の理解度や日本語力への不安から、活発な質疑応答にならないことも多い。このような場合に、ペアや小グループで学習者同士が行う**ピア活動**は有効である。ピア活動は、他者と競争関係になりがちな個人的学習とは異なり、気付き、相互調整能力、コミュニケーション能力、内容学習などに効果があるとも言われている。ただ、話がそれてしまうこともしばしばあるため、ピア活動の目的を明確にするためにもワークシートを利用するとよい。講義のような長い聞き取りは、読解の速読同様、必要な情報を取るスキャニング（選択肢４）や、大意を把握するスキミング（選択肢２）が効果的である。選択肢3にあるように、「分かったこと」を書き出させながら、あいまいな点やグループ内で聞き取り内容に差が出たところなどを「疑問点」として整理させることは、次のステップである質疑応答につながる有効な課題である。**ディクテーション**（選択肢１）とは、読み上げられたものを正確に書き取る課題のことで、リスニング学習に一定の効果があると言われているが、講義のようにある程度長さのある聞き取りには不向きである。

問4　この問題の実践例は、留学生の在住する市の防災担当者が留学生と直接接し、日本語でコミュニケーションしている。調整されていない日本語で防災に関する講義を理解し、質疑応答や意見交換も日本語で行う留学生の様子から、防災担当者は外国人の中には日本語での情報提供でも十分理解できる人がいることを知るだろう。よって、選択肢4が不適当であることが分かる。市の担当者は防災情報の発信者であり、留学生はその受信者である。市の担当者の講義後に行われる質疑応答では、この両者が直接やりとりする機会が設けられている（選択肢２）。このような発信者と受信者のやりとり（特に、２コマ目に行われる授業活動③、④）は、防災を皆で考えていくという防災協働社会の実現にもつながる（選択肢１）。この実践を通して、市の防災担当者が留学生を地域住民として認識することは明らかだろう（選択肢３）。

問5　ビジターセッションのような「教える／教えられる」関係がはっきりしていないような授業形態において教師には、支援者（**ファシリテーター**）としての役割が求められる。その役割は、できるだけ発言は控え見守ることが主となるが、活動が滞っている場合には声掛けをして学習者が発話しやすいよう援助する。また、後作業でのフィードバックのために記録をしっかり取っておくことが大切である。ピア活動による意見の対立は、他者の意見を知ることにより自身の考えの幅を広げるなど、必ずしも悪いことではないため、教師は未然に防ぐことはせず、必要に応じて介入する程度にとどめることも大切である。

問1　**反転授業**とは、事前に宿題として動画などで知識を学び、授業ではその知識の定着や応用力を付けるための学習を行うスタイルの授業で、**ブレンディッドラーニング**の一つ。事前学習は動画が用いられることが多いが、教師が作成したテキスト資料をデジタル配信するなど、必ずしも動画でなくてもよい。また動画を使う場合でも、自作のものに限らず、動画共有サービスなどにアップされていてニーズに合ったものがあれば、それを使うこともできる。また**NHK for School**など教育用に開発された動画コンテンツも有用である。

　事前学習は、授業中に行うこととの連携が最も重要である。そのため、「授業中に扱えない内容だから」という理由で未習事項を多く盛り込むのではなく、事前学習で学んだことを使って授業中の学習が行えるようにしなければならない。反転授業の原則は、事前学習の内容を授業内では説明しないことである。もし事前動画を見てきていない学習者がいた場合には、教室内で別の端末で見せ、見終わってから参加させるなどの方法が取られることが多い。

　反転授業には、全員が一定の知識を定着させることを目指す**完全習得型**と、知識を活用してより発展的な能力を身に付ける**高次能力学習型**がある。完全習得型では、教師は学習者に個別指導を行い、高次能力学習型では、事前学習の内容を基にディスカッションやグループワークなどの**アクティブラーニング**（学習者が主体的に問題を発見し解決する、能動的な学習）を行う。

問2　選択肢2～4は状態の変化を表す用法。基準時が現在のとき、「～てきた」は過去から現在までの変化、「～ていく」は現在から未来への変化を表す。1は到達の意味である。

問3　**ピア・ラーニング**とは、仲間（peerピア）と協力して学ぶ、**協働学習**の一つ。協働とは、人と人が協力して互いの力を出し合い、協力して創造的な活動を行うことである。協働の概念を持つ活動はほかにも**対話的問題提起学習**、**LTD**（Learning Through Discussion、話し合い学習法）、**バズ学習**などがある。

　ピア・ラーニングは、教室において仲間と協力すること、成果だけでなく過程も共有されることが特徴である。そしてそのことにより、相互作用の学びを起こす。例えばピア・ラーニングの一つである**ピア・リーディング**では、読解において、読んだ結果のみを共有するのではなく、協力して読み進めることで読む過程をも共有し、その対話を通して読みを深めていく。また**ピア・レスポンス**では、仲間と協働で作文を推敲する。

　ピア・ラーニングにおいて教師は安心・安全な場を作り、協働がうまく進むようファシリテートする必要があるが、必ずしも毎回同じグループで行ったり、教師が役割を割り当てたりする必要はない。

問4 **ルーブリック**とは、言語のパフォーマンスを評価するために用いられる評価方法。パフォーマンスを行う前に評価表を学習者に提示することで、教師と学習者がそのパフォーマンスの目標を共有できる。このことにより、学習者はそのパフォーマンスのために身に付けるべきことを明確に理解でき、教師は目標・教授内容・評価の一貫性を保つことができる。

　　この評価表における評価の観点は、そのコースや教室活動の目標と合致していることが重要である。選択肢1、2はこの授業の到達目標1に対応しており、3は到達目標2に対応している。一方4は、ピア・ラーニングを行う上では重要な観点であるが、提出された作文に対する評価項目としては不適切。

問題12

問1：1　問2：4　問3：2

　　著作権法第35条は、教育現場での著作物の利用について定めている。この条文の内容は、全ての教育関係者が熟知していなければならない。しかし、現実には、経験が長い日本語教員でも、ほとんど関心を持っていない人が少なくない。そのためか、日本語教育の現場では、法律違反が頻繁に、しかも平然と行われていると言わざるを得ない。産業としての日本語教育を発展させるためには、日本語教育に必要な著作物に対して正当な対価が支払われなければならないことを忘れてはならない。といっても、著作権法は、検定試験に出題するのが難しい事項でもある。その理由は二つある。一つは、法律の改正が頻繁に行われることで、特に近年は**ICT**が大きく進歩したため、それに合わせて毎年のように**著作権法の改正**が行われている。もう1点は、判例や解釈が一律に決められない事例が少なくないことである。**運用指針**にも「可能性が高い（低い）」という表現が用いられているのは、そのためである。

　　さらに教育が行われる場所が「学校」であるか否か、その「学校」が「**授業目的公衆送信補償金等管理協会**」(SARTRAS)に補償金を支払っているか否か、などの条件の違いによっても法的に許されるかどうかが変わる。従って、この問題は運用指針に基づいて作成したが、個々のケースによっては正解が異なる可能性もあり得ることを付記しておく。

問1 まず「学校」、「授業」、「教育を担任する者」(教員)、「授業を受ける者」(学生)などの用語について法律上の定義を知ること。定義は運用指針にも明記されているので読んでおいてほしい。

　　授業には、実習や演習、セミナーなどさまざまな名称がつけられるが、名称に関わらず教育機関で特定の履修者のために、一定のカリキュラム、シラバスに従って行われるものは、全て「授業」である。

　　一方、不特定多数の（その学校の）学生ではない者を対象に開催されるオープンキャンパスの模擬授業などは、授業ではない。また、教職員対象のセミナーも授業ではない。クラブ、サークル活動などは、初等・中等教育においては「授業」として扱われるが、高等教育においては、授業ではないことに注意。

問2 「授業の過程」には、教員による授業の準備から、学生の予習・宿題・復習（半ば義務として課されるもの）および、授業の終了後に教員と学生が自分のため（だけ）の記録として保存するまでが含まれる。一方、授業では取り扱わず、授業の後の発展的な（学生の自主的な）学習のために資料を複製して渡すような場合は、法に抵触する可能性が高い。

問3 教科書や問題集のように一人一人が所有して使うことを前提に作成されている著作物をコピーして使うことは、「著作権者の利益を不当に害することとなる」可能性が極めて高い。また、このとき、1ページだけなら問題ない、という解釈はできない。直接コピーするのではなく、教員が自分でタイプしなおして問題に使うことも違法であると考えられる。

　これに対して、新聞記事やテレビ番組（ニュース）は、日本語の学習に使うことを前提としていないので、授業で使うための複製が35条で許可されていると考えられている。また、新聞社やテレビ局もそのように理解している。

5. 言語

「言語」には、日本語教師にとって身に付けておくべき知識である文法や語彙、音声などが含まれており、検定試験でも出題数が最も多い区分です。日本語を外国語として捉え、分析する力を付けることが攻略のカギとなります。

キーワード問題

演習問題

笹栗淳子
長崎純心大学人文学部
文化コミュニケーション学科教授
問題1、3〜9、11、13〜15

伊藤健人
関東学院大学国際文化学部教授
問題2、10、12

言語

キーワード問題

問題1

人間は唇や舌などの音声器官を使い、呼気の流れを妨害して発音する。これを ① という。閉鎖や狭めなどによって気流を妨害している場所を ② 、摩擦や破裂など気流を妨害している方法を ③ という。子音は、気流を妨害する場所 ② 、妨害する方法 ③ と声帯振動の有無によって決まる。

問題2

① とは意味を担うことができる最小単位のことを言う。例えば「雨」は{ame}、「音」は{oto}のように{ }で表す。しかし、「雨音」{amaoto}のように、「雨」が{ama}と、元の形{ame}とは変化した形で表れているものもある。この{ama}のように変化した形のことを ② という。また、「箱(はこ)」のようにそれ自身で完全な語として現れるものは ③ 、「大き－さ」の「さ」のようにそれ自身では語とならず、他の ① に結び付けられなければならないものは ④ と分類される。

問題3

① とは、日本語の発音上の基本的な単位であり、仮名1文字または「じゃ」「きゃ」などの拗音を1 ① とする。中でも、「ケーキ」の「ー」や「英語(えいご)」の「い」といった引く音(または長音の後半部分)や、撥音「ん」と促音「っ」は ② と呼ばれ、単独で現れることがないが、1 ① として数えられるので指導上の注意が必要である。

問題4

① とは、言語研究のために大量の言語データを電子化し集積したものをいう。現代日本語書き言葉均衡 ① (BCCWJ)は、日本語の代表的な ① である。また、学習者の発話や作文などの、音声データや文字データを集積した ② が構築されている。 ② は今後学習者の誤用の傾向を分析し授業に役立てるなど日本語教育への貢献が期待されている。

問題5

日本語の指示詞は、「これ・それ・あれ」「この・その・あの」のように、「こー」(「こ」系列)、「そー」(「そ」系列)、「あー」(「あ」系列)で始まっている。話し手と聞き手が相対する場面で指示するものがその場にあり、話し手から近いかどうかという点で「こそあ」を使い分ける ① と、話題の中の要素を示す ② 、という二つの用法がある。

問題6

単語はその由来により ① ・ ② ・ ③ ・ ④ の四つに分類できる。 ① は「やまとことば」とも言われる固有の日本語で、 ② は中国語として入ってきたもの、 ③ は外国語から借用した語のうちで ② 以外のもので、最近では片仮名語と呼ばれることもある。 ④ はこれらが交ざってできたものである。

問題7

Ⅰグループの動詞に見られるテ形などの音便には、「歌う→歌って」のような ① (辞書形の語尾が「〜う、つ、る」)、「読む→読んで」のような ② (辞書形の語尾が「〜む、ぶ、ぬ」)、「書く→書いて」のような ③ (辞書形の語尾が「〜く、ぐ」)がある。

問題8

副詞には、「ゆっくり歩く」、「はっきり話す」のように動詞の動作の様子・状態などが"どうであるか"を意味的に限定する ① (情態副詞)、「とてもおいしい」、「かなり疲れた」のように動詞や形容詞の動作や状態の程度が"どれぐらい"であるかを表す ② 、「たぶん来るだろう」、「もし来るなら」のように文末の述語と呼応する ③ (呼応副詞)がある。

問題9

① は、判断や推測など話し手の心的態度を表す形式のことで、「ムード」ともいう。推測の「ようだ」などの助動詞の形式を取るものや、文の最後の「ね」「よ」などの ② の形式を取るものなどがある。また、「雨が降っているようですね」の「ようです」「ね」のように、 ① はテンスやアスペクトの形式より後に来る。

問題10

実質的な意味を持たず、文を組み立てる機能を主とする名詞類を ① という。「留学したことがある。」や「私が生まれたのは10月です。」のように、 ② をつくる「こと・の」や、「新しいパソコンを買うために貯金しています。」「今説明したとおりに入力してください。」などといった ③ を作る「ため(に)・とおり(に)」などがある。また、「彼は9時には来るはずだ」など、助動詞「だ・である」と結合した「はずだ・のだ・わけである」などといった表現がある。

問題11　形容詞には二つの分類がある。名詞を修飾する形と活用のパターンの違いによって、　①　と　②　という分類と、「きれい」「大きい」のようにその物の特徴を説明する　③　や「うれしい」「寂しい」といった感情を表す　④　のような意味による分類である。

問題12　国語教育と日本語教育では文法用語が異なるものがある。例えば、形容動詞のことを日本語教育では　①　と言う。また、学習者に活用の方法を分かりやすく提示するために、五段活用動詞と呼ばず　②　の動詞、u-verbなどと呼んでいる。用語の違いによって学習者が混乱しないように注意が必要である。

問題13　語と語の意味の類似性などに基づいた次のような分類がある。例えば、「飲み物－ジュース、コーヒー、ビール」のように「飲み物」が「ジュース」などを包括する　①　（または上位・下位関係）や「表・裏」「暑い・寒い」のように反対の意味を持つ反義関係などがある。反義語（対義語）は、「表・裏」のように「AでなければB」といった　②　、「暑くもなく、寒くもない」といった「暑い」と「寒い」の中間段階がある連続的対義語など、関係性によってさらに分類される。

問題14　日本語の時制は、「－る」で未来と現在を表し、「－た」で過去の出来事を表す。日本語はこのように発話時を基準として、　①　か　②　かという2種類の時制があり、この時制を表す文法形式を　③　という。　③　を表す文法形式は「－る」か「－た」のいずれかになるが、動作の状態や様相、動作がどの時点にあるかを表す　④　は、「ている」「てある」「てしまう」「てくる」などさまざまな形式がある。

問題15　　①　とは、ある事柄を何かに置き換えて表現することであり、「漱石を研究する」のように「夏目漱石の文学」を「漱石」、「白バイに捕まった」のように「警察官」を「白バイ」と置き換えることで、指し示すものを分かりやすくさせる効果がある。似た表現で　②　があるが、その言葉に上位と下位の関係がある点が　①　とは異なっている。例えば、「緑が豊かだ」は、上位の「緑」で下位の「緑の植物」を指し、「人はパンのみにて生きるにあらず」のように、下位の「パン」で上位の「食べ物」のことを指している。

問題16　格とは、名詞(または代名詞)が文の中でどのような関係にあるのか(例えば主語、目的語、所属関係など)を示す文法形式のことである。日本語では ① が主にその役割を持っている。例えば、「太郎がカレーを食べる。」という文の場合、 ① の「が」によって「太郎」が述語動詞「食べる」の動作主であり、「を」によって「食べる」対象が「カレー」であることが示されている。

問題17　20世紀前半に、「近代言語学の父」と称されるスイスの学者 ① の貢献により、言語学の焦点は言語の変化から言語の記述へと移行した。 ① は、ある言語の話者には文構造や語彙・文法体系などその言語話者に共通の知識(②)があり、その場その場の一回きりの発話である ③ が生み出されていると提唱した。

問題18　文字には、1字1字が意味を表す ① と、その言語の音を表す ② がある。漢字は ① の代表的なものであり、アルファベット、平仮名、片仮名、ハングルなどは ② に当たる。漢字の読み方には日本語本来の読み方である ③ と、中国語の発音に由来する読み方である ④ がある。 ④ は中国から伝わった時代によって異なり、一つの漢字に複数の読み方があることは、学習者の漢字学習を難しくする一因である。例えば、「行」を「コウ(例:行動)」と読むのが、 ⑤ 、「ギョウ(例:行列)」と読むのが ⑥ 、「アン(例:行脚)と読むのが ⑦ である。

問題19　動詞のうち「食べる」「走る」「読む」のようなものを ① 、「開く」「立つ」「結婚する」のようなものを ② と呼ぶ。 ① は「〜ている」を付けるとその動作の継続を表し、 ② は動作の結果(動作をした後の状態)が続いていることを表す。また、「ある」「いる」などは ③ と呼ばれ、一部地域の方言を除き、「〜ている」を付けることができない。

問題20　文のレベルを超える複数の文や発話、ひとまとまりの単位を ① と言い、 ① を分析する言語学の分野を ② と呼ぶ。 ② では、文がどんな文脈で発話されたのかというような情報も含めて、どのようにコミュニケーションが行われているかを研究する。

言語

問題

129

問題21　「今日」は発話した日付によって「1月1日」であったり、「10月24日」であったりする。「私」は、それを言った人が誰かによって指す人が異なる。このように、いつ、どんな場面でその言葉を発したかという発話の文脈によって、その言葉が指し示す内容が異なるような表現のことを　①　という。

問題22　語の意味の中心となる部分を　①　と呼び、動詞や形容詞のように活用のある語では「食べる」の「食べ」、「大きい」の「大き」などの語幹が　①　に当たる。　①　に付いて語を形成する部分を接辞と呼び、「ご家族」の「ご」のように語頭に付くものを　②　、「重さ」の「さ」のように語尾に付くものを　③　と呼ぶ。
　二つ以上の要素で作られている語を　④　と呼び、そのうちある語に接辞などが付いてできたものを　⑤　という。「楽しい」からできた「楽しさ」や「春」からできた「春めく」などがこれに当たる。　④　にはさらに単独で使用できる自立語の組み合わせである　⑥　があり、学習者の語彙を増やすためにはどのように言葉が作られているかという　⑦　について考えることは有効である。例えば「雨降り」では主語・述語関係、「好き嫌い」では並列関係が見られる。

問題23　日本語学習の難しさとしてよく挙げられるものに敬語がある。「お話しになる」「召し上がる」「先生のおかばん」のように、相手側や第三者の動作、所有物を高めて表現する　①　に対し、自分自身の動作や物事を低める表現を謙譲語と呼ぶ。謙譲語は、相手側や第三者に対して「先生のかばんをお持ちする」のように自分自身の動作や物事を低めて言う　②　と、「李と申します」「上海から参りました」のように聞き手（読み手）に対して丁寧に話していることを表現する　③　に分けられる。さらに文末の「～です／ます」「ございます」のような表現を　④　と言い、物事を美化して表現するために「お」「ご」などを付けたり、別の言葉で言い換えたりする　⑤　がある。

問題 1　　　　　　　　　　　　　　　　　　　　　　　　　　　　難易度 ★☆☆

次の (1) ～ (10) について、【　】内に示した観点から見て、他と性質の異なるものを、それぞれ
1～5の中から一つずつ選べ。

（1）【拍数】
　　　1　ピッチャー　　2　プレーヤー　　3　ラケット　　4　サッカー　　5　キャッチャー

（2）【音節数】
　　　1　あか　　2　はんしん　　3　キャッチ　　4　クリーン　　5　はんたい

（3）【母音の無声化】
　　　1　きし　　2　くし　　3　ひよう　　4　ひきょう　　5　つき

（4）【調音点】
　　　1　[ç]　　2　[h]　　3　[ɕ]　　4　[ɲ]　　5　[j]

（5）【舌の前後位置】
　　　1　[i]　　2　[u]　　3　[o]　　4　[ɔ]　　5　[ɯ]

（6）【日本語・音素】
　　　1　[e] : [o]　　2　[s] : [z]　　3　[ɾ] : [l]　　4　[n] : [m]　　5　[a] : [i]

（7）【日本語の異音】
　　　1　[z] : [dz]　　2　[h] : [ç]　　3　[s] : [ɕ]　　4　[n] : [ɲ]　　5　[j] : [k]

（8）【東京方言・用言アクセント】
　　　1　白い　　2　短い　　3　集まる　　4　食べる　　5　通る

（9）【仮名表記】
　　　1　氷　　2　通り　　3　多い　　4　弟　　5　遠い

（10）【接辞と意味】
　　　1　～がた　　2　～たち　　3　～ども　　4　～なんか　　5　～ら

言語

問題

次の（1）～（10）について、【　】内に示した観点から見て、他と性質の異なるものを、それぞれ
1～5の中から一つずつ選べ。

（1）　【形容詞の意味的な性質】
　　　1　嫌だ　　　2　うれしい　　　3　安心だ　　　4　懐かしい　　　5　真面目だ

（2）　【自動詞と他動詞】
　　　1　ケアする　　　　　2　クリアする　　　　　3　チェックする
　　　4　サポートする　　　5　チャレンジする

（3）　【オノマトペの解釈】
　　　1　どきどき　　　2　べたべた　　　3　きらきら　　　4　ふわふわ　　　5　ゆらゆら

（4）　【「が」の用法】
　　　1　冷たい水が飲みたい。　　　　　　2　みんなの願いがかなう。
　　　3　新しいカメラが欲しい。　　　　　4　車窓から富士山が見える。
　　　5　赤ちゃんの泣き声が聞こえる。

（5）　【「に」の用法】
　　　1　妹にあげる。　　　2　友達に渡す。　　　3　先生に教わる。
　　　4　病院に寄付する。　　　5　クロークに預ける。

（6）　【接続助詞】
　　　1　ながら　　　2　が　　　3　さえ　　　4　から　　　5　ので

（7）　【「タ形」のテンス】
　　　1　子どものときに書いた作文が実家のたんすから出てきた。
　　　2　このクイズは先に3問間違えた時点で失格となります。
　　　3　何年かぶりに訪れた母校は、雰囲気がだいぶ変わっていた。
　　　4　授業で先生が紹介した本、探したけど、図書館になかったよ。
　　　5　伊藤さん、大丈夫かな。昨日会ったとき、あまり元気がなかったので…。

（8）　【テ形の用法】
　　　1　喉が痛くて、声が出ない。
　　　2　説明が速過ぎて、ついていけない。
　　　3　段差でつまずいて、転んでしまった。
　　　4　重い荷物を持って、何時間も歩き続けた。
　　　5　何度も練習して、やっと弾けるようになった。

（9）【比喩的な意味の拡張】
　　1　緊張も解けて徐々に表情が<u>明る</u>くなった。
　　2　先輩に考えが<u>甘い</u>と叱られるかもしれない。
　　3　一人で<u>暗い</u>夜道を歩くときは気を付けよう。
　　4　<u>温かい</u>お言葉をいただきありがとうございます。
　　5　父も年を取るにつれてだいぶ性格が<u>円く</u>なってきた。

（10）【対事的モダリティと対人的モダリティ】
　　1　今日も暑くなり<u>そうだ</u>なあ。
　　2　こっちの色の方がリンさんには似合う<u>と思う</u>。
　　3　宿題が終わったのなら、ゲームをして<u>もいい</u>。
　　4　あれ、もしかしたら全問正解している<u>かもしれない</u>。
　　5　まだ迷っているけど、月曜までに結論を出さ<u>なければならない</u>。

問題 3　　　　　　　　　　　　　　　　　　　　難易度 ★☆☆

次の（1）〜（10）について、【　】内に示した観点から見て、<u>他と性質の異なるもの</u>を、それぞれ
1〜5の中から一つずつ選べ。

（1）【四つ仮名】
　　1　縮れる　　2　著しい　　3　常々　　4　続く　　5　綴り

（2）【ローマ字の表記】
　　1　tyaba（茶葉）　　　2　sigoto（仕事）　　　3　zikan（時間）
　　4　chika（地下）　　　5　tuyu（梅雨）

（3）【漢字の種類・国字】
　　1　屹　　2　峰　　3　峡　　4　岐　　5　峠

（4）【ヲ格】
　　1　本<u>を</u>読んだ　　　　2　歩道<u>を</u>歩いた　　　3　車<u>を</u>止めた
　　4　失敗<u>を</u>悲しんだ　　5　会議<u>を</u>始めた

（5）【敬語の分類】
　　1　<u>お</u>手紙をいただいてうれしかった。
　　2　<u>お</u>花を買って帰ろうと思います。
　　3　最近<u>お</u>野菜が不足している。
　　4　明日は<u>お</u>天気になるそうです。
　　5　<u>お</u>風呂につかるのは久しぶりだ。

（6）　【副詞の種類】
  1　ほとんど全員がそろっている。
  2　けっこう料理がおいしい。
  3　さっさと部屋を片付ける。
  4　いまに雨が降るだろう。
  5　昨夜はぐっすり眠れた。

（7）　【名詞修飾節の種類】
  1　友達からもらったリンゴ
  2　たくさんの人がいた気配
  3　チョコレートを贈った友達
  4　結婚式を挙げたホール
  5　実習に出発した日

（8）　【「ている」の用法】
  1　もうその本は３カ月前に読んでいる。
  2　子どもが帰ってこないので今もう先に食べている。
  3　子どもは帰ってきてからずっとゲームをしている。
  4　今日は部屋で一日中好きな音楽を聞いている。
  5　有名な演奏家が目の前を歩いている。

（9）　【ムードの種類】
  1　明日は大雨が降るらしい。
  2　もっと早く家を出るべきだ。
  3　もうそんな幸運は起こるまい。
  4　隣の部屋に誰かいるようだ。
  5　昨日東京に着いているはずだ。

（10）【「～の」の構文】
  1　飛行機が飛んでいるのが見えたでしょう？
  2　昨日行ったのはあなただったの？
  3　子どもが車に乗るのをじゃましていた。
  4　休みになるのが待ち遠しいよね。
  5　友達が呼んでいるのは聞こえなかったの？

次の（1）〜（10）における【　】内の下線部は学習者による誤用を示す。これと異なる種類の誤用を、それぞれ1〜4の中から一つずつ選べ。必要に応じて（　）内に学習者の意図を示す。

（1）　発音する際に【おはようごじゃいます】（おはようございますの意）
　　　1　しあつ（始発の意）　　　2　じょーか（増加の意）
　　　3　じゅかん（図鑑の意）　　4　くちゅした（「靴下」の意）

（2）　【せんねん】（1000円の意）
　　　1　こんにゃく（婚約の意）　2　しんにゃ（深夜の意）
　　　3　さんぽん（三本の意）　　4　れない（恋愛の意）

（3）　発音する際に【ワタスィ】（私の意）
　　　1　ヘンチィン（返信の意）　2　ツィカイ（近いの意）
　　　3　ズィカン（時間の意）　　4　ハナヅィ（鼻血の意）

（4）　【冷蔵庫にビールが入ってある】
　　　1　窓があいてある。　　　　2　ドアが閉まってある。
　　　3　電気がついてある。　　　4　食べ物が買いてある。

（5）　【お皿をお下げになってもよろしいですか？】（レストランでお客さんに向かって）
　　　1　お見になりますか？　　　　　　2　資料をお持ちになりましょうか？
　　　3　明日なら兄がいらっしゃいます。　4　私の父が喜んで召し上がりました。

（6）　【毎日夜遅くまでに勉強している。】
　　　1　高校生になるまでに東京に住んでいました。
　　　2　今日は私が最後までに残るつもりです。
　　　3　昨日は天気までに良ければ言うことはなかった。
　　　4　映画が始まるまでにずっと本を読んでいた。

（7）　【チームに対してこの選手はなくてはならない存在です。】
　　　1　私に対して日本語は難しいです。
　　　2　スポーツ選手に対して栄養管理は重要です。
　　　3　あなたに対して何が一番大切なものですか。
　　　4　この作家に対して調べてみてはどうだろう。

（8）【A：もうご飯食べましたか？　B：いいえ、まだ食べません。】
1　あそこにいる人を知りますか？
2　いつから英語を勉強しましたか。
3　3年前からずっと散歩します。
4　テーブルから落ちてスマホが壊しました。

（9）【私は帰り着くと、友達は訪ねてきた。】
1　私は留学していたとき、弟はもう働いていました。
2　私は医者になったら、両親はとても喜んでくれた。
3　友達は学校に来るやいなや、私は転んでしまった。
4　私は先に帰ったけれども、先生は最後まで残るつもりです。

（10）【本を読んでいるの人】
1　話をしたの人　　2　肌がきれいの人
3　明日会うの人　　4　昨日買ったの本

問題 5

難易度 ★☆☆

次の文章を読み、後の問い（問1～5）に答えよ。

　個別言語で実際に現れるさまざまな音声について、A「意味の区別」という機能で分析したものを音韻といい、その最小単位は音素と呼ばれる。分析によって多少の違いはあり得るが、日本語の音素の数は　（ア）　とされる。一方で、具体的音声の全てがその言語の中で「意味の区別」という役割を持つわけではない。例えば、サ行のイ段であるシの子音には[ɕ]が現れるが、これはB後続する[i]への同化現象で、それ以外のサスセソの子音には[s]が現れ、[s]と[ɕ]はC条件異音として分類される。　（イ）　なども同じように条件異音としての特徴を表す。

問1　文章中の下線部A「『意味の区別』という機能で分析」に関する分析方法として最も適当なものを、次の1～4の中から一つ選べ。
1　ミニマルペアによる分析　　2　リズムユニットによる分析
3　フォーカスによる分析　　　4　フィラーによる分析

問2　文章中の　（ア）　に入れるのに最も適当な数値を、次の1～4の中から一つ選べ。
1　43　　　2　73　　　3　13　　　4　23

問3　文章中の下線部B「後続する[i]への同化現象」に関する記述として最も適当なものを、次の1～4の中から一つ選べ。
1　有声に関する同化である。　　2　無声に関する同化である。
3　調音法に関する同化である。　4　調音点に関する同化である。

問4 文章中の下線部C「条件異音」に関する特徴として最も適当なものを、次の1〜4の中から一つ選べ。

1 対立している。　　2 相補分布している。
3 自由分布している。　4 弁別している。

問5 文章中の ［ （イ） ］ に入れるのに最も適当な例を、次の1〜4の中から一つ選べ。

1 「か」の子音と「ぐ」の子音　　2 「ひ」の子音と「へ」の子音
3 「へ」の子音と「ぺ」の子音　　4 「ぶ」の子音と「ぷ」の子音

問題 6

難易度 ★★☆

次の文章を読み、後の問い（問1〜4）に答えよ。

　現代言語学の領域で人間の言語の特徴を考える場合、A恣意性は必ず紹介される概念である。この考えに基づくと「ドンドン」「トントン」のような擬音語は結び付くのが音であるため、恣意性が低い例外的なものとされている。さらに近年B音そのものに意味があって音と意味との間に「普遍的な結び付き」があることに焦点が当てられている。例えば「ドンドン」の方が「トントン」よりも大きい音と結び付いた印象を得られる、つまり清音よりも濁音の方が意味「大きい」と結び付くというのである。このような音と意味との関係性がさまざまな形で明らかにされている。

　擬音語に加えて擬態語を合わせたものをオノマトペと呼ぶ。日本語はオノマトペが好んで用いられる言語だと言われており、実際にCその形式や用法は多様なパターンを持っている。また擬態語には「音と意味との普遍的な結び付き」で説明できる例は少ないにもかかわらず、D生産性が高いことが特徴として挙げられる。日本語母語話者は経験を通してオノマトペを習得しており、新しい表現が共通した感覚と結び付く背景を持っていると考えられる。

問1 文章中の下線部A「恣意性」に関する記述として最も適当なものを、次の1〜4の中から一つ選べ。

1 言語表現とそれが意味することの間には必然的な結び付きはないとする考え方
2 ニャーニャーと鳴く動物を [neko] と呼ばなければならないとする考え方
3 音自体には意味があるとする考え方
4 言語記号とそれが指示する内容とのつながりは普遍的であるという考え方

問2 文章中の下線部Bを表す用語として最も適当なものを、次の1〜4の中から一つ選べ。

1 音韻　　2 音響　　3 音象徴　　4 音波

問3　文章中の下線部Cに関する記述として<u>不適当なもの</u>を、次の1〜4の中から一つ選べ。

1　重ねた形を取る。

2　促音で終わる形を取る。

3　副詞としての役割が中心である。

4　名詞としての役割が中心である。

問4　文章中の下線部D「生産性が高いこと」に関する記述として<u>不適当なもの</u>を、次の1〜4の中から一つ選べ。

1　典型的なオノマトペが異なる意味で用いられてもすぐに理解できる。

2　形式的なパターンに合わせて新しいオノマトペを作り出すことができる。

3　初めて聞いたオノマトペでも共通したイメージを持つことができる。

4　触感や食感などいろいろな感覚に関することもオノマトペで表すことができる。

問題 7　　　　　　　　　　　　　　　　　　　　　　　　　難易度 ★★☆

次の文章を読み、後の問い（問1〜4）に答えよ。

　文法積み上げ式の日本語クラスでは、まず単文から教えるのが一般的である。単文とは述語が一つで構成されるもので「私は学生です」「昨日、学校へ行きました」のような文を指す。そこから動詞の活用とその用法などを経て、複文が導入されることになる。日本語の複文は、文末の述語を中心とした主節と、　(ア)　が後続する述語を中心とした従属節で構成される。日本語クラスの初級レベルで紹介される従属節には、　(イ)　が文に接続して全体を名詞句に構成する名詞節やA名詞を修飾する連体修飾節、B述語や文全体を修飾する副詞節などがある。例えば「このボタンを押すと、お茶が出ます。」という複文では、「お茶が出ます」が主節で「このボタンを押すと、」が従属節（副詞節）となる。この文型の基本的な意味は、「〜と」に接続する述語Aが表すことが起こると自動的に主節の述語Bが表すことも起こるということで、述語Aの形式は　(ウ)　でなければならない。このように複文では文型によって従属節内の述語の形式が決まっていることや、それが意味と関係するということを教える必要がある。さらに中級以降になってくるとC副詞節はそれぞれ述語の形式以外にも制約があることに注意する必要がある。

問1　文章中の　(ア)　、(イ)　、(ウ)　に入れるのに最も適当な組み合わせを、次の1〜4の中から一つ選べ。

	（ア）	（イ）	（ウ）
1	接続助詞	形式名詞	辞書形
2	接続詞	形式名詞	連体形
3	接続助詞	相対名詞	辞書形
4	接続詞	相対名詞	連用形

問2 文章中の下線部A「名詞を修飾する連体修飾節」に関する例として最も適当なものを、次の1
〜4の中から一つ選べ。

 1 初級レベルでは「外の関係」の連体節が扱われる。

 2 初級レベルでは「内の関係」の連体節が扱われる。

 3 初級レベルでは内容節だけが扱われる。

 4 初級レベルでは相対名詞節だけが扱われる。

問3 文章中の下線部B「述語や文全体を修飾する副詞節」に関する記述として最も適当なものを、
次の1〜4の中から一つ選べ。

 1 「タラ」が導く副詞節は、事実とは異なる仮定の条件だけを表す。

 2 「バカリニ」が導く副詞節は、主節が表す望ましい出来事の原因だけを示す。

 3 逆接の「ケレド」副詞節に主節と別の主題の「は」は入らない。

 4 付帯状況の「ナガラ」副詞節に主節と別の主題の「は」は入らない。

問4 文章中の下線部Cに関する例として不適当なものを、次の1〜4の中から一つ選べ。

 1 「〜ば、」の主節に依頼文は現れない。

 2 「〜と、」の主節に命令文は現れない。

 3 「〜ても、」節は繰り返して使うことができない。

 4 「〜たら、」節は繰り返して使うことができない。

問題8   難易度 ★★☆

次の文章を読み、後の問い（問1〜5）に答えよ。

　語の基本的な意味を考えるとき、二つ以上の単語を比較・対照することで単語間の類似性・相似性
を明らかにすることができる。初級レベルの授業で「高い／低い」のような形容詞のそれぞれの意味
をはっきりと導入するためには反義関係を明示する必要がある。また「果物／メロン」「動物／パンダ」
のような語の間にはA上下関係があり、Bこれを用いた名詞表現の意味関係を説明することができる。
　中級以降のレベルでは、新たに学ぶべき語の意味について初級レベルの日本語で言い換えること
が可能となる。意味が近い「茶わん・湯飲み」などの語について (ア) 分析に基づいた違いを示す
ことで使い分けの解説ができる。またC語の形式と意味との対応は必ずしも一対一の関係でない
ところに注意を払うことが必要である。さらに上級レベルになるとD比喩表現などさまざまな表現
とその用法について幅広く理解を深めていかなければならない。

問1　文章中の下線部A「上下関係」に関する記述として不適当なものを、次の1～4の中から一つ選べ。

1　同様の関係性を示す別名として「包摂関係」とも言われる。
2　下位語を肯定することによって上位語が必然的に否定される。
3　下位語を述べることは上位語を含意することになる。
4　同一の上位語の下にある複数の語は互いに相いれない。

問2　文章中の下線部B「これを用いた名詞表現」に当たる構造として最も適当なものを、次の1～4の中から一つ選べ。

1　「名詞1＋という＋名詞2」　　2　「名詞1＋との＋名詞2」
3　「名詞1＋のための＋名詞2」　　4　「名詞1＋のような＋名詞2」

問3　文章中の ［（ア）］ に入れる言葉として最も適当なものを、次の1～4の中から一つ選べ。

1　スキーマ　　　2　構成要素　　　3　成分　　　4　カテゴリー

問4　文章中の下線部Cに関する記述として不適当なものを、次の1～4の中から一つ選べ。

1　同じ仮名表記の語が異なる漢字表記を持つ場合も多く見られる。
2　語の多くは基本的な意味と派生的な意味を持っている。
3　辞書の中で多義語はそれぞれ別の見出し項目として扱われる。
4　同音異字の語には意味が同じ同音同義のものもある。

問5　文章中の下線部D「比喩表現」に関する記述として最も適当なものを、次の1～4の中から一つ選べ。

1　比喩表現は日常生活でも意識的に用いられる表現である。
2　「～のような」などの明示的な形式がある場合は比喩表現ではない。
3　換喩（メトニミー）は文学的な作品でのみ用いられる。
4　「あなたは私の太陽だ。」のような表現を隠喩（メタファー）という。

問題9   難易度 ★★★

次の文章を読み、後の問い（問1～4）に答えよ。

　動詞の活用について、日本語のテキストでは「書く」「食べる」のような活用上の終止形は、それが辞書に掲載される形式であることから辞書形とされる。一方で「書いた」「食べた」は単文の文末に現れ基本的な用法として過去の出来事を表すが、この形式はその他にも用法を持つこともあり過去形とは呼ばずタ形として紹介される。

　まずタ形は「昨日」のような過去の時を表す副詞と共起して過去の出来事を表す。これに対して辞書形は「明日」のような未来の時を表す副詞と共起して未来の出来事を表す。日本語文法研究の領域ではタ形と対応させて辞書形をル形と呼び、二つの形式は過去か非過去かという ［（ア）］ を表す用

法として分類される。

　一方でタ形には、過去の出来事ではなく目の前の状態を表す場合がある。「こんなところに（探していた）本があった。」では話し手が「本を見つけた」という気持ちをタ形が表している。この用法は「発見」の　(イ)　とされる。また「次の試合は明日でしたか。」は名詞述語文であるが「でした」というタ形が「明日」という未来の時を表す副詞と共起して「確認」の　(イ)　としての役割を持つ例もある。

　もう一つの用法はタ形が「もう」や「すでに」のような完了の意味を持つ副詞と共起する場合である。「もう朝ご飯を食べましたか。」では、Aすでに出来事が実現していることを表す「完了」の意味を表す。これは　(ウ)　表現の中の一つである。タ形が出来事の「完了」の意味を担うという特徴は、B文末の助動詞に接続するときの文法性（制約）を考えるときに有効となる。またC時を表す副詞節を作る接続表現によって現れる動詞の形式が決まっていることにも関係している。

問1　文章中の　(ア)　と　(イ)　と　(ウ)　に入れるのに最も適当な組み合わせを、次の1〜4の中から一つ選べ。
　　1　アスペクト―テンス―モダリティ　　　　2　テンス―アスペクト―モダリティ
　　3　テンス―モダリティ―アスペクト　　　　4　アスペクト―モダリティ―テンス

問2　文章中の下線部Aに関する記述として最も適当なものを、次の1〜4の中から一つ選べ。
　　1　「完了」のタ形は発話時とほぼ同時の出来事を表すことはできない。
　　2　「完了」のタ形はまだ終わっていない出来事を表すことができる。
　　3　「完了」のタ形は過去の特定の時点を表すことができる。
　　4　「完了」のタ形は発話時の直前の出来事をはっきりと表すことができる。

問3　文章中の下線部Bに関する例として最も適当なものを、次の1〜4の中から一つ選べ。
　　1　「完了」のタ形は証拠のある推定「らしい」に接続することはできない。
　　2　「完了」のタ形は当為の「べきだ」に接続することはできない。
　　3　「完了」のタ形は説明の「わけだ」に接続することはできない。
　　4　「完了」のタ形は可能性を表す「かもしれない」に接続することはできない。

問4　文章中の下線部Cに関する記述として最も適当なものを、次の1〜4の中から一つ選べ。
　　1　「〜ときに」が接続する場合、動詞の形式はル形でなければならない。
　　2　「〜後で」が接続する場合、動詞の形式はル形でなければならない。
　　3　「〜前に」が接続する場合、動詞の形式はル形でなければならない。
　　4　「〜途端」が接続する場合、動詞の形式はル形でなければならない。

言語

問題

問題10　　　　　　　　　　　　　　　　　　　　　　　　　　　　　　　　難易度 ★★★

次の文章を読み、後の問い（問1〜5）に答えよ。

　ヴォイスとは、受け身、使役、使役受け身、可能などを包括する文法カテゴリーであり、意味的には、述語によって表される事態を異なる視点・立場から表現するという特徴を持つ。また、形態的・構造的には、A述語に助動詞が付くなどの形態的な変化があること、格標示が変わることなどの特徴がある。受け身文、使役文、可能文の日本語の特徴について見てみると、受け身文（受動態）は、能動文（能動態）の目的語が受け身文の主語になるか否かで、B直接受け身と間接受け身とに大きく分けられるが、日本語では、C能動文の述語が自動詞でも受け身文になることが特徴的である。また、使役文では、意味的な面で、D強制、許可（容認）、誘発（原因）などの違いがある点が特徴的であり、可能文では、意味的な面で、能力可能とE状況可能に分けられる点が特徴的であると言える。

問1　文章中の下線部A「述語に助動詞が付くなどの形態的な変化がある」に関して、「使役受け身」の例として最も適当なものを、次の1〜4の中から一つ選べ。
　　1　問題を解かされた。
　　2　秘密を明かされた。
　　3　宿題を出された。
　　4　夢を託された。

問2　文章中の下線部B「直接受け身と間接受け身」に関して、「直接受け身」の例として最も適当なものを、次の1〜4の中から一つ選べ。
　　1　先生にみんなの前で作文を読まれて緊張した。
　　2　買ったばかりのグラスを猫に割られてしまった。
　　3　練習をサボっていたらコーチに叱られてしまった。
　　4　ジムでインストラクターにフォームを褒められた。

問3　文章中の下線部C「能動文の述語が自動詞でも受け身文になる」の例として最も適当なものを、次の1〜4の中から一つ選べ。
　　1　彼女はキャプテンとして部員全員から信頼されている。
　　2　その歌手はファンだけでなく多くの人びとから愛されている。
　　3　駅を歩いていたら知らない人に急に呼び止められて、驚いた。
　　4　急に赤ちゃんに泣かれて、どうしたらいいか分からなかった。

問4　文章中の下線部D「強制、許可（容認）、誘発（原因）」に関して、「許可（容認）」の例として最も適当なものを、次の1〜4の中から一つ選べ。
　　1　子犬の愛らしいしぐさは、家族みんなを和ませている。
　　2　その俳優の天真らんまんな言動がいつも関係者を冷や冷やさせている。
　　3　家でゴロゴロしてばかりで、運動不足の息子を水泳教室に通わせることにした。
　　4　本人の夢でもあるので、経済的には厳しいが、子どもを留学させることにした。

問5 文章中の下線部E「状況可能」の例として最も適当なものを、次の1〜4の中から一つ選べ。

1 グエンさんは納豆が<u>食べられます</u>か？
2 午前中だけ1000円で映画が<u>見られる</u>んだって。
3 得意じゃないけれど、まあ料理は一通り<u>できる</u>よ。
4 確かリンさんはバイオリンが<u>弾ける</u>と言っていたよ。

問題11 　　　　　　　　　　　　　　　　　　　　　難易度 ★★★

次の文章を読み、後の問い（問1〜5）に答えよ。

　話し言葉には書き言葉と異なる特徴が見られる。すでに話題に出てきていたり、文脈から予測できたりする要素は日本語では「省略」されることが多い。しかし反対にその省略すべきものをあえて_A「繰り返す」と特別な効果が出る。

　丁寧に話す必要がない場面では単語や語句の_B「縮約」もよく起こる。日本語能力試験などの会話文には東京方言での縮約形がよく現れるため、内容理解のためにはそこでよく使われる縮約のルールを学ぶことが求められる。_C初級前半レベルのテキストで導入される縮約形式もあるが、ほとんどの形式は中級レベル以降に扱われる。

　また日本語の話し言葉の特徴として、男性と女性が使う言語表現が形式的に区別されていることが挙げられる。しかし現在、_D特に女性が主に使うとされる表現は日常生活においてほとんど用いられなくなっている。その一方で演劇や漫画やアニメなどのキャラクターづけとして分析される_E「役割語」としては一定の機能を果たしていると言える。

問1 文章中の下線部A「『繰り返す』と特別な効果が出る」に関する記述として最も適当なものを、次の1〜4の中から一つ選べ。

1 強調される　　2 丁寧さが増す　　3 ぞんざいさが増す　　4 文語体になる

問2 文章中の下線部B「縮約」に当てはまる例として最も適当なものを、次の1〜4の中から一つ選べ。

1 ご飯食べた。
2 間違えちゃった。
3 早く行かなくては。
4 あの人来た？

問3 文章中の下線部C「初級前半レベルのテキストで導入される縮約形式」の例として最も適当なものを、次の1〜4の中から一つ選べ。

1 「れば」が「りゃ」になる。
2 「ておく」が「とく」になる。
3 「てしまう」が「ちゃう」になる。
4 「ではない」が「じゃない」になる。

問4 文章中の下線部Dに関する記述として最も適当なものを、次の1～4の中から一つ選べ。
　　　　1　終助詞「ぞ」　　　2　終助詞「わ」　　　3　助動詞「だ」　　　4　動詞の命令形

問5 文章中の下線部E「役割語」に関する記述として最も適当なものを、次の1～4の中から一つ選べ。
　　　　1　役割語は全て現実の特定の集団の話し方を基にしている。
　　　　2　役割語として分析されるのは語彙と文法など表現形式のみである。
　　　　3　役割語にはまったくの想像で作られたものも存在する。
　　　　4　役割語として結び付く人物像は男女の年齢的な特徴のみである。

問題12　　　　　　　　　　　　　　　　　　　　　　　　　　　　難易度 ★★☆

次の文章を読み、後の問い（問1～5）に答えよ。

　　言語の類型（タイプ）を形態的類型と統語的類型から見てみると、形態的類型は、孤立語、膠着語、屈折語の区別が代表的であり、A孤立語は語形変化がないが、膠着語と屈折語には語形変化がある。これらの形態的類型は一対一で一つの言語と対応する場合もあれば、B一つの言語が複数の特徴を持つ場合もある。特に孤立語の特徴が強い言語を母語とする学習者は、日本語の活用は難しいと感じることが多い。
　　一方、基本語順を基にした統語的類型では、SVOタイプとCSOVタイプの区別が代表的である。このSVOタイプとSOVタイプの区別は基本語順だけでなく、他の統語構造とも関わっている。特に、前置詞や後置詞の違いと述語と助動詞の前後の位置は、SVOタイプかSOVタイプの違いと強い関連性があり、SOVタイプの言語は　(ア)　となる場合が多い。しかし、全ての構造に強い関連性があるわけではなく、例外的に関連性が薄れるものもある。例えば、SVOタイプの言語は、一般的には　(イ)　ように、特に名詞とその修飾要素の順序は、個別の言語の特性が強い。

問1 文章中の下線部A「孤立語」の特徴を持つ言語として最も適当なものを、次の1～4の中から一つ選べ。
　　　　1　トルコ語　　　2　ベトナム語　　　3　モンゴル語　　　4　インドネシア語

問2 文章中の下線部B「一つの言語が複数の特徴を持つ場合もある」の説明として最も適当なものを、次の1～4の中から一つ選べ。
　　　　1　タイ語は、膠着語、屈折語の二つの特徴を持つ
　　　　2　韓国語は、膠着語、屈折語の二つの特徴を持つ
　　　　3　英語は、孤立語、膠着語、屈折語の三つの特徴を持つ
　　　　4　中国語は、孤立語、膠着語、屈折語の三つの特徴を持つ

問3 文章中の下線部C「SOVタイプ」の言語として最も適当なものを、次の1〜4の中から一つ選べ。

    1 インドネシア語   2 ベトナム語   3 モンゴル語   4 タイ語

問4 文章中の ☐(ア) に入れるのに最も適当なものを、次の1〜4の中から一つ選べ。

    1 「名詞＋後置詞」、「述語＋助動詞」となる場合が多い

    2 「名詞＋後置詞」、「助動詞＋述語」となる場合が多い

    3 「前置詞＋名詞」、「述語＋助動詞」となる場合が多い

    4 「前置詞＋名詞」、「助動詞＋述語」となる場合が多い

問5 文章中の ☐(イ) に入れるのに最も適当なものを、次の1〜4の中から一つ選べ。

    1 「修飾要素＋名詞」の場合が多いが、中国語は「名詞＋修飾要素」の構造しか取らない

    2 「修飾要素＋名詞」の場合が多いが、中国語は「修飾要素＋名詞」と「名詞＋修飾要素」の二つの構造を取る

    3 「名詞＋修飾要素」の場合が多いが、英語は「修飾要素＋名詞」の構造しか取らない

    4 「名詞＋修飾要素」の場合が多いが、英語は「修飾要素＋名詞」と「名詞＋修飾要素」の二つの構造を取る

問題13   難易度 ★★☆

次の文章を読み、後の問い（問1〜4）に答えよ。

　日本語を外国語として学習する中で誤用が生じるのは自然なことであり、特に初級学習者には A母語の転移を原因とするものが現れやすい。例えば、英語を母語とする学習者が覚えたての日本語を「わたし、読みます、本」のように英語の語順のまま発話するのが典型的な例である。従って、初級授業を進める上では日本語と他の言語との異なりを知っておくとよい。

　その一方で、学習者の誤用には母語の特徴と直接は結び付かないものも多く見られる。多くの言語と同じように日本語にも文法的な例外がある。その例外を知らずルールにのっとって使用したために、初級レベルでは B動詞の活用の形式に、語彙が増える中級以降では C品詞の分類を間違えて、誤用が現れることがある。日本語の文法ルールを教える場合には、例外についても学習者に明示的に注意を促す必要がある。

　さらに、かなり上級のレベルになっても学習者の音声的音韻的誤りの問題は残る。促音や長音ができていないというような単純な間違いに加えて、単音レベルを超えた特徴による問題が背景になっている。例えば「おじいさん」の長音の部分を十分に伸ばしていたとしても、アクセントが異なると聞き手には正しく伝わりにくい。中高型の「お<u>じ</u>いさん」が正しいアクセントであるが、それを平板型「お<u>じいさん</u>」にすると「おじさん」のように聞こえてしまうことがある。このような誤りには個人差があるため授業の中で修正するのは難しいが、D幾つかの方法を紹介して個別の練習や発音に対する気付きを促す。

問1 文章中の下線部A「母語の転移を原因とするもの」に関する記述として不適当なものを、次の1～4の中から一つ選べ。

1 中国語を母語とする学習者が「昨日来たの人」と言う。

2 中国語を母語とする学習者が「昨日はかっこうに行きました」と言う。

3 英語を母語とする学習者が「昨日は買い物に行きました。と、友達に会いました」と言う。

4 英語を母語とする学習者が質問の「今日は水曜日ですか」の「か」を下降調で言う。

問2 文章中の下線部B「動詞の活用の形式」として、他と異なるものを次の1～4の中から一つ選べ。

1 「嗅ぎます」のテ形

2 「行きます」のテ形

3 「帰ります」のテ形

4 「返します」のテ形

問3 文章中の下線部C「品詞の分類を間違えて」生じた誤用として不適当なものを、次の1～4の中から一つ選べ。

1 「同じな本」

2 「スマートの人」

3 「統一的の話」

4 「科学な力」

問4 文章中の下線部D「幾つかの方法」に関するものとして不適当なものを、次の1～4の中から一つ選べ。

1 オーバーラッピング

2 フレージング

3 シャドーイング

4 スラッシュリーディング

問題14 　　　　　　　　　　　　　　　　　　　　　　　　　　難易度 ★★★

次の文章を読み、後の問い（問1～4）に答えよ。

　日本語教育の中で授業の計画を立てる場合、A学習者の目的に合わせたシラバスに基づいたテキストが選択される。初級レベルのテキストは複数のシラバスを組み合わせた総合的な構成となっているものも多い。中級レベル以降になると、自然な日常会話の習得を目指すことも含まれるため、文型積み上げ式ではなく「依頼」「断り」といった機能別に学習することが増える。このような日常会話に関する特徴は言語一般の普遍的な問題としても分析されている。　(ア)　の「会話の公理」は、会話を円滑に進めるための普遍的なルールを理論的に定義したものである。しかし、実際の会話はルールに沿ったものばかりではなく、むしろB一見ルールに反している表現でも発話者の意図と聞き手の解釈が一致すれば会話が成立することも多くある。さらに言えば、思っていることを言語化して

直接的に伝える傾向が高い言語もあれば、文脈に依存して間接的に伝える傾向が高い言語もあるなど、何をどのように言語化するのかは文化的に異なる側面がある。日本語と学習者の言語との間に見られるこのような異なりを含めて、C会話を適切に進める方法を教えることが求められる。

問1 文章中の下線部A「学習者の目的に合わせたシラバス」に関する記述として最も適当なものを、次の1～4の中から一つ選べ。

1 大学進学を目的とする場合はまず「タスクシラバス」が選択される。
2 ビジネス日本語の習得を目的とする場合はまず「構造シラバス」が選択される。
3 日常生活のための日本語を目的とする場合は「場面シラバス」の選択が多い。
4 大学で行われる留学生向けの初級日本語授業では必ず「技能シラバス」が選択される。

問2 文章中の ［（ア）］ に入れるのに最も適当なものを、次の1～4の中から一つ選べ。

1 グライス
2 オースティン
3 サピア・ウォーフ
4 ソシュール

問3 文章中の下線部B「一見ルールに反している表現」に関する記述として不適当なものを、次の1～4の中から一つ選べ。

1 「一体いつになったらできるの？」に対して「今日も雨だね」と答える。
2 「この服似合ってる？」に対して「似合ってるよ」とうそを言う。
3 「暑いですね」に対して「本当に暑いですね」と答える。
4 「どうして遅刻したの？」に対して「え？　いや、その、遅刻じゃなくて、えーっと」と答える。

問4 文章中の下線部C「会話を適切に進める方法」に関連する記述として最も適当なものを、次の1～4の中から一つ選べ。

1 依頼の場合「本を持って来てください」という表現は丁寧なので目上の人に使うべきである。
2 誘う場合「一緒に行きたいですが、いつ行けますか」とすぐに日時を確認すべきである。
3 誘いを断る場合「行きません」のような表現は親しい相手であっても使うべきではない。
4 誘いを断る場合「その日はちょっと……」などの曖昧な表現は使ってはならない。

次の文章を読み、後の問い（問1〜5）に答えよ。

　20世紀後半の言語研究の中で、　（ア）　は人間には生まれながらに言語獲得装置(LAD)が備わっているとする生成文法理論を唱え、大きな転換点となった。この理論は言語を生得的な能力と仮定して普遍文法(UG)を導き出し、子どもの言語獲得を説明することを中心に研究が進められている。そこでは、母語話者に備わっている生得的な知識を「言語能力」とし、具体的な場面で言語を実際に使用する「言語運用」と切り離して研究の対象としている。それに対し、　（イ）　は言語の社会的機能に焦点を当て、実際に使用されるコミュニケーションという視点で言語を捉え直した。そして、状況やコンテクストによって何を言っていいか、言ってはいけないか、などを判断して言語を使用する能力をAコミュニケーション能力(communicative competence)として提唱し、その特徴について理論化した。このようなコミュニケーションを重視する考え方は語学教育にも影響を与えることとなり、その変化はB日本語教育の枠組みや試験にも反映されている。

　また、発話の習得を促すために、統語論的知識だけでなく丁寧さや配慮の表現などコミュニケーション上の注意点をC日本語の授業で指導するというように、実際の教育場面にも大きな影響を与えた。例えば、コミュニケーションを円滑に行うためにD場面に応じた適切な表現を実際の状況を含んだロールプレイで導入するなどの活動が積極的に取り入れられるようになった。ただし、言葉の問題はアイデンティティの問題でもあるため、文化の押し付けにならないよう教師側にも注意が必要である。

問1　　（ア）　と　（イ）　に入る組み合わせとして適当なものを、次の1〜4の中から一つ選べ。
　　　1　（ア）レイコフ　　　　　（イ）チョムスキー
　　　2　（ア）チョムスキー　　　（イ）ハイムズ
　　　3　（ア）ハイムズ　　　　　（イ）ブラウン
　　　4　（ア）レビンソン　　　　（イ）レイコフ

問2　文章中の下線部A「コミュニケーション能力」の養成に重点を置いた外国語教授法の特徴として最も適当なものを、次の1〜4の中から一つ選べ。
　　　1　教室での活動については、学習者が教師の指示を正しく理解し、反応することが求められる。
　　　2　正しい「構文」と「意味情報」との結び付きを重要視し、その構文が使用される実際の場面とは切り離して考えるべきであるとされた。
　　　3　教員から与える情報を刺激として、それに対して学習者が反応することを繰り返すようになった。
　　　4　多様な場面やコンテクストでの言語活動が授業に取り入れられるようになった。

問3 文章中の下線部B「日本語教育の枠組みや試験」に関する記述として最も適当なものを、次の1〜4の中から一つ選べ。

1 コミュニケーションを重視した枠組みとして日本オリジナルのJFスタンダードが作られた。

2 JFスタンダードの「日本語で何がどれだけできるか」という課題遂行能力はカテゴリーごとに五つのレベルに分けられている。

3 JLPTの認定の目安に「日常的な／幅広い場面」という語が導入されている。

4 JLPTの認定の目安はコミュニケーション重視として「聞く」「話す」に焦点を当てている。

問4 文章中の下線部C「日本語の授業で指導する」に関する記述として最も適当なものを、次の1〜4の中から一つ選べ。

1 依頼をする場合は、「私」が主語になる表現の方が丁寧であることを教える。

2 断る場合は、相手が誰でも必ず間接的にすべきであることを教える。

3 誘う表現として「お来になりませんか」は丁寧さが不足しているので使えないと教える。

4 誘う表現として「いらっしゃいませんか」は丁寧なので目上の人に使っていいと教える。

問5 文章中の下線部D「場面に応じた適切な表現」の記述の例として最も適当なものを、次の1〜4の中から一つ選べ。

1 上司の「明日行く？」という問いに対して「あなたも行きますか？」と答えること。

2 忘れ物をした先生に対して「私が取りに行って差し上げます」と言うこと。

3 目上の人に来るように言われて「今忙しいですが、参ります」と言うこと。

4 親しい友人に「カラオケに行かない？」と誘われて「カラオケはちょっと……」と言うこと。

言語

問題

言語

キーワード問題　　解答

問題1	①調音　②調音点　③調音法
問題2	①形態素　②異形態　③自由形態素　④拘束形態素
問題3	①拍　②特殊拍
問題4	①コーパス　②学習者コーパス
問題5	①現場指示　②文脈指示
問題6	①和語　②漢語　③外来語　④混種語
問題7	①促音便　②撥音便（はつ）　③イ音便
問題8	①様態副詞　②程度副詞　③陳述副詞
問題9	①モダリティ　②終助詞
問題10	①形式名詞　②名詞節　③副詞節
問題11	①イ形容詞　②ナ形容詞（①と②は順不同）　③属性形容詞　④感情形容詞
問題12	①ナ形容詞　②Ⅰグループ
問題13	①包摂関係　②排反的対義語
問題14	①非過去時制　②過去時制（①と②は順不同）　③テンス　④アスペクト
問題15	①換喩（メトニミー）　②提喩（シネクドキ）
問題16	①格助詞
問題17	①ソシュール　②ラング　③パロール
問題18	①表意文字　②表音文字　③訓読み　④音読み　⑤漢音　⑥呉音　⑦唐音（宋音）
問題19	①動作動詞　②瞬間動詞　③状態動詞
問題20	①談話　②語用論
問題21	①ダイクシス（直示）
問題22	①語基　②接頭辞　③接尾辞　④合成語　⑤派生語　⑥複合語　⑦語構成
問題23	①尊敬語　②謙譲語Ⅰ　③謙譲語Ⅱ（丁重語）　④丁寧語　⑤美化語

問題1

(1) 2	(2) 5	(3) 3	(4) 2	(5) 1
(6) 3	(7) 5	(8) 5	(9) 4	(10) 4

(1) 拍はそれぞれが等時間に感じられるのが特徴である。五十音表記の中では仮名1文字の直音（ア、カ、サ……）とイ段の仮名に小字の「ャ、ュ、ョ」が付いた（キャ、キュ、キョ）が1拍に当たる。それ以外に、**長音**「ー」は前の母音を、**促音**「ッ」は後ろの子音を、**撥音**「ン」は後ろの子音と同じ調音点の鼻音をそれぞれ1拍分引き伸ばす働きを持ち、1拍と数えられる（これらは**特殊拍**と呼ばれる）。選択肢では、2の「プレーヤー」は5拍、それ以外は4拍である。

(2) 特殊拍はその前後の音を伸ばす役割を持つもので、通言語的に（複数の言語に共通して）同じ基準で測られる音声的音節に数えられない。従って、語に特殊拍が含まれる場合、拍数より音節数が少なくなることに気を付ける必要がある。5の「はんたい」は4拍で「はん・た・い」の3音節である。5以外は、1「あか」は特殊拍を含まないため2拍で2音節、2「はんしん」は4拍で「はん・しん」の2音節、3「キャッチ」は3拍で「キャッ・チ」の2音節、4「クリーン」は4拍で「ク・リーン」の2音節である。

(3) 東京方言（標準語）における母音の無声化は母音／イ／／ウ／が前後を無声子音に挟まれたときに声帯振動を伴わなくなる現象である。3の「ひよう」は [çijo:] と／イ／の前は[ç]で無声子音だが後に [j] と有声子音が来ており無声化の条件から外れている。1「きし」は／イ／が [k] と[ç] に、2「くし」は／ウ／が [k] と[ç] に、4「ひきょう」は／イ／が[ç] と [k] に、5「つき」は／ウ／が [ts] と [k] にと、無声子音に挟まれて無声化する環境にある。

(4) 子音の定義は「口腔内で何らかの妨害・阻害を受けて生成される音」で、人間は舌や唇を使い呼気の気流を妨げて音を作る。国際音声記号ではその場所を**調音点**、その方法を**調音法**として子音を分類する（詳しくはp.173参照）。それぞれの調音点を見てみると、2のみ声門音で、それ以外は全て硬口蓋（3は歯茎硬口蓋）音である。調音法は1、2、3が摩擦音、4は鼻音、5は接近音である。

(5) 母音は子音と異なり、呼気は阻害されずに「舌の高さ」「舌の前後位置」「唇のまるめ」のみで音が作られる。選択肢の中では、1のみ前舌母音でそれ以外は後舌母音である。

(6) 選択肢は、それぞれ日本語の1エとオ、2サとザの子音、4ナとマの子音、5アとイである。3は日本語のラの子音と英語のLの子音であり、日本語においては3のみ語の意味の区別に働きを持たない、すなわち**対立がない**ペアで**自由異音**である。それ以外は全て対立があり日本語の中で意味の区別を表す。

（7） 国際音声記号（IPA）の [j] は日本語の中ではヤ行の子音に当たるもので、ヘボン式ローマ字表記と異なるため気を付けなければならない。[j] と [k] はミニマルペア [jama]（やま）と [kama]（かま）で意味の違いが認められ対立する関係であることから別音素 /j/ /k/ であり、異音ではない。残りのうち 1 は音節中か音節頭かで、2、3、4 はイ段子音に現れる条件異音とのセットである。

（8） 日本語の音のまとまりの基本的な単位を**拍**と言い、日本語は「かえる（帰る）」「かえる（飼える）」で意味が変わるように、どの拍に音の下がり目（**アクセント核**という）があるかによって意味が変わる「高低アクセント」の言語である。東京方言のアクセントには「1 拍目と 2 拍目の高さは異なる」と「一度下がったら二度と上がらない」という特徴がある。この条件により、単語の初めが高く 2 拍目で音が下がる**頭高型**、低く始まり語中に下がり目がある**中高型**、単語の最後の拍に下がり目がある**尾高型**、下がり目を持たない**平板型**の四つの型を持つ。選択肢は 5 のみ頭高型（トオル）で、それ以外は中高型である。東京方言の**用言**のアクセントは赤い（アカイ）のような平板型か、白い（シロイ）のように後ろから 2 拍目にアクセント核が置かれる中高型であるが、その 2 拍目が母音の場合一つ前にずれるという特徴がある。5 のトオルの後ろから 2 番目の拍が母音オのため、アクセント核が一つ前にずれ、結果として頭高型になっている。

（9） オを伸ばす長音を仮名表記にする場合 4「おとうと」のようにオ列の仮名に「う」を添えるのが基本的である。ただし歴史的仮名遣いで「こほり」「とほり」「おほし」「とほし」のように「ほ」で表記していた語については「氷：こおり」のようにオ列の仮名に「お」を添えて表記することが現代仮名遣い（昭和 61〈1986〉年内閣告示第 1 号）で決められている。

（10） 4 の「名詞＋なんか」の「なんか」は例えば「私なんかが選ばれてしまって」のように格助詞が後続することが可能な**取り立て助詞**で、意味的には接続する名詞に付いてマイナス評価を与える働きを持つ。それ以外は全て名詞に接続する**接辞**で、丁寧さの違いはあるが 1「先生がた」2「友人たち」3「私ども」5「子どもら」は全て複数であることを表している。

問題 2

（1）5	（2）5	（3）1	（4）2	（5）3
（6）3	（7）2	（8）4	（9）3	（10）3

（1） 5 のみ**属性形容詞**で、それ以外は**感覚・感情形容詞**である。属性形容詞は「大きい／小さい」のような**対立関係**を持つものが多いが、全ての属性形容詞が対立的な関係を持つわけではない。（例えば、「青い、丸い、丈夫だ」など）。感覚・感情形容詞には感覚の「痛い、かゆい」、感情の「悲しい、嫌いだ」などがある。

（2） 5 は**自動詞**で、その他は**他動詞**である。5 以外は、「A が B を {ケアする／クリアする／チェックする／サポートする}」のように目的語の「名詞＋を」を取るので他動詞だが、5 は「A が B にチャレンジする」となり、目的語の「名詞＋を」を取らないので自動詞である。この種の「B に」

は、例えば、「受験生が難関校にチャレンジする」では、意味的には動作・行為の対象のように思えるが、「Bを」とはならない。他にも、「会う、ぶつかる、座る、乗る」などは、意味的には「Bに」が目的語のように見えるが、「AがBに動詞」となる。一般的な日本語教育の文法では、意味的に動作・行為の対象であり、形態的に「名詞＋を」となるもののみが目的語とされるので、この種の「Bに」は目的語とはならない。日本語教育の現場では、やはり学習者には目的語のように感じられるためか、**「友達を会う」や「椅子を座る」などの誤用**が多い。

（3） **オノマトペ**とは、「ワンワン」のような**擬声語**、「カタカタ」のような**擬音語**、「キラキラ」のような**擬態語**、「ワクワク」のような**擬情語**などの総称である。2～5は実際には"音"は表さず、そのものの状態・様子を表す擬態語である。一方、1は「心臓がドキドキ音を立てている」の場合は擬音語で、「来週の決勝戦を控えて今からドキドキしている」の場合は、様子を表す擬態語か心情を表す擬情語かの用法と言える（研究者の間でも擬態語と擬情語の区別は揺れている）。いずれにしても擬音語と解釈できるものは1のみである。

（4） 格助詞「が」が**動作・作用の主体**か**対象**かを問うもの。2のみ主体で、それ以外は対象。対象は通常「を」が担う（「水を飲む」）が、述語が**可能・知覚**（飲める、見える、聞こえるなど）や**願望・好き嫌い**（～たい、欲しい、好きなど）を表す場合は「が」が用いられる（「水が飲みたい」）。

（5） 「妹にあげる」のような**与える相手（着点）**か、「先生に教わる」のような**受け取る相手（起点）**かの違いを問うもの。3のみ「受け取る相手＝起点」で、他は「与える相手＝着点」である。見分けのポイントは、**"与える"系の動詞**（あげる、渡す、寄付する、預ける）か**"受け取る"系の動詞**（教わる、もらう、預かる、借りる）かと、「に」が「から」に置き換えられるかどうかである。これらから、3のみ「先生{に／から}教わる」となり受け取る系の動詞だと分かる。

（6） **接続助詞**か否かを問うもの。接続助詞は「文（従属節）＋接続助詞＋文（主節）」という構造となるもので、1「ながら」と5「ので」は接続助詞である（でしかない）。一方、2と4の「が」と「から」は接続助詞と格助詞の二つの可能性がある。接続助詞の場合は、「早めに出発したが、間に合わなかった。」や「早目に出発したから、間に合った。」のように**文（節）に接続する**。格助詞は「雨が降る。」や「部屋から出る。」のように**名詞に付く**。3「さえ」は「専門家にさえ分からない」のように極端な例を示して意外であることを表す意味などを持つ**取り立て助詞**である。従って、接続助詞になれる四つ（1、2、4、5）と接続助詞になれない一つ（3）となり、3「さえ」が仲間外れとなる。

（7） **タ形**は基本的に**過去のテンス**を表すが、2のように未来の出来事に現れる場合は、過去のテンスを表す意味は消えて、**アスペクトとしての完了**（未来の完了）を表す。2は「先に3問間違えた時点で」なので、発話時点（＝現在）ではまだ間違えておらず、「未来において、間違えるということが完了した時点で」という解釈になる。他は、アスペクトとしては2と同様に完了だが、テンスが全て過去である。

（8） 原因・理由か付帯状況かを問うもの。4は「荷物を持ち“ながら”歩き続けた」と解釈できるので、付帯状況に当たる。これ以外は、全て原因・理由の**接続助詞に置き換えられる**（1「喉が痛い<u>ので</u>、声が出ない」など）。

（9） 形容詞に**比喩的な意味の拡張**があるか否かを問うもの。3は比喩的な意味の拡張がなく、物理的な文字通りの「暗い」という意味。一方、例えば、1の「表情が明るくなった」は、表情の照度が何ルクス、ルーメン上がったという意味ではない。設問にはなっていないが、3以外の比喩的な意味の拡張はすべてメタファー（隠喩）によるもの。

（10） 命題に対する**対事的モダリティ**と、聞き手に対する**対人的モダリティ**の違いを問うもの。3だけが対人的モダリティ（聞き手に対して「〜てもいい」と許可を与える）で、他は対事的モダリティである。対人的モダリティは「〜なさい、〜ませんか？」など聞き手に対する何らかの働き掛けを表す。一方、対事的モダリティは命題によって表される客観的な事態に対して、話し手がどのような見方や態度を持っているか表す。例えば、4「全問正解している<u>かもしれない</u>」では、「全問正解する」という命題に対し、話し手は「もしかしたら」や「かもしれない」というモダリティ形式によって、そうなる可能性があると考えていることを表している。

問題3

（1） 2	**（2）** 4	**（3）** 5	**（4）** 2	**（5）** 1
（6） 1	**（7）** 2	**（8）** 1	**（9）** 2	**（10）** 2

（1） 現代日本語において「じ・ぢ」「ず・づ」はそれぞれ同じ音を表すが、仮名文字が残っているのは連濁や同音連呼による濁音表記に必要なためである。「ごはん」と「ちゃわん」による複合語が形成される場合、後続する名詞の1拍目が濁音化する際「ごはんぢゃわん」のように元の仮名「ち」の濁音で表記する。また「ちぢむ」「つづく」のように同音が連呼することによって現れる濁音についても同じことが言える。ただし「現代仮名遣い」（昭和61〈1986〉年内閣告示第1号）では「いちじるしい」と「いちじく」についてはこの例に当たらないとされている。

（2） 日本語のローマ字は1種類ではない。4は日常的に用いられている**ヘボン式**で、歯茎硬口蓋音であるチを実際の音に近い形としてchiと書く。それ以外は全て**訓令式**のローマ字で、実際の発音を加味しない書き方である。

（3） 5は日本語で作られた漢字いわゆる**国字**で、読みは「とうげ」のみである。それ以外は中国から入ってきた漢字で、1「キツ・そばだ－つ」、2「ホウ・みね」3「キョウ・かい・はざま」4「キ・ちまた・わか-れる」のように複数の読みを持つ。

（4） ヲ格は動作や感情の対象を表し、1「読む」3「止める」4「悲しむ」5「始める」のような他動詞と共に表れる。一方、2「歩道ヲ歩いた」のように「歩く」や「走る」などの移動動詞が表す移動の場所に接続する用法もある。

（5） 1の文章には**謙譲語**の「いただいて」があることから「お手紙」は目上の人からのものでこの場合の「お」は**尊敬語**であると分析できる。それ以外の「お＋名詞」である2「お花」3「お野菜」4「お天気」5「お風呂」は**美化語**である。

（6） **副詞**の基本的な機能は述語を修飾することであるが、一部には名詞相当の語を修飾する場合もある。1の「ほとんど」は「全員」という全体の数を表す数量名詞を修飾している。それ以外は2「けっこう→おいしい」3「さっさと→片付ける」4「いまに→降るだろう」5「ぐっすり→眠れた」のように述語である形容詞や動詞を修飾して程度や様態や時に関する意味を与えている。

（7） 名詞修飾節には**内の関係**と**外の関係**と呼ばれる分類がある。1の「友達からもらったリンゴ」の動詞「もらった」と被修飾名詞「リンゴ」は、「友達からリンゴをもらいました」のヲ格と同じ格関係を持つもので、これを「内の関係」と呼ぶ。同様に動詞と被修飾名詞の格関係が、3では「友達にチョコレートを贈った」のニ格と、4では「結婚式を（この）ホールで挙げた」のデ格と、5では「（この）日に出発した」のニ格と同じである。2の「たくさん人がいた気配」は被修飾名詞「気配」が動詞「いた」と格関係を持たない外の関係で、被修飾名詞の内容を連体節が表すという観点で「内容節」とも呼ばれる。これは修飾節と被修飾名詞の間に「という」が入るかどうかでさらに分類が可能である。2の「気配」や「匂い・味・音・絵」などが被修飾名詞の場合は「という」が入らない一方で、「仕事・性格・状況」のような名詞の場合は「日本語を教えるという仕事」のように「という」が入る。

（8） 動詞のテイル形にはアスペクトを表す幾つかの用法がある。動作を表す動詞にテイルが接続する場合はその「動作の継続」を表す。2から5では「今もう先に」「帰ってきてからずっと」「一日中」「目の前を」とその動作が続いていることを表している。対して1の「3カ月前」のような過去を表す副詞句と共起して、その動作が完了しており一種の経験を表す表現にもなる。このようにアスペクトに関しては副詞句も重要な役割を果たしている。

（9） 動詞に後続する助動詞が持つ機能には、話し手がある事態に対して持つ判断や態度を表現するものがある。この機能は**ムード**や**モダリティ**とされ、「確言」「命令」「依頼」「価値判断（当為）」「意志」「願望」「推量」「説明」などを表す。2「～早く家を出るべきだ」は実現していない「早く家を出る」ことが望ましいという**価値判断（当為）**の意味を表す。それ以外はある出来事について真とは判断できない知識を述べる**推量**を表している。1「大雨が降るらしい」3「そんな幸運は起こるまい」4「誰かいるようだ」5「着いているはずだ」は「たぶん、おそらく、きっと」などの確かさの度合いを表す**陳述副詞**と共起するのも特徴と言える。

（10） 全て「～の」という名詞節が含まれているが、1、3、4、5は名詞節がそれぞれ「見える」「じゃまする」「待ち遠しい」「聞こえる」の対象なのに対し、2のみ特定の部分（この場合「昨日行った」という部分）を強調している**強調構文**「AのはBだ」で、元の文は「あなたが昨日行ったの？」である。

言語

解答・解説

155

問題4

(1) 1	(2) 3	(3) 1	(4) 4	(5) 1
(6) 3	(7) 4	(8) 4	(9) 4	(10) 2

（1）　2、3、4は子音の硬口蓋化による音声的な誤りである。4「ツ」が「チュ」に、例と2、3は「ザ・ズ・ゾ」が「ジャ・ジュ・ジョ」に入れ替わっている。1は声門音子音[h]が脱落している例である。

（2）　全ての撥音「ン」が歯茎鼻音[n]であると捉えると誤りが起きる。後に母音・半母音が来る場合、撥音は鼻母音で実現するが、そこに歯茎音である[n]を当てると「こんやく」ではなく「こんにゃく」、「しんや」ではなく「しんにゃ」、「れんあい」ではなく「れない」となる。3の「さんぽん」は「さんぼん」と[b]であるところに[p]を当てている異なったタイプの間違いである。

（3）　例は、「ワタシ[wataɕi]」と硬口蓋音側で調音すべきところを、調音点が前にずれて歯茎音[s]になってしまった誤用。2、3、4も同様に、それぞれ[tɕ]が[ts]、[dʑ]が[dz]、[z]が[z]と歯茎音に変わっている。1は日本語の「ん」がいつでも[n]であると誤解している場合に起こる誤り。「ん」の直後に摩擦音や母音、半母音が続く場合、通常は [heĩɕiɴ]と鼻母音 [ĩ]になるのだが、[n]と発音しようと舌先が歯茎に付いた結果[t]が発生し、[hentɕiɴ] となっている例である。

（4）　「他動詞＋てある」の表現形式に自動詞「入って」「あいて」「閉まって」「ついて」を置いてしまった誤りである。例文は「ビールが入れてある」、1は「窓があけてある」、2は「ドアが閉めてある」、3は「電気がつけてある」とすると「他動詞＋てある」の正しい表現となる。「買う」は他動詞で「買ってある」は正しい表現であるが、4は「買いて」と活用形が間違っている。

（5）　お客さんに対して話し手の行為は謙譲語「お＋動詞連用形（マス形）＋する」の形式にすべきであるが、例文と2は尊敬語「お＋動詞連用形＋になる」にしている誤用である。3と4も身内である兄や父の行為を表す述語は謙譲語で述べるべきところが、尊敬語になっている。1が誤りなのは、「見る」は連用形が1モーラ「見」で、この場合は尊敬語の「お＋動詞連用形＋になる」の形式が適用できないからである。

（6）　「までに」は期限を表すもので「月末までに提出する」のように締め切りなどに用いられる。例と1、2、4では、期限ではなく動作を続けている期間を表す必要があり、「に」を取って「まで」にすればよい。3も「まで」にすればよいが、意味的に期間ではなく「天気も」と同じ取り立ての意味を表す。

（7）　例「なくてはならない存在」、1「難しい」、2「重要」、3「一番大切なもの」のように述語が形容詞や名詞の場合、そのように判断する主体は「～にとって」とすべきであるが、それを「に対して」とした誤りである。4「調べる」は「この作家について」とすべきものである。「～に対して」は「先生はいつも娘に対して厳しく指導してくださる」のように感情や対応などの対象に付けられる。

(8) 例と1、2、3は「ている」の形「まだ食べていません」「知っていますか?」「いつから勉強しています(ました)か」「ずっと散歩しています」とすれば正しい表現である。4は「スマホが」とガ格となっているが「壊しました」と他動詞になっている誤りである。動詞を「壊れました」と自動詞にすれば自然な表現になる。

(9) 従属節の従属度の問題である。「〜とき、〜たら、〜いなや」のような接続助詞を取る従属節は主文への従属度が高く、従属節の中にガ格の主語は入るが、提題助詞ハは主文の動詞まで係る構造になる。1、2、3のような文では従属節に提題助詞があり、主文にも提題助詞ハを伴う主語があるため非文法的である。例えば1では「私は留学していたとき、もう働いていました。」のように「弟は」を取ると文法的な文になる。一方「けれども」は従属度が低い接続詞で「私は先に帰ったけれども、友達は残った」のように、従属節にも主文にも「は」が現れることは問題ない。4が誤りなのは主文内の主語「先生は」と文末表現の「つもりです」が適合しないためである。「つもり」は意志を表す形式で主語は一人称でなければならない。従って、主文と従属節の主題を入れ替え、主文の主語が「私」になると「先生は先に帰ったけれども、私は最後まで残るつもりです。」と自然な日本語になる。

(10) **連体修飾節**に「の」が挿入されている誤りで、例と1、3、4は「の」を削除すれば正しい表現になる。2はナ形容詞(形容動詞)である「きれい」の連体形の誤りで「の」を「な」に変換する必要がある。

言語　解答・解説

問題5

問1:1	問2:4	問3:4	問4:2	問5:2

問1 個別言語の中で音素を分析する方法として正しいのはミニマルペアを見つけることである。例えば[kakko:]と[gakko:]は語頭の[k][g]1カ所のみが異なる語で、それぞれ「格好」「学校」と結び付く。日本語において[k]と[g]は意味の区別に働きを持つ別の音素/k//g/として分析される。このように音素分析の際に用いられる、ただ1カ所の違いを持つ二つの語を**ミニマルペア**という。2、3、4、の用語は**単音**(segment)ではなく、**韻律的特徴**(prosodic features)を表す用語である。リズムユニットはリズムを構成する単位、フォーカスは発話の中で話し手が注意を向けた**情報の焦点**のことで**イントネーション**などによって置かれた**プロミネンス**と関係する。フィラーとは「あのー」「ええと」「まあ」のような言語としての意味は持たないが、思考の種類を表す働きを持っているものである。

問2 日本語の音素の数として最も妥当なものは4の23である。この分析は子音の破擦音を音素/c/とするもので、これを入れない立場であれば音素は22となる。研究者の分析により数値は多少増減するが、43、73、13のような大きな数の違いにはならない。

問3 日本語のイ段子音に起こる同化現象は**(硬)口蓋化**といわれる調音点の同化である。母音イは前舌・狭母音の[i]であるため、イ段の子音は調音時に舌が硬口蓋に持ち上がるのである。特に摩擦音であるサ行の子音は舌の閉鎖がないため影響を受け歯茎硬口蓋音である[ɕ]が現れる。

1の有声に関する同化としては、複合語になる場合後続する語の1拍目が濁音化する**連濁**がある。2の無声に関する同化は母音の無声化が挙げられる。

問4 条件異音とは前後の環境によって現れるもので、その環境は重複することなく、補い合うように分布する。問題文のサ行子音の場合、[i] が後続する場合のみ歯茎硬口蓋音 [ɕ] が現れ、それ以外の [a] [ɯ] [e] [o] の前では [s] が現れる相補分布を成している。3の自由分布とは条件に基づかずに不規則に現れる分布を表すもので、正しくない。1の**対立している**は、ある二つの音が意味の区別に働きを持つという意味で、音素として認める根拠となる。また音素は4**弁別的特徴**を持つという表現もできる。

問5 ハ行の子音もサ行と同じく摩擦音である。従ってシと同じようにイ段のヒには硬口蓋化が起こる。「ひ」の子音 [ç] と「へ」の子音 [h] は条件異音である。「か」と「ぐ」の子音は [k][g]、「へ」と「ぺ」の子音は [h][p]、「ぶ」と「ぷ」の子音は [b][p] でそれぞれ意味の区別に働きがある音素として分析されるものである。

問題6

問1：1	問2：3	問3：4	問4：1

問1 人間は音声を言語として用い複雑な情報をやりとりする。音声は伝達内容と結び付く記号としての役割を果たしている。ただし1の記述の通り、言語表現とそれが意味することは必然的な関係にはなく、この特徴を恣意的であると特徴づける。2のニャーニャーと鳴く動物は日本語では [neko] と呼ばれるが、言語が異なれば別の呼び名があり、その関係には必然性はない。4の選択肢にある「普遍的なつながり」とはいつどこでも認められるつながり、という意味で必然性と同義で恣意性とは反対の概念である。

問2 無声音（清音）・有声音（濁音）と意味の結び付きの関係性以外にも、母音の違いが意味の違いに結び付くことが実験によって示されている。このような現象を**音象徴**と呼ぶ。

問3 オノマトペの中心的な役割は「ノロノロと歩く」「キラキラと輝いている」のような形式で述語が表す動作や状態を修飾する副詞的な用法である。「キラキラが好き」のように格助詞を取る名詞的な用法もあるが中心的な役割ではない。

問4 「生産性が高い」とは新しい表現が次々に現れるということで、言語そのものの特徴でもある。例えば「モフモフ」のような触感や「フワトロ」のような食感を表す新しい表現が現れ広く共感を得て定着することも珍しくない。それに対して、特定の言語社会ですでに定着している「形と意味」の関係を突然変更することはできないため1の記述は正しくない。例えば「昨日ワンワン鳴いていてうるさかった」と言うと聞き手は鳴いていたのは犬だと理解し、決して「猫が鳴いてうるさかった」という意味には取らない。

問題7

問1　従属節を導くのは助詞の中の接続助詞で、文を名詞節に変える働きを持つのは形式名詞である。「～と、」の～に入る述語は辞書形（基本形）でなければならない。

問2　初級レベルで導入されるのは、「昨日、本を買った」という文を基に構成される「昨日買った本」のような連体修飾節である。これは被修飾名詞が元の文で述語と格関係を持つ**内の関係**とされ、故に２が適当である。これに対して１の**外の関係**とは「魚を焼く匂い」「そのアイドルが結婚した事実」のようなもので、「昨日買った本→昨日、本を買った」のように修飾節の中に被修飾名詞を含めることができない。これらは３の**内容節**とも呼ばれるが「という」が現れるかどうかでさらに分類される。「＊魚を焼くという匂い」とはならない（文が成り立たない）のに対して「そのアイドルが結婚したという事実」は成り立つ。４の相対名詞には「まえ、あと」のような時間を表すものや、「まえ、うしろ」のように場所を表すものがある。初級レベルでは相対名詞節だけでなく「～とき」節なども導入される。

問3　ナガラ副詞節では「私はコーヒーを飲みナガラ、友達が本を読んだ」のような文を構成することはできない。主節への従属度が高いためこのような制限を持つので４の記述は適当である。一方ケレド節は主節への従属度が低く「私は行かなかったケレド、弟は行った」のように副詞節と主節はそれぞれ独立した文のように振る舞うことができるため３は間違いである。１のタラ節は「昨日帰ッタラ、弟が来ていた」のように現実の出来事を表すこともできる。２は「ちょっと油断したバカリニ、相手を怒らせてしまった」のように主節「相手を怒らせた」という望ましくない出来事の原因を表す。

問4　「先生が言っても、母親が言っても、無駄だった」のように「～ても、」節は繰り返して使うことができるため３は不適当である。「東京へ来れば／来ると、連絡して（ください）」のように主節に依頼や命令を表す文は現れないため１と２は正しい。また「先生が言ったら、私が言ったら、彼は素直に聞いた」が示すように「～たら、」節は繰り返すことができないため４も正しい。

問題8

問1　「果物／メロン」のような２語は、**上位・下位関係**であるとともに１の**包摂関係**でもある。上位・下位関係は**概念（カテゴリー）**の関係性を樹形図のように上位／下位のイメージで表現するもので、包摂関係は一方の集合体を表す円の中に他方の円があるイメージで表現される。そして、例えば「テニス」と「サッカー」を下位語、「スポーツ」を上位語とした場合、「テニスをする」は「スポーツをする」という意味を含むので、３の記述は正しく、「テニス」と「サッカー」は互いに相入れないものなので、４の記述も適当である。しかし、例えば「これはリンゴ（下位語）である」と言ったとき、それは「これは果物（上位語）ではない」という意味にはならない。従って２は

間違いである。この記述は、一方を肯定すれば他方が否定されるという**排反関係**の定義で、「裏／表」「生きている／死んでいる」などの間に成立するものである。

問2 「マンゴスチンという果物」という説明のように、聞きなれない下位語「マンゴスチン」が何なのかを上位語「果物」を使い解説できるので、2語が上位・下位関係なのは1である。2は「部下から完了との報告があった」のように名詞2の内容を名詞1が表す。3は「教師のための研修」のように名詞2の対象者を名詞1が表す。4は「プロのような実力」のように、名詞2の程度がまるで名詞1だと**比喩表現**を使って表している。

問3 意味が近い複数の語(問題文では茶わんと湯飲み)について、**意味特徴**を規定することで類似点(食器)と相違点(入れるのがご飯かお茶か)を明らかにすることを**成分分析**という。1の**スキーマ**は、自分の中に蓄積されている既有知識のこと。例えば「ワンと鳴く、4本足の哺乳類」を見て「犬だ」と認識できるのは、犬に関する知識(スキーマ)がその人の心内にあるからである。4の**カテゴリー**は、2で割り切れる数字が「偶数」とされるように、何かが特定の観点から整理、分類されたまとまりのこと。2の構成要素分析は構造上のまとまりを分析することを指す。例えば「動かないおじいさんの時計」において、「おじいさんの時計」をまとまった名詞句にするのと「動かないおじいさん」をまとまった名詞句にするのとでは、意味が異なる。

問4 語の多くは複数の意味を持つ。例えば「ひく」という動詞は「引く」「挽く」「弾く」のように異なる漢字表記を持ち、1の記述は正しい。また「ひく」の基本的な意味は「対象を手元に近づけようと力を加える」ことであるが「気を引く」「コーヒー豆を挽く」などは派生的な意味とされ2も適当である。これらは同音異字と呼ばれるものであるが、「列車を引く・曳く」のように同じ意味で用いられる場合は同音同義であり4も正しい。3の**多義語**とは複数の意味を持つ一つの語を指すものである。「ひく」は同一の語源に幾つかの漢字が当てられた多義語と見なされているが、それぞれは一つの見出し語の中で解説されており3の記述は不適当である。一方で「期間」「器官」は語源も異なる**同音異義語**で、このような語はそれぞれ異なる見出し項目で解説される。

問5 比喩表現は文学的な作品などで**修辞的**な技法として意識して用いられる一方で、日常生活では無意識に使用される表現も多く見られる。例えば「机の足」や「瓶の口」などは物の部分を人間の体に置き換えた比喩表現であるが、それを意識することはあまりないため、1は適当ではない。また2「～のような」は典型的な比喩標識で、これを含む表現は**直喩(シミリ)**とされる。3の**換喩(メトニミー)**は関係の近さによる比喩を指し、例えば「永田町」と言うことで「政治家」を指すような表現で文学作品のみではなく日常的にもよく用いられる表現である。4は正しい記述で、「AはBだ」など一見比喩だと気付きにくい形を取って喩える表現を**隠喩(メタファー)**と呼ぶ。

問1：3　問2：4　問3：2　問4：3

問1　動詞タ形が持っている複数の用法が文法上どのような分類に当たるのかを問う。未来の時を表すル形と対応する過去の時を表すタ形は発話時を基準にしたテンスの問題である。時を問題にせず発見や確認のような話し手の判断や態度を表すのはモダリティとしての用法である。「もう」などの副詞と共起して表される完了は事態の局面や相を表すアスペクトに分類される。

問2　1、2、3が適当ではないことについて、次の根拠が挙げられる。1の発話時とほぼ同時のことは「あ、バス来たよ」のように表すことができる。2のまだ終わっていない出来事として「＊まだレポートを出さなかった」のように副詞「まだ」と一緒に現れることはできない。3の過去の特定の時間について「＊昨日もうレポートを出しましたか。」のように「昨日」という副詞が入ると非適格になる。4の例として「今来た」のように「今」という副詞を取って直前の出来事を表す用法が挙げられる。

問3　制約とは「ある形式が現れることができない」または「ある形式しか現れない」など特定の場合に条件があることをいう。2の当為のモダリティである「べきだ」は、「明日は一人で行くべきだ」のようにまだ起こっていないことに関して、また「1年生は4年生より早く来るべきだ」のように特定の時間と結び付かないことに関してそれが実現することが望ましいということを表すモダリティである。この意味とすでに起こったことを表現するタ形の意味が合わないため、接続しないという制約を持つ。1、3、4はそれぞれタ形に接続できる助動詞の例である。

問4　3の時間を表す「〜前に」が接続する場合、「寝ル前に歯を磨きます」のように動詞の形式は辞書形でなければならない。主文の述語のテンスが過去であっても辞書形となる。従って「＊寝タ前に歯を磨きました」「＊子供が寝ている前に片付けてしまいました」とは言えない。一方で2「〜後で」4「〜途端」が接続する場合は動詞のタ形でなければならない。1「〜ときに」はル形・テイル形・タ形に接続する。

問1：1　問2：3　問3：4　問4：4　問5：2

問1　1は「解く」の使役受け身「解かせられる」の短縮された表現である。他は、全て受け身形。特に「2明かす、3出す、4託す」など**語尾が「〜す」の動詞受け身形は、使役受け身と紛らわしい**ので、能動文を想定して確認してほしい。

問2　**直接受け身**文は3で、能動文は「コーチが私を叱る」の目的語「私」が主語となる「私がコーチに叱られる」の「私が」省略されたもの。他は全て**持ち主の受け身**。例えば、1は能動文「先生が(私の)作文を読む」の目的語「作文を」が「先生に(私の)作文を読まれる」のように、そのまま「作文を」で残っている。

問3 「能動文の述語が自動詞でも受け身文になる」とは、「雨が降る→雨に降られる」のような**自動詞文の間接受け身**（「迷惑の受け身」と呼ばれることが多い）を指す。この迷惑の受け身に当たるのが4「赤ちゃんが泣く→赤ちゃんに泣かれる」。他は、直接受け身（AがBを他動詞→BがAに他動詞＋レル）で、例えば、1は「部員全員が彼女を信頼する→彼女が部員全員に信頼される」となる。

問4 許可（容認）は4で、1と2は誘発（原因／責任）、3は強制。使役の典型例の**強制**＝3は、それを**したくないと思っている弱い相手**に、強い力・権限を持った人が、**無理やりさせる**というイメージで、「ニンジンが嫌いな子どもにニンジンを食べさせる」のようなもの。**許可（容認）**＝4は、それを**したいと思っている相手**に、強い力・権限を持った人が、そんなにしたいなら**許してあげる**というイメージ（4は「本人の夢でもあるので」がポイント）。**誘発（原因／責任）**は、行為者の意図していない行為が要因となり、**結果的にその行為の受け手に心理的・物理的な変化をもたらす**というイメージ。1では意図しない「子犬の愛らしいしぐさ」によって、それを見た家族が和むという結果がもたらされたと解釈できる。

問5 可能の2大用法である能力可能と状況可能の違いを問うもの。**能力可能**は「100mを12秒で走れる」など、**動作主体が持っている能力**による可能であり、**状況可能**は個人の持つ能力ではなく、**外的な条件や制約によって**可能か不可能かが決まるものである。2は個人の能力ではなく、外的な「午前中だけ」という条件で、「1000円で映画が見られる」が達成できる状況可能であり、他は全て能力可能である（3の「得意じゃないけど」は外的な条件や制約には当たらない）。

問題11

問1：1	問2：2	問3：4	問4：2	問5：3

問1 省略される要素、つまり普通なら無いものが繰り返されることでそこに焦点が当たり、結果として強調される。省略されない要素であっても繰り返しには同様の効果がある。

問2 1～4すべての例で主語が省略されているが、2だけが「間違えてしまった」の縮約形「間違えちゃった」となっている。1の「ご飯食べた。」はヲが、3の「早く行かなくては。」は後続する部分「ならない」が、4の「あの人来た？」ではハが省略された例である。

問3 「れば」「ておく」「てしまう」「ではない」は初級レベルで導入される文法項目であるが、縮約するパターンとして初級のテキストで紹介されるのは「では」が「じゃ」に変化する4の「じゃないです」「じゃありません」である。

問4 2の終助詞「わ」は「私が行くわ」「私、行きませんわ」のように動詞に付加すると話し手が女性であるイメージを導く。対して1の終助詞「ぞ」は「行くぞ」、3の助動詞「だ」は「それはうそだ」、4の動詞の命令形「ちょっと来い」は男性的なイメージと結び付く表現である。

問5 **役割語**とは特定の話し方と人物像とが連想関係として結び付けられ、かつ社会的にその知識が共有されているときのその話し方のことを指す。「そうよ、あたくしが存じておりますわ」という話し方に対して多くの日本語話者は裕福な家庭の女性というイメージを持つはずである。このような表現は役割語として〈お嬢様・奥様言葉〉と捉えられる。

このような特徴は男女差や年齢だけでないため4は不適当、特定の外国の出身者のイメージと結び付いたり、架空のキャラクターのイメージを作ったりすることもできるため1は間違い。またアニメなどでは、声の高さや抑揚なども重要な要素として機能するため2は間違いである。正解である3の「まったくの想像で作られたもの」の例としては宇宙人の話し方などがある。

問題12

問1：2　問2：3　問3：3　問4：1　問5：4

問1 **語形変化のない孤立語**は2ベトナム語のみで、他の1トルコ語、3モンゴル語、4インドネシア語は**規則性が高い語形変化のある膠着語**。他の言語では、孤立語は**タイ語、中国語**、膠着語は**日本語、韓国語**など。

問2 　3**英語**は膠着語の特徴（現在 play→過去 played や単数 pen→複数 pens）も屈折語の特徴（go→went や child→children）も孤立語の特徴（put や water〈語形変化なし〉）も**全て持っている**。

問3 基本語順が**SOVタイプ**の言語は日本語、韓国語、モンゴル語、トルコ語などで、**SVOタイプ**の言語は、中国語、タイ語、ベトナム語、インドネシア語など。

問4 SOV言語は「**名詞＋後置詞**」、「**述語＋助動詞**」となる場合が多く、反対にSVO言語は「**前置詞＋名詞**」、「**助動詞＋述語**」となる場合が多い。

問5 SVO言語は、「**名詞＋修飾要素**」となる場合が多い（従って、1と2の前半部分は誤り）。しかし、英語は、「**修飾要素＋名詞**（beautiful＋flower）」と「**名詞＋修飾要素**（the flower which I bought）」の**二つの構造を取る**ので4が正しい。中国語は「**修飾要素＋"的"＋名詞**（我喰的点心）」の**構造しか取らない**ので、1と2は後半部分も誤り）。なお、日本語や韓国語などの**SOV言語は「修飾要素＋名詞」**となる場合が多い。

問題13

問1：4　問2：2　問3：1　問4：4

問1 「昨日来た人」は、中国語では「昨天来的人」となる。1はこの中国語の「的」を日本語の「の」に置き換えた誤用で、名詞を修飾する「連体修飾」の場合に現れやすい。また、「かっこう」と「がっこう」では、語頭が無声子音（清音）か有声子音（濁音）かで意味が区別されるが、中国語にはこの「有声音と無声音の対立」がないために2のような誤用が起こりやすい。そして初級日本語では、接続表現として名詞をつなぐ「AとB」の助詞「と」、文をつなぐ「そして」を学ぶが、

言語

解答・解説

最初に「英語のandは〈と〉である」と理解すると、「私は昨日図書館へ行きました。と、帰りました。」のような誤用が現れる。従って、1〜3はAの記述として正しく、不適当なのは4である。「質問」のイントネーションは日本語でも英語でも文末を上げるので、4のような間違いは起こりにくい。

問2 初級レベルで扱われる動詞の活用の中で形式的な例外を持つのはテ形である。Iグループ（五段活用）の動詞のテ形には4通りのパターンがある。マス形の「ます」の前の音が「き」または「ぎ」のときはイ音便、「ち」「り」「い」のときは促音便、「に」「び」「み」のときは撥音便がそれぞれ生じる。

き・ぎ→いて・いで、ち・り・い→って、に・び・み→んで

テ形の活用での例外は2の「行きます」である。ルールに従えば「行いて」だが実際は「行って」となる。残りはルール通りで、1は「嗅いで」3は「帰って」4は「返して」となる。

問3 この中で例外的な特徴を持っているのは1の「同じ」である。「AとBは同じだ。」の「同じだ」と言う述語の形式から、可能性としては「ナ形容詞の基本形」か「名詞＋だ」と考えられる。ナ形容詞であれば「同じな本」、名詞であれば「同じの本」となるはずであるが、どちらも非適格な表現である。名詞を修飾する場合は「同じ本」が正しく、例外的である。それ以外は、2と3はナ形容詞「スマート」「統一的」を名詞と、4は名詞「科学」をナ形容詞とそれぞれ間違えた例である。

問4 4の**スラッシュリーディング(区切り読み)**は文を「意味のかたまり」で捉え、その言語の語順で読めるようになることを目的にしており、音声的訓練を目的にしているとは言い難いため不適当である。それ以外の方法は直接的にアクセントなどの超分節的誤用を修正することを目的にしているわけではないが、音読を含むものであるため個別に活用する方法として紹介することは有効である。

問題14

問1：3	問2：1	問3：3	問4：3

問1 日本語教育でシラバスという場合、コースや授業科目での学習項目の一覧という意味で使われることが一般的である。その項目をどのように教えるかという観点で見ると幾つかに分類される。代表的なものに、**タスクシラバス**、**構造シラバス**、**技能シラバス**、**場面シラバス**があり、そのほかに**話題シラバス**、**概念シラバス**などがある。

タスクシラバスは「銀行で口座を開く」「イベントのポスターを作る」など、課題を遂行することを求めるもので、実践的で実用的な練習を行うことができる。それに対して、構造シラバスは「〜は〜です」「〜がいます／あります」など、言語の構造や文型によって記述されたシラバスで、易しいものから難しいものへと体系的に学習することができるため、文法積み上げ式とも呼ばれている。大学進学を目指す学習者は、大学で勉強するためのアカデミックな日本語が必要とされる。そのため、「まず」課題遂行型のタスクシラバスが選ばれることは一般的ではなく、1は正しくない。大学進学を目指す学習者の多くが学ぶ日本語学校では、体系的に時間をかけて学ぶことができる構造シラバスが選択されるのが一般的である。ただし、構

造シラバスは文法中心に構成されているため、コミュニカティブな力は付きにくいと言われ
ている。ビジネス日本語の習得には、対面や電話での音声による会話、またメールやSNSな
どを用いた情報のやりとりなど、現場ですぐに対応できる実践的なコミュニケーション能力
の必要性も含まれるため、構造シラバスが「まず」選択されるという点で、2も正しくない。
技能シラバスは言語に関する四技能「話す・聞く・読む・書く」のどれかに焦点を当て、個別に
その技能を高める学習項目を設定するものである。初級レベルの授業は「仮名を書く」ことに
集中する時間もあれば、「話す」ことに焦点を当てて全体を構成することもある。その一方で、
構造シラバスを中心に行われる授業も少なくはなく、「必ず」技能シラバスが選択されるとは
言えないため、4は適当ではない。技能シラバスの例として「書く」技能の場合は「レポート
の書き方」、「話す」技能の場合は「プレゼンテーションの進め方」などが挙げられ、中級レベ
ル以降の授業で採用されることが多い。場面シラバスは「コンビニでの買い物」「郵便局で荷
物を出す」など場面ごとに必要な表現に基づいているため、日常生活での会話を学ぶには適
している。従って、3は正しい記述である。

　また、話題シラバスはトピックシラバスとも呼ばれ、「家族」「日本のテレビ番組」「旅行」な
どコミュニケーションの際の話題によって構成されるもので、一般的には中級以上の学習者
に適していることも特徴である。

問2　グライス(Paul Grice)は「会話の公理」を指摘した英国出身の言語哲学者・言語学者で1が適
当である。**オースティン**(John Austin)は英国の言語哲学者で発話を行為と捉える「発話行
為論」を提唱した。**サピア**(Edward Sapir)と**ウォーフ**(Benjamin Whorf)は「言語決定論」「言
語相対論」を唱えた人類学者・言語学者である。**ソシュール**(Ferdinand de Saussure)につい
ては、キーワード問題17(p.129)を参照。

問3　1は「当面の状況と直接関連性のあることを話せ」という「**関係の公理**」の違反で、その結果
話題を変えて発話者の意図をそらしている。2は「自分が確信していることを語れ。うそを言
うな」と言う「**質の公理**」の違反である。4は遅刻の理由を問われているのにはっきり答えて
おらず、「曖昧さがないように明確に話せ」と言う「**様態の公理**」の違反である。グライスの会
話の公理にはもう一つ「必要なことを必要なだけ述べよ。言葉数が多すぎても少なすぎても
いけない」との「**量の公理**」がある。正解は3で、「暑いですね」と言う発話に対して「本当に、
暑いですね」と全ての公理に違反のない返答となっている。

　ここで注意したいのは、「違反しているから会話が成り立たない」ということではなく、公
理に違反している会話には発話者の意図(含意)があると聞き手が推測しているので、正答の
3以外も会話が成立しているという点である。例えば、選択肢4の場合は遅刻の理由を問わ
れているのに、「え？いや、その、遅刻じゃなくて、えーっと」と答えているが、明確に答えず
に曖昧にごまかしている点から、聞き手は「何か事情があったのでは？」と推測しながら会話
を続けるのである。

問4　学習を開始した頃は日本語の語彙や文法項目を理解することが中心となるが、対人関係や配
慮行動による言語表現の異なりを学ぶことも大切である。問題は会話を適切に進める方法に
ついての記述を尋ねるものである。正しいのは3で誘いを断る場合に「行きません」と答える

のは強く拒否する印象になり、親しい相手でも人間関係に悪影響を与えかねない。「行けません」のように可能形の否定とすれば、無意志の形になり印象は少し良くなる。1の「～てください」は、まず丁寧な表現として導入されることが多いが、「依頼」だけでなく「指示」の機能もあるので、かえって失礼な印象になることがある。また、2では相手の都合を聞く前に一緒に行くことを前提にしており、相手の意向を聞いていないのでかなり強引な印象になる。適当ではない。また、日本語でははっきりと断らない曖昧な表現はよく用いられる。従って、4も正しくない。

問題15

| 問1：2 | 問2：4 | 問3：3 | 問4：1 | 問5：4 |

問1 生成文法論を唱えたのは米国の言語学者**チョムスキー**(Noam Chomsky)で、コミュニケーション能力を提唱したのが**ハイムズ**(Dell Hymes)である。従って、正解は2となる。米国の言語学者であるブラウン(Penelope Brown)とレビンソン(Stephen C. Levinson)は**ポライトネス理論**を提唱した。ポライトネスとは会話相手との関係性を保つため自分の言動に配慮を表すことを意味しており、日本語での単なる「丁寧さ」とは異なる。米国の言語学者レイコフ(George P. Lakoff)は**認知言語学**という新しい領域をスタートしたうちの一人であるとされる。

問2 ハイムズが提唱した「**コミュニケーション能力**」という概念は、それまで世界の言語教育の主流となっていたオーディオリンガル・アプローチへの批判と結び付き、**コミュニカティブ・アプローチ**を発展させた。コミュニカティブ・アプローチでは、多様な場面やコンテクストを設定したロールプレイなどの実際のコミュニケーションに近い言語活動が授業に取り入れられている。従って、4は正しい。そこでは学習者それぞれに焦点を当てコミュニケーションの機会を与える必要があるとする**学習者中心主義**という考えが含まれていることも特徴であり、1の記述はこの点に反している。また、コミュニカティブ・アプローチでは、「構文」と「意味情報」を実際の使用場面で結び付け、理解するための教育を行うことを目指した。従って、2は正しくない。3の刺激と反応は行動主義の理論に含まれる用語で、この理論は当時の教授法の主流であったオーディオリンガル・アプローチに影響を与えている。3も不正解。

問3 **JLPT**(Japanese Language Proficiency Test 日本語能力試験)は1984年に開始され、2010年には幾つかの改変が行われている。現在ホームページ上の主催者のあいさつには、新しい試験について「多様化した学習者のニーズに対応すべく、よりコミュニケーション能力を重視した」とある。3の記述はこの考えに基づいた正しい記述である。**JFスタンダード**は国際交流基金が**CEFR**(Common European Framework of Reference for Languages: Learning, teaching, assessment、ヨーロッパ言語共通参照枠)に基づいて作った枠組みであるため1の記述は正しくない。CEFRとは2001年に発表されたヨーロッパの言語教育・学習・評価の場で共有される枠組みで、以後、世界で広く利用されている。また、JFスタンダードの課題遂行能力は、CEFRのものと同様にA1～C2までの六つのレベルに分かれているので、2の記述も正しくない。さらに、JLPTは「話す」ことを対象にしていない。従って、4は正し

くない。

問4 日本語でのコミュニケーション上の特徴は、ポライトネス理論に基づいて配慮行動という概念で論じられるようになった。それは「依頼・誘い」とそれを「断る」場合に表れやすい。1は依頼について「(あなたが)持ってきてくれませんか／くださいませんか」よりも「(私があなたに)持ってきてもらえませんか／いただけませんか」とした方が丁寧であるとしており、正しい記述である。これは他の言語でも見られる普遍的な特徴であるが、間接的な表現がコミュニケーション上で重要な役割を担うかどうかは文化の差によるところが大きい。日本語では間接的な表現が好まれるが、それをあまりに強く捉えて必要以上に間接的にしてしまうことは過剰な一般化である。自分にとって不利益で理不尽な誘いを断る場合には日本語でも直接的な表現が使われるため、「必ず間接的」であると教えるのは正しくない。従って、2は正しくない。3は敬語の形式的な誤りで、丁寧さの不足が問題なのではない。「お＋動詞連用形＋になる」で尊敬語になるが、動詞の連用形が1拍の場合にはこの形式を取れない。「来る」の連用形は「来(き)」であるため、「お来になる」は間違っていると教えなければならない。また、誘う場合には、尊敬語「いらっしゃる」を使った「いらっしゃいませんか」という表現が用いられるが、目上の人に対していつでも使えるほど丁寧ではないため、4も正しくない。例えば、学生が計画中の食事会に「先生もいらっしゃいませんか」と誘うのは、場合によっては失礼な印象を与えることがある。この場合は「先生も参加していただけないでしょうか」のような依頼表現が適切であろう。

問5 ここで挙げている返答は全て、語彙(ごい)の選択や文法の間違いは含まれていない。しかし、目上の人(先生)に対して二人称(つまり「あなた」)を使用するという1は不自然であり、場合によっては失礼な印象を与えかねない。初級の段階で「あなた」の使用が固定してしまうと起こりやすい問題である。2の「動詞て形＋あげる」は話し手と同等か目下の人に対して使う表現である。2では先生に対してなので尊敬語の形式にはなっているが適切な表現とは言えない。3のような目上の人から依頼された場合には「今忙しい」のような否定的な情報を加えると依頼に応えて行動することが恩着せがましい印象になる。依頼に対して断る場合は、親しい間柄でも4のように直接「行けない」と答えるのではなく、間接的な言い方をすることが適切だと言える。

6. 聴解

聴解問題攻略のカギは、何といっても問題の形式に慣れることです。流れてくる音声問題を聞き取り、即座に判断・解答するのは難しいですが、日本語教師になって学習者を教えるときも同じです。まずは要点を整理、問題を繰り返し解いて自信を付けましょう。

聴解耳をつくろう

練習問題

石澤徹
東京外国語大学大学院国際日本学研究院准教授

模擬問題

棚橋明美
ヒューマンアカデミー日本語教師養成講座講師

聴解

誤った発音を分析するためには、発音の仕組みを知ること、そして、日本語として不自然な発音を聞き、知識と知覚（聞き取り）を統合して判断できるようになることが重要です。ここではまず日本語の音声の基礎的な知識を確認しながら「聴解耳」を鍛えて、学習者の発音上の誤りを適切に聞き取り、分析できるようになるための基礎体力を伸ばしましょう。その後「練習問題」で問題形式に慣れ、本試験と同じ形式の「模擬問題」にチャレンジしましょう。

聴解耳をつくろう❶　　単音

私たちは日常でさまざまな音声を発していますが、音声器官を作用させて言語音を発することを「調音」と呼びます。そして調音された音声を、ある言語における意味の区別という観点から分析・分類したものを「音韻」と呼びます。意味の違いを担う音韻上の最小単位を「音素」と呼びますが、実際の音声上の最小単位を「単音」と呼びます。ここでは日本語の単音（母音、子音）について確認し、それらがどのように調音されているか考えましょう。

🎧 02-03 [やってみよう　単音]

問　これから聴こえてくる二つの語は、何が違っていますか。平仮名で違いを書きましょう。

例　＿＿ら＿と＿は＿＿

1＿＿＿と＿＿＿　　2＿＿＿と＿＿＿　　3＿＿＿と＿＿＿　　4＿＿＿と＿＿＿

5＿＿＿と＿＿＿　　6＿＿＿と＿＿＿　　7＿＿＿と＿＿＿　　8＿＿＿と＿＿＿

解答 **例** ら／は（なら - なは）　**1** ま／さ（まめ - さめ）　**2** り／ろ（りんご - ろんご）
3 せ／ひ（せんど - ひんど）　**4** む／ゆ（ムース - ユース）　**5** ぞ／ちょ（ぞうしょく - ちょうしょく）
6 し／せ（しんろ - せんろ）　**7** ち／と（そち - そと）　**8** じゅ／にゅ（ジュース - ニュース）

解説

ここでは、母語話者にとってなじみの深い平仮名で違いを書き出してもらいました。平仮名を使って書き出すことはさほど難しくないと思います。しかし、これはあくまでも日本語の文字で表された音を抜き出しているため、音声学での最小単位とは言えません。そこで、単音レベル、つまり、よ

り細かい単位で考えてみると、「母音は共通しているが子音が違う」など、より具体的に違いを考えることができます。この点に不安がある方は、次の「音声知識のまとめ」で基礎知識を確認した上で、「確認しよう」に挑戦してみましょう。なお、「やってみよう」で気を付けるポイントは「拗音」です。仮名2文字で表しますが、音声学ベースで考えると、／チョ／[tɕo]、／ファ／[ɸa]のように、拗音も子音と母音の組み合わせで作られていることが分かります(詳しくはワンポイント③を参照)。

［音声知識のまとめ　単音］

　私たちが産出するあらゆる音は、声帯振動によって作られる「声」を伴う「有声音」と、それを伴わない「無声音」に分けられます。発声する際、喉仏の辺りを少し押さえるようにしてみると、振動を感じられるのではないでしょうか。振動を感じれば有声、感じなければ無声です。呼気(吐いた息)は肺から気管を通って声帯を通り抜けて、口を通って出てきます。日本語の母音は、「アイウエオ(音声記号は[a][i][ɯ][e][o])」と五つに分けられます。母音は基本的に声帯の震えを伴いますが、その音色は、口の中(口腔といいます)での響きの違いで変わります。

　具体的には、口腔内の広がり方を変える「開口度(舌の高さ)」、口腔の形を変える「舌の前後位置」、そして、「円唇性(唇のまるめ)」です。図1を見ながら、矢印に従って異なる母音をゆっくり続けて発音してみてください。その際、顎の下に手を置いて、開口度を確認し、舌の位置が口腔内の前後、上下どの辺りにあるか意識を集中して確認しましょう。その際、唇の形状にも注意してみましょう。体感を伴って理解し、納得することが大切です。

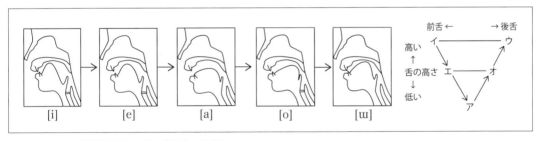

図1.　母音の口腔断面図と、舌の位置との関係

表1. 母音の分類表

5母音 [音声記号]	唇の形状	舌の 前後位置	舌の高さ	音素記号
イ[i]	非円唇	前舌	高母音	/i/
エ[e]	非円唇	前舌	中母音	/e/
ア[a]	非円唇		低母音	/a/
オ[o]	円唇	後舌	中母音	/o/
ウ[ɯ]	非円唇	後舌	高母音	/u/

ワンポイント①　単音と音素

音声学的最小単位である「単音」は[　]でくくられた国際音声記号で表します。一方、意味の違いを担う音の最小単位は「音素」といい、／　／に入れて記述します。例えば「りんご」と「あんない」の「ん」は 実は異なる音(単音)ですが、日本語としては／ン／という一 つの音(音素)です。

一方、その呼気の流れを、声門(声帯)、舌、歯、唇で妨害してつくる(調音する)音が子音です。妨害の仕方によってさまざまな音となります。子音は、どこで(調音点)、どのように(調音法)妨害するか、また、声帯の振動を伴うかどうかによって分類できます。次のページに、日本語の子音の分類法に基づいて音声記号と口腔断面図をまとめた表がありますので、確認してみてください。口腔断面図の見極めポイントも確認しておきましょう。

なお、口腔断面図ですが、そもそも何を表しているのかつかみづらいと感じている方もいるかもしれません。頭全体を表しているのではないため、どの部分か分かりにくいと感じている人は、図2を参考に、空洞以外の部分、つまり体の器官である部分に色を塗るなどして、何を表した図かということを理解するように努めましょう。

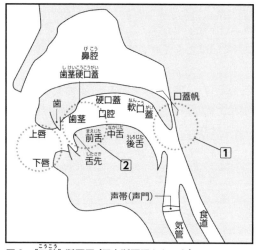

図2．《口腔》断面図（正中断面図ともいう）

見極めポイント**1**

口蓋帆の開閉は気流が鼻腔に流れるかに関係しています。つまり、ここが開いていたら鼻音(マ行、ナ行など)となります。ただし、口腔内および唇に妨げがない場合は、鼻母音(母音の鼻音化)です。実際にマ行、ナ行、／ン／を発音して、確認してみましょう。

見極めポイント**2**

舌面がくっついているかどうかは、調音法の違いに関係します。また、舌が上顎のどこにくっついたり近づいたりしているのか、表2を見て特徴を比較しながら、確認してみましょう。

ワンポイント②　母音の無声化

ささやき声で話しているときのように、本来有声音の母音が声帯振動を伴わずに発音される現象を「母音の無声化」といいます。舌の高さが高い狭母音 [i]、[ɯ] は次の条件で無声化しやすいです。
　①無声子音([s]、[k]、[t] など)に挟まれたとき(例：機械 [kikai])
　②無声子音の後、語末のポーズの前(例：～です [desɯ])

ワンポイント③　イ段の子音と拗音

イ段の子音は次に来る母音 [i] の準備をしながら調音されるため、舌面が硬口蓋に向かって持ち上がった状態で調音されます(口蓋化)。その結果、調音点が歯茎だったものは歯茎硬口蓋へとずれ、サ行では [s] ではなく／シ／[ɕi] となります。イ段の子音と拗音は音声学的に近く、同じ子音が用いられるため、／シャ／[ɕa]、／シュ／[ɕɯ]、／ショ／[ɕo] と表記します。ただし、口蓋化しても主要調音点がずれないものは、口蓋化の補助記号 [ʲ] を付けて表します。具体的には／キ／[kʲi]、／キャ／[kʲa]、／キュ／[kʲɯ]、／キョ／[kʲo] となります。なお、簡略表記として／キ／[ki]、／キャ／[kja]、／キュ／[kjɯ]、／キョ／[kjo] と表記される場合もあります。

表２．日本語の音声の整理（上）と口腔断面図付き国際音声記号一覧（下）

※記号は全て子音。基本的にはこれらに母音ア[a]イ[i]ウ[ɯ]エ[e]オ[o]が付いて1拍を構成する。また、【　】で囲まれた音声記号は、検定試験で簡略的にそちらが使われることがある。

※日本語の／ニ、ニャ、ニュ、ニョ／の子音は「歯茎硬口蓋音」だが、国際音声記号にはその記号がないため、広義の硬口蓋音[ɲ]を用いることが多い。（下）またここでは「歯茎硬口蓋音」と「硬口蓋音」を分けているため、日本語の発音で主流の「歯茎硬口蓋音」の欄に配置してある。（上）

	両唇音	歯茎音	歯茎硬口蓋音	硬口蓋音	軟口蓋音	口蓋垂音	声門音
鼻音	マ行[m]	ナ、ヌ、ネ、ノ[n]	ニ[ɲ]*		ガ行[ŋ]	ン[N]	
破裂音	パ行[p]	タ、テ、ト[t]			カ行[k]		
	バ行[b]	ダ、デ、ド[d]			ガ行[g]		
破擦音		ザ、ズ（ヅ）、ゼ、ゾ[dz]（語頭、「ン、ッ」の直後）	ジ（ヂ）[dʑ]【dʒ】				
		ツ[ts]	チ[tɕ]【tʃ】				
摩擦音	フ[ɸ]	サ、ス、セ、ソ[s]	シ[ɕ]【ʃ】	ヒ[ç]			ハヘホ[h]
		ザ、ズ（ヅ）、ゼ、ゾ[z]（「ン、ッ」の直後以外の語中）	ジ（ヂ）[z]【ʒ】				
はじき音		ラ行[ɾ]【r】					
接近音（半母音）				ヤ行[j]	ワ[ɰ]【w】		

（注記）□□□は無声子音、他は有声子音。

	両唇音	歯茎音	歯茎硬口蓋音	硬口蓋音	軟口蓋音	口蓋垂音	声門音
鼻音	[m]	[n]		[ɲ]*	[ŋ]	[N]	
破裂音・破擦音	[p] [b]	[t] [d] [ts][dz]	[tɕ][dz]		[k] [g]		
摩擦音	[ɸ] [β]	[s] [z]	[ɕ] [z]	[ç] ([ʝ])			[h] ([ɦ])
はじき音		[ɾ]					
接近音（半母音）				[j]	[ɰ]		

※□□□は破擦音。音声記号が併記されているものは、左が無声音、右が有声音。
※破裂音・破擦音は調音の際に閉鎖している状態を示している。

口腔断面図は上図の点線部分。

以上のことから分かるように、母音と子音は発音の仕方が異なっていますので、分類においても分けて考えることが重要です。自分の体も使って、声に出して発音し、その声を出す直前で息を止める、などと試しながら、分析をしてみましょう。例えば、「パ」と言おうとして息を止め一時停止すれば、「パ」の子音 [p] を調音するときの口構えでストップしている状況となります。また、先ほどの「喉仏辺りに手を触れながら声を出すこと」で声帯振動の有無を実際に感じ取ることができることも体感してみましょう。ただし、この際注意しなければいけないのは、ささやいてしまうと、母音も含めて全て無声化し、声帯振動の有無が感じ取れなくなってしまうということです。ささやき声でも確かに「アイウエオ」とは言えますが、この場合は空気の通り道を広げているため、空気が声帯に触れなくても外に出てこられる（母音が「無声化」した）状態です。知識と実際の発音が結び付いて身に付くまでは、はっきりと声に出して発音して、知識をまとめるようにしておきましょう。なお、音声記号に慣れていない多くの方は、聴きながら平仮名や片仮名でメモを取ると思いますが、そのときに何が問題かを判断しやすくするために、まずは基本的な点を「やってみよう」で確かめておきましょう。

🎧 04-07 [確認しよう　単音]

問1　これから聞こえてくる二つの語は、何が違っていますか。
　　　　子音が違う場合はC、母音が違う場合はV、両方違う場合はCVで答えてください。

例　C

1_____　2_____　3_____　4_____　5_____　6_____　7_____　8_____

問2　問1の二つの語は、音声的側面において何が違っていますか。異なっていたところは、どのような点で異なっていたのか、以下の選択肢の中から当てはまるものを全て挙げましょう。

A　調音点　　　　　　**B**　調音法　　　　　　**C**　声帯振動の有無
D　舌の高さ（開口度）　**E**　舌の前後位置　　　　**F**　唇のまるめ

例 A、B、C

1_____　2_____　3_____　4_____　5_____　6_____　7_____　8_____

	問題として提示した語彙		問1解答	問2解答
1	まめ [mame]	さめ [same]	C	A、B、C
2	りんご [riŋɡo]	ろんご [roŋɡo]	V	D、E、F
3	せんど [sendo]	ひんど [çindo]	CV	A、D
4	ムース [mɯːsɯ]	ユース [jɯːsɯ]	C	A、B
5	ぞうしょく [dzoːɕokɯ]	ちょうしょく [tɕoːɕokɯ]	C	A、C
6	しんろ [çinɾo]	せんろ [senɾo]	CV	A、D
7	そち [sotɕi]	そと [soto]	CV	A、B、D、E、F
8	ジュース [dʑɯːsɯ]	ニュース [ɲɯːsɯ]	C	B

解説

　ここでは、単音レベルにおいて下記の点が異なっています。特に気を付けてほしいのは、5や8のように、基本的に語頭のザ行、ジャ行の子音が摩擦音ではなく、破擦音であることです。それに、「やってみよう」でも触れましたが、拗音の子音についても注意しておくといいでしょう。また、1、2、4、5、8のように1カ所だけが違うことで意味の対立を持つペアは「ミニマルペア(最少対)」と呼ばれ、発音や聞き取りの練習によく用いられることも、同時に確認しておきましょう。

例：有声歯茎はじき音 [ɾ] と無声声門摩擦音 [h]
1：有声両唇鼻音 [m] と無声歯茎摩擦音 [s]
2：非円唇前舌高母音 [i] と円唇後舌中母音 [o]
3：無声歯茎摩擦音 [s]＋非円唇前舌中母音 [e] と無声硬口蓋摩擦音 [ç]＋非円唇前舌高母音 [i]
4：有声両唇鼻音 [m] と有声硬口蓋接近音 [j]
5：有声歯茎破擦音 [dz] と無声歯茎硬口蓋破擦音 [tɕ]
6：無声歯茎硬口蓋摩擦音 [ç]＋非円唇前舌高母音 [i] と無声歯茎摩擦音 [s]＋非円唇前舌中母音 [e]
7：無声歯茎硬口蓋破擦音 [tɕ]＋非円唇前舌高母音 [i] と無声歯茎破裂音 [t]＋円唇後舌中母音 [o]
8：有声歯茎硬口蓋破擦音 [dʑ] と有声歯茎硬口蓋鼻音 [ɲ]

聴解耳をつくろう❷　拍・リズム

　われわれが使う言語は、どの言語であっても発声器官から「音の固まり」として発せられます。そしてそれぞれの言語において、まとまって聞こえる音の単位があり、それを「音節」と呼びます。一般的に、一つの母音の前後に子音が付き、一つの音節を構成します。そして、音声言語として日本語を考える際には、もう一つ、「拍」(またはモーラ)という概念が必要です。拍は、日本語特有の単位で、母語話者であれば、メロンなら3拍、パイナップルなら6拍と、しり取りなどの言葉遊びや俳句・川柳などによって感覚的に身に付いています。ここでは日本語の音の固まりの捉え方である「拍」について確認し、学習者の発音における特徴を捉えるヒントにしましょう。

🎧 08-09 [やってみよう　拍・リズム]・・

問　聞こえてくる二つの言葉が何拍か、指を折りながら数えてみましょう。幾つだと思いますか。

　　例　2拍

　1＿＿＿拍　　**2**＿＿＿拍　　**3**＿＿＿拍　　**4**＿＿＿拍

解答 **例** 2拍(なら - さが)　**1** 3拍(なごや - おおつ)　**2** 3拍(きんき - きょうと)
　　　3 4拍(スリップ - トランプ)　**4** 6拍(きたきゅうしゅう - ロサンゼルス)

解説

　異なる言葉であっても、同じ拍数になるということが体感できたでしょうか。機械で正確に測れば全ての拍の長さが完全に同じわけではないのですが、日本語では、一つの拍は大体同じ長さとして捉えます。母語話者にはこの拍感覚が自然に備わっていることが多いです。なお、拗音は2文字で表しますが1拍ですので気を付けましょう。

[音声知識のまとめ　拍・特殊拍]・・

　基本的に、日本語の音の固まりの単位である「拍(モーラ)」は、母音一つまたは子音＋母音で構成されます。多くの場合、拍と音節は一致することが多いです(その拍のみで音節となれるものを「自立拍」と言います)。しかし、メロンの「ン(撥音)」や「パイナップル」の「ッ(促音)」、ピーチの「ー(長音)」のように、それだけでは音節を構成することができない拍も存在します。これらは特殊拍(または特殊モーラ)と呼ばれ、日本語特有の単位となります。英語など、「音節」で音の固まりを区切る言語をずっと使ってきた非日本語母語話者にとっては、「拍」の感覚は簡単には実現できないことも少なくありません。同じ「1拍」という長さの観念であっても、実際に物理的な音声を機械で測定すると、同じではないこともあります。特に特殊拍や母音が連続するような言葉では、1拍の長さが維持できず、非常に短くなったり、前の拍を伸ばしてしまったりして、リズムが不自然になることもあります。日本語教育の現場で

は、この音節と拍の関係を意識した指導を心掛けることが重要ですが、最近では、「プロソディーグラフ」と呼ばれる視覚補助教材を用いて、分かりやすく長さを見せ、学習者に気付きを促す指導も行われています。

🎧 10-11 [確認しよう　拍・リズム] ·······································

問　聞こえてきた言葉が拍と音節、それぞれで数えると、幾つずつになりますか。

例　3拍2音節

1 ＿＿拍＿＿音節		**2** ＿＿拍＿＿音節		**3** ＿＿拍＿＿音節			
4 ＿＿拍＿＿音節		**5** ＿＿拍＿＿音節		**6** ＿＿拍＿＿音節			
7 ＿＿拍＿＿音節		**8** ＿＿拍＿＿音節					

解答　例 りんご　**1** オレンジ - 4拍3音節　**2** 教育 - 4拍3音節　**3** 焼き魚 - 5拍5音節
4 携帯電話 - 7拍5音節　**5** 決勝戦 - 6拍3音節　**6** マルチメディア - 6拍6音節
7 コミュニケーション - 7拍5音節　**8** シェットランドシープドッグ - 12拍8音節

解説

　各問題の語は右の通り。拍と音節の数え方を反対にしてしまわないように気を付けましょう。また、／アイ／／ウイ／のような母音の連続は音節でも拍でも別々の音の固まりとして数えますので注意しましょう。なお、下線を付したのは、特殊拍を含む音節です。特殊拍を含む音節は「重音節」とも言います。重音節の後部要素となった特殊拍の種類で線種を分けておきましたので、確認しておくといいでしょう(太線：長音、細線：撥音、波線：促音)。

1	拍	4 (オ-レ-ン-ジ)
	音節	3 (オ - レン - ジ)
2	拍	4 (きょ-う-い-く)
	音節	3 (きょう - い - く)
3	拍	5 (や-き-ざ-か-な)
	音節	5 (や - き - ざ - か - な)
4	拍	7 (け-い-た-い-で-ん-わ)
	音節	5 (けい※ - た - い - でん - わ)　※けい＝けー
5	拍	6 (け-っ-しょ-う-せ-ん)
	音節	3 (けっ - しょう - せん)
6	拍	6 (マ-ル-チ-メ-ディ-ア)
	音節	6 (マ - ル - チ - メ - ディ - ア)
7	拍	7 (コ-ミュ-ニ-ケ-ー-ショ-ン)
	音節	5 (コ - ミュ - ニ - ケー - ション)
8	拍	12 (シェ-ッ-ト-ラ-ン-ド-シ-ー-プ-ド-ッ-グ)
	音節	8 (シェッ - ト - ラン - ド - シー - プ - ドッ - グ)

聴解耳をつくろう❸　　アクセント

「にほん（日本／二本）」や「かえる（帰る／カエル）」のように、仮名文字にすると同じでも、拍の音の高さの並びの違いで意味が変わるものがあります。そして、単語それぞれに対して社会的慣習で恣意的に決まっているそれらの拍の、音の高さの並びのパターンをアクセントと言います。日本語は、語のどの拍で音が下がるのかによって意味が変わる「高低アクセント」の言語です（なお、音が下がる拍のことを「アクセント核」と呼びます）。まずは、日本語の「音の高低」を聞き取ってみましょう。

🎧 **12-13** [やってみよう　アクセント]⋯⋯⋯⋯⋯⋯⋯⋯⋯⋯⋯⋯⋯⋯⋯⋯⋯⋯⋯⋯⋯⋯⋯⋯⋯

問　聞こえてくる二つの言葉の音の高低配置が同じか（S）異なるか（D）判断しましょう。

例 _S_　　**1** ____　　**2** ____　　**3** ____　　**4** ____

解答 例 S（奈良 – 佐賀）なら – さが
　　　1 D（声 – 風）こえ – かぜ　　　　　**2** S（朝日 – 明石）あさひ – あかし
　　　3 S（進路 – 経路）しんろ – けいろ　　**4** D（福岡 – 広島）ふくおか – ひろしま

解説

　拍数が同じと考えられる二つの言葉を聞いて、アクセントパターンが同じかどうかを聞き取る問題です。もちろん、実際の試験問題では1フレーズを聞いて解答するわけですが、まずは単語でアクセントに慣れることが肝心です。単音が違ってもアクセントが同じであることを感覚的に刷り込むためには、意図的に同じアクセントになるさまざまな単語を聞いて、アクセントに集中し聞きとりに対する敏感さを鍛えたりする必要があります。ぜひ音声を繰り返し聞いて、アクセントの下がり目があるかないか、あるならどこになるかを聞き取る練習をしてみましょう。

[音声知識のまとめ　アクセント]⋯⋯⋯⋯⋯⋯⋯⋯⋯⋯⋯⋯⋯⋯⋯⋯⋯⋯⋯⋯⋯⋯⋯⋯⋯

　ここからは、現代東京方言のアクセントを基本として進めていきます。東京方言以外の方言のアクセントと東京方言のアクセントのルールは異なっているところがありますので、まずは東京方言のアクセントのルールを確認しておきましょう。
ルール①　語が単独で発話されたとき、1拍目と2拍目の音の高さは異なる。
ルール②　一つの語の中で、いったん下がれば、上がることはない。
　つまり、単語ごとにアクセント核（下がり目）があるかないか、アクセント核がある場合、語のどこにあるのかが重要だと言えます。アクセント核の有無とその位置の違いによるパターンの分類は次の通りです。

＊アクセント核がある
　→単語の最初の拍：頭高型
　　例：み̇かんが……
　→単語の途中の拍：中高型
　　例：にほ̇んが（日本が）……、たまね̇ぎが（玉ねぎが）……
　→単語の最後の拍：尾高型
　　例：おとこ̇が（男が）……
＊アクセント核がない：平板型
　　例：さくらが（桜が）……

　尾高型と平板型は単語だけで発音すると同じになるため、助詞を付けて考えるとよいでしょう。日本語教育の現場では、規範的なアクセントについて知識を持つことはもちろん重要ですが、学習者の発音を聞いて、母語話者のものとどこが違っているか、何が不自然かを分析し、判断することが必要となります。そのためにも、アクセントを聴き取る力、そしてアクセントを比べ、同じかどうか判断する力が求められます。これはトレーニングをすることで向上できますので、「やってみよう」「確認しよう」を何度も聞いてみましょう。

🎧 14-17 ［確認しよう　アクセント］…………………………………………

問1　聞こえてきた言葉のアクセントの下がり目を探してください。アクセントの下がり目があれば、どこにあるか特定してみましょう。下がり目がない場合もあります。

例 ①⌐②

1 ①② 　**2** ①②③ 　**3** ①②③ 　**4** ①②③④ 　**5** ①②③④⑤⑥

6 ①②③④⑤⑥ 　**7** ①②③④⑤⑥⑦ 　**8** ①②③④⑤⑥⑦⑧

問2　問1と同じ言葉が耳慣れないアクセントで発音されます。アクセントの下がり目を探してください。アクセントの下がり目があれば、どこにあるか特定してみましょう。下がり目がない場合もあります。

1 ①② 　**2** ①②③ 　**3** ①②③ 　**4** ①②③④ 　**5** ①②③④⑤⑥

6 ①②③④⑤⑥ 　**7** ①②③④⑤⑥⑦ 　**8** ①②③④⑤⑥⑦⑧

解答
問1　例 な⌐ら
　　1 こ⌐え　**2** あ⌐さひ　**3** し⌐んろ　**4** さかさま　**5** おかやま⌐けん　**6** ロサンゼルス
　　7 コラボレ⌐ーション　**8** メーリングリ⌐スト

179

問2　**1** こ⌐え　**2** あさ⌐ひ　**3** しんろ　**4** さか⌐さま　**5** おかや⌐まけん　**6** ロサンゼル⌐ス
　　　　7 コラ⌐ボレーション　**8** メーリ⌐ングリスト

　アクセントの下がり目について慣れるための練習です。実際の問題では、不自然なアクセントを
聞き取り、そのアクセントの高低を判断する必要がありますが、実際の授業では、日本語の特に東京
方言アクセントについて、アクセント記号を見て実際のアクセントが分かるという力も求められます。
その両方の準備として、実在する語を聞いて、下がり目の位置を判断する練習を積み重ねておきましょ
う。「アクセントの下がり目」の有無を判断するという作業は、前後の音の高さを比較し、後ろの拍
の方が音程が低いということを知覚する作業だと言えます。そのため、最初から語の全ての拍の音
の高低を考えるのではなく、まずは、短い2拍の問題でランダム再生しても正解できるまで聞きこん
で、下がるときと下がらないときの違いを頭の中に「基準」として持つ練習を繰り返しましょう。そ
れが終わったら、拍数が多いものにも挑戦しましょう。そして、拍数に関係なく、まず最初は「音の
下がり目があるかどうか」を見つけることから始めましょう。なお、下がり目の位置を捉えるためには、
拍を的確に捉える必要もあります。6拍の問題であれば、すぐに6拍分の文字にできるようにメモの
取り方も合わせて練習してみましょう。アクセントの下がり目、つまりその語の中で音の高さが(最
も大きく)下がる所があるかどうか、聞きながら考えてみましょう。ぜひ、ランダム再生も行いながら、
何度も繰り返して聞くようにしてください。

聴解耳をつくろう❹　　プロソディー

　われわれの話している言葉は、単音(子音と母音)とプロソディー(韻律とも呼ばれる)に分けること
ができます。プロソディーとは、単音の組み合わせで構成された音節や語、それらの組み合わせの文
全体に係る音の高さや長さなどの特徴のことで、既に紹介したアクセントはプロソディーの一つです。
プロソディーは文字に表れにくいことに加え、「その言語らしい自然な発音」ということにも大きく関わっ
ていると言われています。ここでは、イントネーションとプロミネンスについて学習し、それぞれの項
目が持つ特徴をしっかり理解しておきましょう。

🎧 **18-19** [やってみよう　プロソディー] ⋯⋯⋯⋯⋯⋯⋯⋯⋯⋯⋯⋯

問　二つの文は音声面で違いがあります。どこが異なるか考えてみましょう。
　　　　　　　　　　　　　　　　(文章は1から4まであります。)

　ここでは、音声面の特徴で意味や意図、ニュアンスが異なるものを聞いてもらいました。1のよう
に特殊拍の有無によって意味が変わるものや、2のようにアクセントが異なることで意味が違うも
のもありますが、3のように文末の高さの変化の仕方によって発話者の表現意図が表されたり、4

のように文中で目立たせられた箇所が違うことで、フォーカスしている所が違ったりするものもあります。3は句末・文末イントネーション、4はプロミネンスといいます。以下で確認してみましょう。

1　特殊拍の有無で意味が違う（すみません、ちょっと来てもらえませんか。-すみません、ちょっと切ってもらえませんか。）
2　／キテ／のアクセントが違う（すみません、ちょっと**来て**もらえませんか。-すみません、ちょっと**着て**もらえませんか。）
3　文末の／タ／の音の高さが上がっていくものと、そうでないものという違い（聞いた？↑-聞いた↓。）
4　高く、強く聴こえる場所が違う。（昨日 飛行機で 来ました。- 昨日 飛行機で来ました。）

［ 音声知識のまとめ　プロソディー ］

◆イントネーション

　イントネーションとは、広義には文全体の音の高さの変化のことを言いますが、言語教育などの場面では、話し手の表現意図に関係する、音の高さの変化のことを意味します。特に、文末や句末におけるイントネーションは特徴的で、検定試験でも出題されます。イントネーションは、疑問や驚きなど、文としての意味や機能を表し、話者の気持ちや状況などで変わるものです。学習者が気付きにくいのは、アクセントとイントネーションの区別です。本来、「雨。」を「雨？」と質問文にしても、アクセントの下がり目は変わりません。しかし、質問のための文末のみの上昇を語のアクセントにも適応させてしまうと、「雨？」ではなく、「飴？」のようになってしまい、意味が変わってしまいます。学習者が不自然な発音をしたときに、アクセント（特に下がり目）の問題なのか、適切でないイントネーションが付与されたことによるものなのかを見極めることが重要です。

◆プロミネンス

　日本語の平叙文は、文の最初の部分が高く発音され、文末に向かって徐々に低くなっていきます。平仮名の「へ」の形のようなので、「への字型イントネーション」と言われることがあります。しかし、1語や1フレーズでなく、複数の句から成る文を話すとき、話し手が聞き手に最も伝えたい部分を目立たせようとします。いわゆる強調です。また、コミュニケーションにおける情報のやりとりという点で、自然に強く言うところが変わったりします。よくある例では、「何が見えますか」と「何か見えますか」は、それぞれ　　で囲ったところを聞きたいので、自然に高さが際立ちやすくなります。この高さの際立ち（および際立たせ）のことをプロミネンスといいます。プロミネンスがある文は、目立たせたい部分を高くすることで実現されますが、同時に、プロミネンスがない部分の高さが抑えられ、低くなるということも特徴です。そのため、本来付けるべきところにプロミネンスがなく、誤ったプロミネンスとなっていると、不自然な発話となり、意味を誤解されたり、怒っていると思われたりしてしまいます。

🎧 **20-21** ［ 確認しよう　プロソディー ］ ···

問　これから、教師が学習者の発音を訂正します。学習者の発音上の問題点として最も適当なものを、選択肢a、b、c、dの中から一つ選んでください。

　　　a アクセントの下がり目　b 拍の長さ　c 文末・句末イントネーション　d プロミネンス
　　　1＿＿＿　　**2**＿＿＿　**3**＿＿＿　**4**＿＿＿

解答　**1** c　**2** b　**3** a　**4** d

解説

　後の練習問題では、実際の出題方式と同じ問題を解きますが、そこでは、プロソディーの特徴から二つが共起して出題されることに対応できなければなりません。それに向けて、まずは一つずつ音声的な特徴を理解しておきましょう。

　アクセントの下がり目についてはすでに述べましたが、ポイントは「語の拍と拍の音の高さの違い」です。「高」から「低」への変化の有無や変化の位置の違いが問われます。文末・句末イントネーションは、「文末・句末」と出現位置が特定されているため、比較的分かりやすいですね。抑揚、つまり上がり下がりのことです。発話意図とも関係しますので、この内容をこの言い方はしないだろう、という直感も働かせながら、教師による訂正を聴き比べておくとよいでしょう。一方、プロミネンスは、発話の意図などに応じて、伝えたいところが際立つという音声的特徴と関係します。プロミネンスの位置は句単位で示されます。どこか１拍の強さ、というようなことではありませんので、注意しましょう。なお、拍の長さについては、語の一部が本来の長さよりも長くなったり、短くなったりしているときに選びます。とくに特殊拍関連で出題されることが多いことにも注意してください。

1　学：すみません、今、話せませんか（↓）。
　　　教：話せませんか（↑）。
2　学：らいしゅうの月曜日の授業のことなんですが。
　　　教：らいしゅう（来週）の
3　学：課題は じゅ ぎょ う の後で出しますか。
　　　教： じゅ ぎょ う（授業）の
4　学：後じゃないんですね？　 授業の 前に出しますか。
　　　教：授業の 前に 出しますか。

練習問題

ここからは、本試験と同じ出題順で練習問題にチャレンジしてみましょう。

練習問題 1 アクセント

これから学習者が文を言います。下線を引いた部分について、学習者がどのようなアクセント形式で言ったかを聞いて、該当するものを選択肢 a、b、c、d の中から一つ選んでください。

1番 すみません、<u>イチガヤビル</u>まで行きたいのですが。

2番 このワイン、<u>スペインサン</u>なんですね。

3番 <u>ポイントカード</u>はお持ちですか。

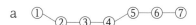

4番 部長、<u>ジンジロウムカノ</u>山田さんがお見えです。

聴解

練習問題

解説

　問題1（アクセントを聞き取る問題）において重要なのは、「下がり目を判断すること」である。1拍目と2拍目の間に「上がり目」がある場合もあるが、見極めるのは難しいかもしれない。まずは、拍と拍の間で大きく音が下がっているところに注意しよう。選択肢を見て、選択肢のアクセントだとどのような発音になるのかを予測しながら聞くことが重要だ。このとき注意してほしいのは、「自分

の普段の発音に引っ張られないこと」と「下がる場合と下がらない場合を脳内再生すること」。「自分の普段の発音に引っ張られないこと」というのは、このように実在語で出題される問題の場合、自分が普段発音しているイメージに近づけて聞いてしまいやすいからである。そのため、流れてきた音源そのもののアクセントパターンを捉える作業なのだ、としっかり理解して臨む必要がある。例えば、「チキン」という語が問題だとすれば、流れてくる音声は「チキン」という正しいアクセントではないはずである。つまり、「チキン」だと思いながら聞くと、予測のときに判断が鈍る可能性があるので、とにかく拍と拍の間の音の相対的な高低の差、特に、大きく下がるところがどこにあるか、ということに注意して、耳を澄ませるようにしてほしい。ちなみに、学習者の実際の発音の場合は、アクセントの高低が正しくない上に、リズムも崩れてしまっていることがある。その点では、検定の問題1ではリズムの崩れはなく、指定の拍数ではっきりと発音している。そのため、各選択肢の丸数字の上に、ターゲット語を1拍ずつ書き込んでおくとよい。

　もちろん、いろいろと気を付けていても判断に迷うことがある。そのような場合は、後ろの拍で下がる場合と、前後2拍が変わらない場合のアクセントの形をすぐにイメージできるようにしておこう。練習問題で不安が残った人は、もう一度「聴解耳をつくろう③アクセント」(p.178)に戻って練習を十二分に行ってほしい。

1番　すみません、イチガヤビルまで行きたいのですが。
2番　このワイン、スペインサンなんですね。
3番　ポイントカードはお持ちですか。
4番　部長、ジンジロウムカノ山田さんがお見えです。

解答　**1番** b　**2番** d　**3番** c　**4番** b

練習問題 **2** プロソディー

28-32

これから、教師が学習者の発音を訂正します。学習者の発音上の問題点として最も適当なものを、選択肢 a、b、c、d の中から一つ選んでください。

1番　a　拍の長さとプロミネンス
　　　　b　アクセントの下がり目
　　　　c　アクセントの下がり目とプロミネンス
　　　　d　アクセントの下がり目と句末・文末イントネーション

2番　a　拍の長さとアクセントの下がり目
　　　　b　アクセントの下がり目と句末・文末イントネーション
　　　　c　プロミネンスと句末・文末イントネーション
　　　　d　拍の長さとプロミネンス

3番 a アクセントの下がり目と拍の長さ

b プロミネンスと拍の長さ

c プロミネンスとアクセントの下がり目

d 拍の長さと句末・文末イントネーション

4番 a 拍の長さ

b 拍の長さとプロミネンス

c アクセントの下がり目

d アクセントの下がり目とプロミネンス

解説

　問題2(発音上の問題点を見つける問題)は複数の問題点を含んでいることが多いが、最大で4種類しかないし、二つの発音を比べればよいので、違いを見つけることに集中すれば、比較的答えやすい。このとき、注目するとよいのは、プロミネンスである。プロミネンスが誤っているとすれば、出題の多くの場合が、プロミネンスがかけられるべきところとは違う語句を強調させてしまった場合なので、二つの音声を聴き比べて、強め、高めに発音されたフレーズが違っているか(文脈として不自然な強調になっているか)どうかで見極めるとよい。拍の長さ、文末句末イントネーションも分かりやすい。アクセントの下がり目は問題1とも関係するが、苦手だという方が多い。不自然に聞こえる最も重要な項目なので、聞いてすぐ判断できる方が望ましいが、そうではない方は、ぜひ先ほどのポイントから確認してほしい。

1番 日:あれ？　食べないんですか。

学:は|し|が(橋が)ないんですよ(↑)

教:は|し|が(箸が)ないんですよ(↓)

2番 日:これ、どこで買いましたか。

学:サポロで|買いました|。

教:|サッポロで|買いました。

3番 日:どうしましたか？

学:|ちょっ|と|つ|も|うしんってどういう意味ですか。

教:|ちょ|とつも|うしん|(猪突猛進)ってどういう意味ですか。

4番 日:明日の予定は？

学:明日は|び|ょういんに行くんだ。

教:明日はび|ょ|ういん(美容院)に行くんだ。

解答　**1番** d　**2番** d　**3番** a　**4番** c

練習問題 3 単音

これから教師が学習者の発音上の問題点を言い直します。学習者の発音上の問題点として最も適当なものを、選択肢 a、b、c、d の中から一つ選んでください。

1番　ダイヤモンドの　ゆびわです。

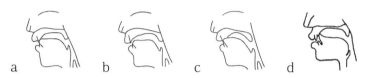

a　　　　　b　　　　　c　　　　　d

2番　しゃいんしょくどうは　なんじからですか？

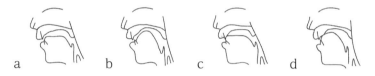

a　　　　　b　　　　　c　　　　　d

3番　ちょっと　かしてください。

a　調音点　　　　　　　b　調音法
c　調音点と唇のまるめ　　d　調音法と唇のまるめ

4番　きのう　はんぶん　おわりました。

a　舌の高さ　　　　　　b　声帯振動の有無
c　調音点　　　　　　　d　鼻腔(びこう)の関与

解説

　問題3は、学習者の単音レベルの誤りの原因を、口腔(こうこう)断面図か用語から選んで答えさせる問題。用語については、母音と子音のどちらの分類に関係しているのかを区別できることが重要となる。口腔断面図を苦手だと思う人は、そもそも断面図が何を表しているのか分からなくなっていることが少なくない。まずは色を塗り分けてみよう。そして、空気の通り道を確認しながら見ておくことで、断面図がヒントになっていることが分かると思う。単音レベルを考える際、子音と母音がどのように発せられるか、その原理をきちんと理解しておこう。特に子音は口腔断面図を使って、喉、肺側から、唇の方に呼気がどのように流れているのかを一つずつ確認しておこう。ただし、声帯振動の有無は断面図では判断できないということも覚えておくとよい。

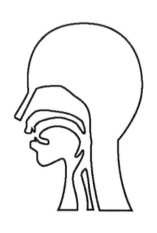

そして、断面図のイラストだけでなく、必ず、ご自身の体も使えれば使ってほしい。声に出し、また、その声を出す直前で息を止めるなどしてみよう。例えば、「パ」と言おうとして息を止め一時停止すると、「パ」の子音 [p] の口構えでストップする。また、声帯振動の有無は、喉仏の辺りに触れながらちゃんと声を出せば、指先で振動が感じ取れる。このとき注意しなければいけないのは、ささやいてしまうと、母音も含め、全て無声化してしまって声帯振動の有無が感じ取れなくなるということだ。また、ザ行は、語頭で発音するのか語中で発音するのかで調音法が基本的に異なる。こういったことも一つずつ確認し、時間はかかるが、確実に歩みを進めてほしい。

1番　学：ライヤモンドのゆびわです。　教：ダイヤモンド
　誤：有声歯茎はじき音　　正：有声歯茎破裂音
　Point! ラ行の場合は舌先が特徴的な図を選ぶ。学習者の発音を答えることに注意。

2番　学：ちゃいんしょくどうはなんじからですか？　教：しゃいんしょくどう
　誤：無声歯茎硬口蓋破擦音　　正：無声歯茎硬口蓋摩擦音（こうこうがい）
　Point! 破擦音を表す口腔断面図は破裂音同様、舌と上顎が接触している図となることに注意。

3番　学：ちょっとかすいてください。　教：かして
　誤：無声歯茎摩擦音　　正：無声歯茎硬口蓋摩擦音
　Point! サ行に関わる問題は頻出。

4番　学：きのう、ひゃんぶんおわりました。　教：はんぶん
　誤：無声硬口蓋摩擦音　　正：無声声門摩擦音
　Point! 拗音（ようおん）については、子音の調音点の問題であることを要確認。

解答　**1番** d　**2番** d　**3番** a　**4番** c

練習問題 **4** 接触場面に関わる問題

38-39

聴解

練習問題

これから、日本語を母語とする人と日本語を母語としない人の会話を聞きます。それぞれについて、問いが複数あります。それぞれの問いの答えとして最も適当なものを、選択肢 a、b、c、d の中から一つ選んでください。

問題　留学生と教育実習生が話しています。最初に話すのは教育実習生です。

問1　留学生の話し方の特徴に当てはまるものはどれですか。
　a　助詞が適切ではない。
　b　拍感覚が身に付いていない。
　c　文末イントネーションが不自然である。
　d　質問に正しく応答していない。

問2　この教育実習生の発話の問題点はどれですか。

　　　a　ティーチャートークができていない。

　　　b　学習者の発話の機会を奪っている。

　　　c　会話の自然な流れを遮っている。

　　　d　アクセントが不自然である。

解説

　問題4では、学習者のスピーチや教室での会話、日本人とのやりとりなどを聞き、話し方の特徴を答える問題が出題される。音声が流れる前に設問を把握し、何に注目して聴くか判断しよう。この問題は、初級後半の学習者と教育実習生による会話という設定。学習者の発話および教師の発話やフィードバックの特徴は頻出な上、さまざまな観点から出題されるため、音声面だけでなく、文法的側面や語用論側面などにも注意が必要。

問1　留学生の発話の特徴を分析する問題。この学習者の場合、促音があるようには聞こえないことがポイント。リズムが崩れていて、拍感覚が適切でない可能性が高い。文末イントネーションは目立って不自然ということはなく、実習生の質問に合った答えを出せていたと言える。細部にも注意を払って聞くようにしよう。

問2　教師や教育実習生の発話に関する問題。教師側の発話の特徴や学生対応の是非が問われることもよくある。学習者を尊重し、学習者が十分理解できたか確認できているか、またその際の対応として、他の誤用を誘発するようなことをしていないか、などを考えるとよい。ここでは、留学生と実習生で、週末のことについてやりとりをしながらウオーミングアップをしている段階だと想定できる。自然な会話のため、誤用があっても、流れを遮らないように訂正を試みることが多いが、この実習生ははっきりと言い直し、学習者もそれをリピートしているため、自然な流れは損なわれてしまったと言わざるを得ない。一つ一つの活動において、どのような意味を持った内容なのか考え、活動に応じて教師の対応を変えることが求められる。

【スクリプト】

日：おはようございます。皆さん、元気ですか。ポンさん、週末はどうでしたか。

学：いそがしかたです。

日：いそがしかったです。

学：いそがしかったです。

日：そうですか。アルバイトでしたか？

学：はい、アルバイト。お客さまは、おおかたです。

日：おおかったですか。何のアルバイトですか？

学：キチンです。

日：キッチンですね。はい、ありがとうございます。

解答 **問1** b　　**問2** c

これから、日本語学習者向けの聴解教材を聞きます。問いの答えとして最も適当なものを、選択肢 a、b、c、d の中から一つ選んでください。

問1　この聴解問題の問題点はどれですか。
- a　発話のスピードが速すぎる。
- b　縮約形が多すぎる。
- c　聴解力が測られていない。
- d　最後だけ聞けば分かる。

問2　この聴解問題が練習活動である場合、聴いた後に行う練習として**考えられないもの**はどれか。
- a　プロソディーシャドーイングを行う。
- b　ディクテーションを行う。
- c　ロールプレイを行う。
- d　次の展開を予想して話し合う。

解説

　問題5では、例年、日本語学習者が教室で行う聴解問題について、「この問題を解くためにどういった知識、能力が求められるか」「この問題で測ろうとしている知識は何か」「学習者が誤答を選んだ理由は」といった実践力が問われる問題が出題されている。スキャニングやスキミングといった情報の取り方に関する知識は頻出してきたが、今後は、CLIL（内容言語統合型学習）に絡めた形での出題もあるかもしれないし、テストや評価に絡めて出題される可能性もある。音声提示できる試験Ⅱは、音声学・音韻論に関するところだけでなく、聴解教材・聴解試験について問うこともできるし、口頭運用能力を測る力を問うこともできる。このとき「聴く力」「話す力」がどのようなものか理解していることを問われる可能性もあるだろう。聞く力、すなわち聴解力の構成要素としては、文法・語彙などの力、談話に関する力、社会言語学的能力、そして、方略的能力が挙げられる。試験作りや評価法についても準備しておくとよい。

問1　二人の会話は丁寧な話し方ではあるが、縮約形も含まれている。しかしそれが理解に影響するということはない。また、発話スピードも特別速いということはない。発話のスピードは遅すぎるとかえって聞き取りにくく、ポーズの置き方の方が重要。また、最後の情報は重要だが、最後だけ聞いても日付は分からない。むしろ、話している日付を計算して考えなければならないため、聴解力そのものを対象とした問題にはなっておらず、聴解問題としては難ありと考えられる。

問2　自然会話をモデルとして用いて、発音練習を行うプロソディーシャドーイングは聴解活動の後に行う活動として十分考えられる。役割を分けて発話練習を行うロールプレイも同様である。しかし、この会話は完結しているため、次の展開の予想は必要がなく、後続する練習活動としては不適切である。ディクテーションは内容の理解が不十分だった場合も含め、聴解素材の適切な理解のために重要な練習活動となり得る。

【スクリプト】
日本人と留学生が話しています。二人が会うのはいつですか。
日：グループワークですが、いつやりましょうか。

学：締め切りは来週の金曜だから18日ですね。

日：まだ10日あるけど、けっこうバイトが入っちゃってて……。

学：そうですか。たぶん合わせられますが、いつがいいんですか。

日：今週はちょっと厳しくて……来週なら、今から調整できます！

学：じゃあ1週間後にしましょう。

問：二人が会うのはいつですか。 A　8日です。 B　10日です。 C　15日です。 D　18日です。

解答 **問1** c　　**問2** d

 6 誤用の分析を伴う問題

これから学習者が短い文を言います。その中に含まれる誤りの説明として、最も適当なものを、選択肢 a、b、c、d の中から一つ選んでください。

1番　a　敬語の誤り　　　　　　　　b　自動詞と他動詞の混同
　　　　c　使役表現の誤り　　　　　　d　動詞の活用の誤り

2番　a　待遇表現の誤り　　　　　　b　ヴォイスの誤り
　　　　c　プロソディーの誤り　　　　d　コロケーションの誤り

　問題6は、音声学・音韻論のみならず、学習者のさまざまな誤用を含む発話が音声提示され、その問題点を判断していく問題。学習者の誤用に対する対応力が問われていると言える。この問題は音声が一度しか流れないため、メモがきちんと取れることが重要となる。なお、音声関係では、近年、連濁に関する「ライマンの法則」が出題された。「ライマンの法則」は、複合語の後部要素に元から濁音が含まれている場合、連濁が起こらないというもの（「大時計」〈おおどけい←おお＋とけい〉と違って「大鏡」〈おおかがみ←おお＋かがみ〉は連濁が起きない）。言語学の知識としては理解していたつもりでも、音声提示されると瞬時の判断に迷うこともある。自分で例を考えたりしながら、音声で提示されても落ち着いて答えられるように準備しておこう。

1番　自他動詞の問題は動作主を考えることが重要。

学：すみません、窓を開いてもらえませんか。

2番　敬意を適切に表現できていないため、待遇表現の誤りだと言える。頻出の用語がそれぞれどのような現象を指しているのか、正確な知識が必要となるため、用語の整理を心掛けておこう。

学：先生、何か飲みたいですか。

解答 **1番** b　　**2番** a

ここからは本試験と同じ形式の模擬問題にチャレンジしましょう。

問題 1 これから学習者が文を言います。問題の下線を引いた部分について、学習者がどのようなアクセント形式で言ったかを聞いて、該当するものを選択肢 a、b、c、d の中から一つ選んでください。

45-52

例 あそこに<u>飲み物</u>があります。

a ①②③④⑤　b ①②③④⑤　c ①②③④⑤　d ①②③④⑤

1番 お昼に、<u>カツサンド</u>を食べましょう。

a ①②③④⑤⑥
b ①②③④⑤⑥
c ①②③④⑤⑥
d ①②③④⑤⑥

2番 困ったときは、<u>お互い</u>さまです。

a ①②③④⑤⑥
b ①②③④⑤⑥
c ①②③④⑤⑥
d ①②③④⑤⑥

3番 最近、いろんなことが<u>面倒</u>になりました。

a ①②③④⑤⑥⑦
b ①②③④⑤⑥⑦
c ①②③④⑤⑥⑦
d ①②③④⑤⑥⑦

4番 <u>ご回復</u>をお祈りします。

a ①②③④⑤⑥⑦
b ①②③④⑤⑥⑦
c ①②③④⑤⑥⑦
d ①②③④⑤⑥⑦

5番 先週から、<u>在宅勤務</u>になりました。

a ①②③④⑤⑥⑦⑧
b ①②③④⑤⑥⑦⑧
c ①②③④⑤⑥⑦⑧
d ①②③④⑤⑥⑦⑧

6番 今は、こどもの<u>心に寄り添う</u>べきです。

a ①②③④⑤⑥⑦⑧
b ①②③④⑤⑥⑦⑧
c ①②③④⑤⑥⑦⑧
d ①②③④⑤⑥⑦⑧

問題 2 これから、教師が、学習者の発音上、問題がある箇所を言い直します。発音上の問題として最も適当なものを、選択肢 a、b、c、d の中から一つ選んでください。

例　ⓐ　拍の長さ
　　　b　プロミネンス
　　　c　プロミネンスとアクセントの下がり目
　　　d　句末・文末イントネーション

1番　a　拍の長さとアクセントの下がり目
　　　b　アクセントの下がり目
　　　c　拍の長さと句末・文末イントネーション
　　　d　アクセントの下がり目と句末・文末イントネーション

2番　a　プロミネンス
　　　b　アクセントの下がり目
　　　c　アクセントの下がり目と句末・文末イントネーション
　　　d　プロミネンスと句末・文末イントネーション

3番　a　拍の長さとプロミネンス
　　　b　アクセントの下がり目
　　　c　拍の長さとアクセントの下がり目
　　　d　プロミネンスと句末・文末イントネーション

4番　a　プロミネンス
　　　b　アクセントの下がり目
　　　c　拍の長さとアクセントの下がり目
　　　d　アクセントの下がり目とプロミネンス

5番　a　アクセントの下がり目
　　　b　句末・文末イントネーション
　　　c　アクセントの下がり目とプロミネンス
　　　d　プロミネンスと句末・文末イントネーション

6番　a　アクセントの下がり目
　　　b　プロミネンス
　　　c　アクセントの下がり目と句末・文末イントネーション
　　　d　プロミネンスと句末・文末イントネーション

問題 **3** これから、教師が、学習者の発音上、問題がある箇所を言い直します。発音上の問題として最も適当なものを、選択肢 a、b、c、d の中から一つ選んでください。

例　　とても　しずかですね。

1番　どちらかというと、みかんより　りんごのほうが　すきです。

  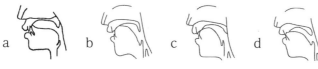

2番　ちちが　がいこうかんとして　にほんに　ふにんしました。

3番　にほんの　ぶんかは　とても　みりょくてきです。

4番　やまなかせんせいは　ノーベルしょうを　とった　ひとですね。
　　　a　調音点　　b　調音法　　c　調音点と調音法　　d　声帯振動と調音法

5番　ネイリストの　しかくを　とろうと　おもいます。
　　　a　調音点　　b　調音法　　c　調音点と調音法　　d　気息の有無

6番　わたしは　ぶたにくは　たべません。
　　　a　唇のまるめと舌の前後位置　　b　調音法と舌の高さ
　　　c　調音点と舌の高さ　　　　　　d　調音点と調音法

7番　じゅうような　しょるいなので　ちゅういしてください。
　　　a　声帯振動　　b　調音法　　c　調音点と調音法　　d　声帯振動と調音法

8番　にほんでも　たつまきが　おこるのですか。
　　　a　調音点　　b　調音法　　c　調音点と調音法　　d　声帯振動と調音法

問題 4 これから、日本語を母語とする人と日本語を母語としない人の会話などを聞きます。それぞれについて、問いが複数あります。それぞれの問いの答えとして、最も適当なものを、選択肢 a、b、c、d の中から一つ選んでください。(この問題には例がありません。)

70-73

1番 日本人の学生と、後輩の留学生が話しています。最初に話すのは日本人です。

問1 この留学生の発話の特徴は、次のうちどれですか。

    a 断定を避ける言いよどみが見られる。

    b 内容志向で話している。

    c ターンテイキングを試みている。

    d ターンイールディングを試みている。

問2 この日本人学生が発話中に行っている行為は、次のうちどれですか。

    a 相手の誤りを明示的に訂正している。

    b 言い換えのストラテジーを用いている。

    c 相手に発話内容や意図の明確化を要求している。

    d リキャストを行っている。

2番 留学生が日本語の先生と話しています。最初に話すのは留学生です。

問1 ここの日本語の先生の話し方の特徴は、次のうちどれですか。

    a 一貫してティーチャートークを使用している。

    b 会話の途中からスピーチレベルシフトが見られる。

    c 会話の中で暗示的フィードバックを行っている。

    d 会話の始まりの方ですでにコミュニケーションブレークが生じているのに気付いていない。

問2 この留学生が最も学習すべきことは、次のうちどれですか。

    a 理由を表す接続表現と丁寧語の使用

    b 縮約形

    c 動詞の過去形の否定表現

    d 終助詞と文末イントネーション

3番 学習者が知り合いの日本人と話しています。最初に話すのは日本人です。

問1 この学習者に**当てはまらないもの**は、次のうちどれですか。

    a 一つの動詞を副詞＋動詞と誤解している。

    b ナ形容詞の意味を取り違えている。

    c 片仮名語の意味を取り違えている。

    d イ形容詞をナ形容詞と混同している。

問2 この日本人の話し方の特徴は、次のうちどれですか。

    a　えん曲的な表現を用いている。

    b　フォーリナートークを用いている。

    c　相手の発音を暗示的に訂正している。

    d　ナチュラルスピードで話している。

　これから、日本語学習者向けの聴解教材などを聞きます。それぞ
問題 5　れについて、問いが複数あります。それぞれの問いの答えとして、
最も適当なものを、選択肢 a、b、c、d の中から一つ選んでくださ
い。（この問題には例がありません。）

1番　聴解問題　（音声のみの聞き取り問題です。）

問1 この聴解教材の理解のための質問をさらに加える場合、**適切でない**のは次のうちどれですか。

    a　女の学生は、どんな種類の魚の名前を言いましたか。

    b　化石燃料をほかの言葉に言い換えなさい。

    c　バイオマスを化石燃料の代わりに使うと、どんな良い点がありますか。

    d　女の学生は、何に驚きましたか。

問2 この聴解教材の問題点は、次のうちどれですか。

    a　正答を一つに絞れないこと。

    b　どちらの意味にも取れるあいまいな表現が使われていること。

    c　くだけた会話表現やスラングが含まれていること。

    d　スピーチレベルに差異があること。

2番　聴解問題　（音声のみの聞き取り問題です。）

問1 この聴解問題で測ろうとしている知識は、次のうちどれですか。

    a　授受表現　　　　　b　受け身表現

    c　縮約形　　　　　　d　助数詞

問2 この聴解教材の特徴は、次のうちどれですか。

    a　使用される語彙が特定分野に偏っている。

    b　自分の経験との照合が必要である。

    c　えん曲的な表現が用いられている。

    d　スピーチレベルシフトが生じている。

3番

聴解問題　話を聞いて問いに答えなさい。

1 　2 　3 　4

問1　この聴解教材を用いた後に行うタスクとして**不適切なもの**は、次のうちどれですか。

 a　正解の絵を見ながら、説明を再現する。

 b　教師がキーワードを提示し、意味を説明する。

 c　選択肢の絵のようなお膳のセットを使って、いろいろ並び変えてペアで説明し合う。

 d　スクリプトの空白埋めをする。

問2　この聴解問題の問題点は、次のうちどれですか。

 a　日本文化についての知識がないと、答えが出しにくい。

 b　ナレーターの話し方が丁寧すぎる。

 c　正しいセットの仕方を知っていれば答えられてしまう。

 d　答えが一つに限定できない。

問題 6 これから学習者が短い文を言います。その中に含まれる誤りの説明として最も適当なものを、選択肢 a、b、c、d の中から一つ選んでください。

78-87

例　a　ナ形容詞と動詞の混同　　　ⓑ　名詞と動詞の混同
　　　c　格助詞の誤り　　　　　　　d　テンスの誤り

1番　a　可能表現の誤り　　　　　　b　授受表現の誤り
　　　c　テンスの誤り　　　　　　　d　ヴォイスの誤り

2番　a　イ形容詞とナ形容詞の混同　b　ナ形容詞と動詞の混同
　　　c　動詞とイ形容詞の混同　　　d　接続助詞の誤り

3番　a　ダイクシスの誤り　　　　　b　モダリティー表現の誤り
　　　c　授受表現の誤り　　　　　　d　テンスの誤り

4番　a　連声が起こっている。　　　b　音位転換が起こっている。
　　　c　連濁が起こっている。　　　d　転音が起こっている。

5番　a　使役形の不使用　　　　　　b　尊敬語と謙譲語の混同
　　　c　謙譲語Ⅰと謙譲語Ⅱの混同　d　謙譲語Ⅱの二重敬語

6番　a　格助詞の誤り　　　　　　　b　複合助詞の誤り
　　　c　並列助詞の誤り　　　　　　d　取り立て助詞の誤り

7番　a　謙譲語Ⅰと尊敬語の混同　　b　謙譲語Ⅰの尊敬語化
　　　c　謙譲語Ⅱと尊敬語の混同　　d　尊敬語の二重敬語

8番　a　アスペクト表現の誤り　　　b　モダリティーの誤り
　　　c　テンスの誤り　　　　　　　d　接続表現の誤り

聴解

模擬問題

問題1

　　試験IIが始まり、指示文がゆっくりと流れている間に、例えば1番なら、「カツサンドを」というフレーズを声を出さずに口の中で発音しながら、選択肢に目を通しておきたい。頭高アクセントかどうかでacとbdの二つのグループに分けられる。aはカツサンドを・cはカツサンドを、bはカツサンドを・dはカツサンドを。acの場合は、cが「サ」でいったん上がってまたすぐ下がる一方、aは2拍目以降下がりっぱなしで最後の「を」で上がる、という特徴的な違いがある。それに対して、bとdの違いは下がり目が4拍目にあるのか5拍目にあるのか、という微妙な違い。最初の「カツ」が発音された瞬間にどちらのグループか判断して選択肢を二つに減らし、次に聞き取るべきポイントを絞る、これを瞬時に行わなければならない。

例　　学：あそこに、ノミモノガあります。
1番　学：お昼に、カツサンドヲ食べましょう。
2番　学：困ったときは、オタガイサマです。
3番　学：最近、イロンナコトガ面倒になりました。
4番　学：ご回復をオイノリシマス。
5番　学：先週から、ザイタクキンムニなりました。
6番　学：今は、コドモノココロニ寄り添うべきです。

解答　**1番** c　　**2番** b　　**3番** d　　**4番** c　　**5番** a　　**6番** b

問題2

　　教師が学習者の発音を直しているのを聞き、どの部分が問題になっているかを判断する。まず、選択肢の項目を検討してみよう。「拍の長さ」は、特殊拍が前の音にくっついて1拍の長さを与えられていなかったり、逆に不要なところに長音や促音が挿入されたりという場合に選ぶ。「プロミネンス」の誤りは、当然強勢が付くべき語やフレーズとは異なるところが強調されて聞こえる場合。「アクセントの下がり目」は、その位置が違っている場合。「文末・句末イントネーション」は発話意図が損なわれるようなイントネーションの誤りを生じている場合。そのような誤りが1カ所なのか2カ所複合しているのか確定されていないのが難しい。例では、本来無いはずの長音が追加されているので、「拍の長さ」を選ぶ。

例　　教：いつ日本語学校を卒業しましたか。
　　　　学：キョーネンの3月に卒業しました。
　　　　教：去年（キョネン）の3月に卒業しました。
1番　どの国の学習者にも共通して生じる現象だが、ここでも「さんねん」の最初のンが1拍きちんと取れていない。また、終助詞「ネ」のイントネーションは、ここでは確認または積極的コミュニケーションを意図する上昇調のほうが好ましい。

【スクリプト】

教：フンさん、久しぶりですね。

学：はい、サネンぶりですね↓。

教：はい、３年(サンネン)ぶりですね↑。

2番 下降調であるべき文末イントネーションが上昇調になっている。しかも、文末を上げるために文全体が階段のように上がっていき、「なぜ」「だまって」のアクセントも違っている。英語話者によく見られる。

【スクリプト】

教：お父さんと相談しましたか？

学：はい、でも、父は な̲ぜだまっていたのでしょうか。↑

教：はい、でも、父は な̲ぜだ ま̲っていたのでしょうか。↓

3番 日本語母語話者の中にはフレーズ末をこのように昇降調で発音する人がいないでもないが、標準的なイントネーションとは言い難い。補助動詞にプロミネンスが付いているのも不自然。

【スクリプト】

教：先週の日曜は、何をしましたか？

学：何もしないで↑↓、ごろごろして いました 。

教：何もしないで↓、 ごろごろ していました。

4番 冒頭2拍目に不要な長音が挿入されており、「くたくた」のアクセントも違う。

【スクリプト】

教：疲れたでしょう？

学：ジューギョーが受けられないくらい ク̲タ̲ク̲タ です。

教：授業が受けられないくらい く̲ たくたです。

5番 「今日用が」が「教養が」と聞こえる。アクセントの弁別機能により、明らかに違う意味で聞こえるような場合は、迷わずアクセントを選ぶことができる。また、「用が」に付くべきプロミネンスが「あるんです」に置かれているため、怒っているような印象を与えてしまう。

【スクリプト】

教：今日は早退だそうですね。

学：はい、すみませんが、 キョーヨー が あるんです 。

教：はい、すみませんが、今日、 用̲が あるんです。

6番 このタイプの質問応答は、プロミネンスの付き方が決まっているのだが、学習者は誤った位置にプロミネンスを置いている。

【スクリプト】

教：何色のかばんがヤンさんのですか。

学：青い かばんが ヤンさんのだと思います。

教：青い かばんがヤンさんのだと思います。

解答 1番 c　　2番 c　　3番 d　　4番 c　　5番 c　　6番 b

問題3　　問題2が終わった途端、問題3の指示が終了するまでの間に、日本語の音声記号表（p.173）の簡略版を問題用紙の余白に書いておくことをお勧めする。もちろん頭の中にきちんと入っている人は必要ないのだが、一般的には、表が目の前にあれば、ふと集中力が途切れた瞬間にもパニックにならずに済むだろう。問題3の後半はこの表から学習者の発音と教師の発音に該当する音声記号を拾い、その二つが同じ枠内にあれば有声・無声の違い、横列並びなら調音点・縦列並びなら調音法・そのどちらでもなければ調音点と調音法の違い、ということを瞬時に判断する。ただし、日本語にない音声が出されることもあるので、日本語音声表が問題なく書けるようになったら、その周辺の異音も押さえておきたい。問題3の前半は学習者の誤った発音を表す口腔断面図を選ぶ問題。例えば学習者が「し」（[ɕi]）を「スィ」（[si]）と発音しているなら、[s] を表す口腔断面図を選ぶ。音声記号と口腔断面図を結び付けて覚えることは必須である。問題3の前半も後半も、口の中で声を出さずに発音し、舌の形を実感しながら、上記の作業を進めるといい。試験勉強の際には、選ばなかった残りの口腔断面図がどんな音でどんな記号で表されるのかも全て網羅して確認しておいていただきたい。

例　　学：とてもスィずかですね。

　　　　教：しずか

　　　　誤：スィ　歯茎　摩擦音

　　　　正：し　　歯茎硬口蓋　摩擦音
　　　　　　　　　　こうこうがい

　　　　選択肢　a　歯茎摩擦音　　　　　b　歯茎破裂音/破擦音（の閉鎖状態）

　　　　　　　　c　歯茎硬口蓋摩擦音　　d　硬口蓋摩擦音

1番　学習者ははじき音である「り」の子音を、硬口蓋前部に一時的に閉鎖を伴った「歯茎硬口蓋破擦音」の「ジ」と発音している。

　　　　学：どちらかというと、みかんよりじんごの方が好きです。

　　　　教：りんご

　　　　誤：（語頭の）ジ　有声　歯茎硬口蓋　破擦音

　　　　正：り　有声　歯茎　はじき音

　　　　選択肢　a　歯茎はじき音　　　　　　　　　b　歯茎硬口蓋鼻音

　　　　　　　　c　歯茎硬口蓋破擦音（の閉鎖状態）　d　歯茎鼻音

2番　学習者は歯茎硬口蓋鼻音 [ɲ] を歯茎側面接近音 [l] で発音している。ナ行音とラ行音の混同は、広東語話者などに見られる。

　　　　学：父が外交官として日本にふりんしました。

　　　　教：ふにん（赴任）

誤：リ　有声　歯茎　側面接近音

正：に　有声　歯茎硬口蓋　鼻音

選択肢　a　両唇　鼻音　　　　　b　歯茎硬口蓋　鼻音

　　　　c　歯茎　側面接近音　　d　歯茎摩擦音

3番　学習者は両唇鼻音 [m] を両唇破裂音 [b] で発音している。母語話者でも鼻づまりの
ときは、このような発音になる。

学：日本の文化はとても<u>ビ</u>りょくてきです。

教：<u>み</u>りょくてき（魅力的）

誤：ビ　有声　両唇　破裂音

正：み　有声　両唇　鼻音

選択肢　a　両唇　鼻音　　　　　　　　b　歯茎硬口蓋　摩擦音

　　　　c　軟口蓋　破裂音（の閉鎖状態）　d　両唇　破裂音（の閉鎖状態）

4番　[j] を [dʑ] と発音しているので、調音点も調音法も異なる。この混同はベトナム語
話者に生じやすい。

学：<u>ジャ</u>まなか先生は、ノーベル賞を取った人ですね。

教：<u>や</u>まなかせんせい（山中先生）

誤：ジャ　有声　歯茎硬口蓋　破擦音

正：や　有声　硬口蓋　接近音

5番　歯茎硬口蓋摩擦音 [ɕ] が同破擦音 [tɕ] で発音されている。ベトナム語話者によく見
られる。

学：ネイリストの<u>チ</u>かくを取ろうと思います。

教：<u>し</u>かく（資格）

誤：チ　無声　歯茎硬口蓋　破擦音

正：し　無声　歯茎硬口蓋　摩擦音

6番　ニ [ɲi] がネ [ne] と発音されている。子音部分では調音点が異なる。母音部分では
舌の高さの違い。このように、子音の調音点のずれにより母音も異なっているとい
う出題がされる可能性もあるので注意して選択肢を眺める必要がある。

学：私はぶた<u>ネ</u>くは食べません。

教：ぶた<u>に</u>く（豚肉）

誤：歯茎　鼻音、非円唇　前舌　中母音

正：歯茎硬口蓋　鼻音、非円唇　前舌　高母音

7番　有声音 [dʑ] が無声音 [tɕ] で発音されている。

学：<u>チュ</u>うような書類なので注意してください。

教：<u>じゅ</u>うような（重要な）

誤：無声　歯茎硬口蓋　破擦音

正：有声　歯茎硬口蓋　破擦音

8番　[ts] が [tɕ] と発音されているので、調音点の誤り。韓国語話者に多い誤り。
学：日本でもたチュまきが起こるのですか。
教：た<u>つ</u>まき（竜巻）
誤：無声　歯茎硬口蓋　破擦音
正：無声　歯茎　破擦音

解答　**1番** c　**2番** c　**3番** d　**4番** c　**5番** b　**6番** c　**7番** a　**8番** a

問題 4

1番
問1　留学生は内容志向で話をしているのだが、言語形式の誤りが気になる日本人学生に次々と訂正されて、だんだん話す意欲を失っていっているようだ。それ以外の選択肢の特徴は見られない。
問2　日本人学生は、文法的誤りも発音も全て明示的に訂正している。それ以外の選択肢の特徴は見られない。リキャストとは暗示的訂正方法。
【スクリプト】
日：リンさん、週末、どこか遊びに行った？
留：はい、リヨコに行きました。
日：あ、リヨコじゃなくて、旅行。言ってみて。
留：りょこう。
日：オーケー。で、どこへ行ったの？
留：イジュへ行きました。
日：イジュ？　伊豆でしょ。言ってみて。
留：イジュ。
日：じゃなくて、伊豆よ。で、何をしたの？
留：温泉に入ります。
日：入りました、でしょ。楽しかった？
留：はい、もちろんです。とても楽しかったでした。
日：とても楽しかったです。
留：すみません…。

2番
問1　教師は最初はティーチャートークを意識しているが、学生がプライベートな質問をし始めると、スピーチレベルも変化し、通常の会話モードに入っている。
問2　学習者は終助詞「ね」を使うべきところも全て「よ」で通しており、イントネーションも下降調一辺倒である。
【スクリプト】
留学生が日本語の先生と話しています。最初に話すのは留学生です。

留：先生、おはようございます。

教：あら、フォンさん、おはようございます。今日は早いですね。

留：はい、今日は寝坊をしませんでしたから、早いですよ↓。先生は、いつもこの時間ですか。

教：ええ。早く学校に来て、授業の準備をしなければなりませんから。

留：あ、先生そのネックレスは、すてきですよ↓。いつ買いましたか。

教：え？　ああ、ありがとう。これは買ったんじゃなくて、プレゼントなの。

留：誰がプレゼントしましたか。ご主人がしましたか。

教：そう。昨日がお誕生日だったんだけど、私の方は忙しくて忘れてたから、びっくりしちゃった。

留：それはいいですよ↓。先生、幸せですよ↓。

教：ありがとう。じゃあ、彼のこと大事にしないとね。

留：はい。ぜひ、そうしてくださいよ↓。

3番

問1　学習者は「優れた」を「すぐ出た」と取り違えている。「面白い」をナ形容詞のように変化させている。「優秀な」の意味を口語表現力ではなく大学の成績と勘違いしている。ポスター、スピーチコンテスト、チャーミングなどの片仮名語についての誤解は見られない。

問2　日本人は、相手を外国人と意識しない、自然な話し方、自然なスピードで話している。

【スクリプト】

日：ヤンさん、面白いポスター見つけたんだ。このスピーチコンテストに出てみない？

留：え、何ですか？

日：このコンテスト、予選があるんだけど、もし本選に出場できたら、全員図書カードが1万円分もらえるんだって。それに、優れた人には賞金も出る。最高で10万円。

留：10万円！　すごいです。出たら、10万円もらえますか！

日：うん、でも全員じゃないよ。

留：すぐ出た人は、10万円…？

日：違う違う、優れた人。

学：スグレタ人？

日：優秀な人、って意味。

学：私、優秀じゃないんです。学校の成績は、大体Bです。

日：ヤンさんは、話が面白くて、すごくチャーミングだから、きっとうまくいくと思うよ。思い切って、申し込んじゃいなよ。

学：私の話、面白いじゃないです。下手ですから、私の成績はBです。

解答 **1番 問1** b　**問2** a　**2番 問1** b　**問2** d　**3番 問1** c　**問2** d

問題 **5**

1番

問1　聞き逃しても本筋の理解に影響のない部分を設問にするのは勧められない。

問2　①以外は、全て誤答として退けることができない。選択肢を作る上では、どちらとも言える選択肢は適切でない。

【スクリプト】

問題　バイオマスとは何ですか。大学の先輩と後輩が話しています。

女：あ、先輩、まだいたんですか。

男：うん。明日、ゼミで発表なんだ。今、レジュメ作っているところ。なかなかまとまらなくて困っているんだよ。

女：何についての発表ですか。

男：バイオマス。

女：バイオマスって魚？　…ニジマスとかヒメマスとかの一種ですか。

男：え？？　何？？

女：冗談ですよ。

男：そうだよね。ああ、驚いた。

女：（笑）でも私、実はよく知らないんです。

男：林産資源とか、農産物加工の残りとか、エネルギー源として利用できる植物資源のことをいうんだ。これを化石燃料、つまり石油の代わりに使えば、地球温暖化防止対策の一つになるんだって。

女：へえ…。エネルギー資源としてのバイオマスって、具体的にはどんなものがあるんですか。

男：例えば、木材を加工するときに出る木くずとか、果樹園の木を剪定（せんてい）したときに落とした枝とか、飼育している鶏のふんとか…。

女：えーっ、鶏のふんまでエネルギーになるんですか！　すごいんですねえ！

男：あ、そんなことに感心してくれるんだ！　よーし、何だか考えがまとまりそうだぞ。サンキュー！

女：きっと、明日は面白い発表になりますね。頑張ってください。

問題　バイオマスとは何ですか。

　　　①マスの仲間の魚のことです。　②植物資源のことです。
　　　③エネルギー資源のことです。　④飼育している鶏のフンのことです。

2番

問1　物の授受表現でも十分煩わしいが、行為の授受表現、さらにその際の本動詞が「あげる・もらう」である場合、余計に紛らわしいので内容確認をする必要があるだろう。

問2　女性はお願いごとをするときに、普通体から丁寧体にシフトしている。

【スクリプト】

会社の同僚が、仕事の後、居酒屋で話しています。①〜④のうち、内容と合っていないものはどれですか。

女：叔母のペットが子猫を7匹も生んで、困ってるの。まだ子どもだと思って油断していたら、突然お母さんになっちゃって。

男：7匹！　大変だね。

女：2匹はもらってくれる人が近所に見つかって、叔母も2匹は自分で飼うって。あと3匹なんだけど、誰かもらってくれる人、いないかな…？　私のアパートはペット禁止だし…。

男：そういえば、オフィスでペットを飼うっていうの、最近はやっているよね。課長が最近、うちでも考えてみようかって言ってたな。

女：あ、そういえばそうね！　課長に相談してみよう。

男：たぶん大丈夫だよ。僕も応援するよ。

女：そうするとあと2匹か…。誰にももらってもらえなかったら、保護センターに頼まないといけないから…。山田さん、もらってくださるの、ご無理でしょうか？

男：え、急にそんな丁寧に…。いや、もちろん1匹はもらってあげられるよ。だけど、2匹はちょっと…。

女：山田さん、ペットを飼うために最近広いマンションを買ったそうじゃないですか。

男：いや…、ペットのためというより、そろそろ結婚も考えて、僕のところに来てくれる人はいないかなあ…なんて。

女：あ、はい、私！　まず猫1匹山田さんにもらっていただいて、その後私と猫1匹、山田さんのお宅に行かせていただいてもよろしいでしょうか！

男：え、うそ！

女：私、真剣よ。3年も一緒に仕事して、毎晩こうやって一緒に食事してきたんだから。

男：そうだね！　気が付くの遅かったけど、僕たち、きっといい家族になれるね。

問題　①～④のうち、内容と合っていないものはどれですか。

①子猫のうち2匹は叔母さんの近所の家にもらわれていきます。

②叔母さんの家では、最終的に子猫は2匹になる予定です。

③男の人は、猫をもらった後、誰かにあげます。

④女の人のアパートではペットは飼えません。

3番

問1　聴解の授業の後作業についての問題。キーワードは聴解教材を理解するために必須のものなので、確認は前作業でやっておいてほしい。その他の項目は、どれも工夫しながら後作業に取り入れることができる。

問2　日本料理の配膳についての知識があれば、正しい形は一目瞭然なので、説明を聞く必要がなくなる。

【スクリプト】

問題 正しくセットされているのは、①～④のうち、どれですか。

男：テーブルマナーやテーブルセッティングといいますと、皆さん、よく西洋料理のことをお考えだと思いますが、日本料理にも、正式なセットの仕方やマナーはあるんですよ。特にしょっちゅう海外に出られる方などには、日本人としてしっかり身に付けておいていただきたいものです。まずお料理のセットの仕方ですが、お膳の一番手前に、お箸を置きます。先の方を左側に向けて、箸置きの上に置きます。次に、その少し奥の左側にご飯、右側に汁物を置きます。主菜は、一番奥の右側に置きます。主菜

がお魚で、それも切り身ではなく一尾魚でしたら、頭が左になるように置きます。左側には副菜が来ます。これで、御飯、汁物、主菜、副菜がちょうど四角形になるように並び、真ん中が空きましたね。真ん中には二つ目の副菜を置きます。小さなお皿か小鉢であることが多いです。

　　いかがでしょうか、皆さん。世界遺産にも選ばれた日本料理です。伝統的なセッティングやマナーを守って、美しく、おいしく、いただきたいですね。

問題　正しくセットされているのは、①〜④のうち、どれですか。

　　解答 **1番 問1** ａ　**問2** ａ　**2番 問1** ａ　**問2** ｄ　**3番 問1** ｂ　**問2** ｃ

問題6

例　　学習者は「関心がある」と言うべきところ、「関心する」と動詞のように言っている。
　　学：先生の研究分野に<u>関心します</u>。

1番　「ら抜き言葉」は今やかなり浸透している感があるが、「行く」（Ⅰグループ動詞）の可能形「行ける」をさらに可能形にするように「れる」を付けている誤用は「れ足す言葉」と呼ばれる。
学：このまま日本で就職して、ずっと彼女と暮らして<u>いけれる</u>といいと思います。

2番　動詞「違う」を形容詞「違い」と誤って捉え、形容詞型に活用させている。よく日本人学生が「ちげーよ」などと発話するのを耳にするが、これも形容詞「すごい」「痛い」（[oi][ai]）がそれぞれ「すげー」「いてー」（[e:]）に変化するパターンに準じている。
学：弟は、私と<u>違くて</u>スポーツが得意です。

3番　ダイクシスの誤り。文脈指示の「その」を使うべきところ、「あの」を使っている。
学：昨日会社の人と食事をしましたが、<u>あの人</u>はとても親切で、いろいろ相談に乗ってくれました。

4番　「ふんいき」の /n/ と /i/ が入れ替わり、音転（音位転換）が生じている。筆者は数年前、雰囲気を本気で「ふいんき」と思い込んでいる日本人にも何度か遭遇して驚いた経験がある。その他の選択肢について例を挙げると、連声「因縁⇒インネン」、連濁「大＋会社⇒ダイガイシャ」、転音「雨＋傘⇒アマガサ」。
学：あの会社は<u>ふいんき</u>が悪いから行きたくありません。

5番　行為の向かう先が話者の弟なので、謙譲語Ⅰ「伺います」ではなく、謙譲語Ⅱ「参ります」が正しい。
学：明日、弟の見舞いに<u>伺います</u>ので、授業を欠席いたします。

6番　「対して」と「とって」は学習者が混同することが多い。
学：日本語を勉強することは、私に<u>対して</u>とても大切なことです。

7番　過剰敬語はデパートなどでは時々聞かれ、丁寧すぎるのはむしろ必要な敬語が欠けるより良いとされているようだが、正しい形は押さえておきたい。

学:先生、この本はもうご覧になられましたか。

8番　「食べていません」が正しい。アスペクトの誤り。アスペクトはある動きが全体の時間の流れの中で、どの段階にあるのかということ。

学:もう2時ですが、ずっと忙しかったので、お昼ご飯をまだ食べません。

解答　**1番** a　**2番** c　**3番** a　**4番** b　**5番** c　**6番** b　**7番** d　**8番** a

聴解

解答・解説

7. 記述式

検定試験の最後に待っている記述式問題は、限られた時間と限られた文字数で、いかに論理的な解答が書けるかが攻略のカギになります。知識と実践を結び付ける力と分かりやすく説明できる力を付けるため、いろいろな問題にチャレンジしましょう。

記述式とは

問題

世良時子（監修）
北里大学非常勤講師

辻和子（監修）
ヒューマンアカデミー
国際教育事業部教学室教育顧問

青山組
（青山豊・青山美佳）

記述式

2019年に日本語教育推進法が成立し、日本語教師は今後、社会の中で、より公的な立場で、日本語教育の専門家として果たす役割が大きくなっていくことでしょう。そして、専門家としての考えを発信する場合、説得力のある根拠を示しながら筋道立てて説明できる力が必要になります。この記述式問題は、その良い訓練にもなるはず。試験対策をしながら、そのスキルも磨きましょう。

記述式とは

■ 記述式問題の出題形式と解答形式は？

　　日本語教育能力検定試験には、試験I、試験II、試験IIIがあり、記述式問題は例年、試験IIIの最後に出題されます。試験IIIの満点は100点です。問題数と配点は、マーク式解答が小問80問で80点、記述式解答が大問1問で20点となっています。試験IIIの解答時間は120分なので、仮に記述式解答に30分かけようと思うなら、残り90分で80問のマークシート式解答を解く必要があります。なお、記述式解答は、提出されたものが全て採点されるわけではなく、試験I、試験II、試験IIIのマーク式解答の得点で上位6割に入った人の答案のみが採点対象になっています。

　　次に解答形式を見てみましょう。記述式問題は、文字数400字程度の論述形式で解答を書きます。マーク式解答用紙とは別に、最大420字まで書ける原稿用紙が配布され、そこに問題文に示されるテーマについて、手書きで記述していきます。

■ 記述式問題では何が問われるのか？

　　まず、問題のテーマとなるのは、言葉に関する事象や、日本語教育の実践に関する方法や内容です。そしてテーマに対する「考え」や「主張」が問われます。「考え」や「主張」は、それだけを述べるのではなく、なぜそう考えるのか読み手を納得させる根拠を示すこと、それらを正しい日本語で記すことが必要です。それが「論理性」と「日本語力」です。

　　なお、試験が改定されたときの主催者からの説明に「考えや主張の是非ではなく」とあったように、記述式問題では唯一の正答が求められているわけではありません。問題文の課題に沿って、書き手の主張が論理的かつ正確な日本語で記されているかどうかが評価のポイントになります。

■ 唯一の正解がない「記述式問題」が出題される狙いは？

　なぜ記述式問題だけは唯一の正答が求められないのでしょうか。近年、学習者の多様化に伴い、教材だけでなく、学習環境や教え方、教師の役割にも変化が求められ、これまで正解とされていた方法をただ無批判に踏襲すればよいという時代ではなくなりました。多様なアプローチや解決策を自分の頭で考え、それを言語化して、他者に論理的に説得力を持って伝える力が求められるようになってきています。記述式問題が出題される狙いはそこにあると言えるでしょう。

■ 過去にどんな問題が出題されているのか？

　具体的に3年分の問題を確認しましょう。

●令和3(2021)年度
【環境】日本語教育機関の文法上級クラス
【状況】来年度から動画を用いた反転授業を初めて取り入れることになった。
【「答えること」の内容】知識伝達の段階においてどのような動画を用意するか。その動画を踏まえ60分の授業時間内でどのような活動を展開するか。また、その活動が上級文法クラスにおいて効果的と考えられる理由も述べる。

●令和2(2020)年度
【環境】地方公共団体などにおける「やさしい日本語」に関する取り組み
【「問い」の出どころ】さまざまな立場の人
【状況】「やさしい日本語」に対し「外国人の日本語力を低く見ている」「正しい日本語を覚える機会を奪う」などの批判が寄せられることがある。
【「答えること」の内容】日本語教育に関わる者としてどう考えるか。「複言語主義」「言語権」「規範主義」のキーワードから一つ以上使って答える。

●令和元(2019)年度
【環境】日本語教育機関の聴解授業についての話し合い
【「問い」の出どころ】同僚の教師
【状況】聴解の授業で、音の識別や単語の認知はできているが、談話の大意がつかめない学生が多く、どう指導すればよいかという議論があった。
【「答えること」の内容】談話の全体像を把握するために必要なスキルは何か。そのスキルを高めるためにはどのような教室活動が効果的か。

記述式

記述式
とは

■ 実際の解答作成の手順は？

　400字というのは、一般的な原稿用紙1枚分の文字数です。行き当たりばったりに思い付くまま書き連ねるだけでは、論理的な文章にはなりません。ここからは、例題を基に、どのような手順で解答を作成していけばよいのか見ていきましょう。

例題

> 日本語学校で、初級から初中級を目指すクラスのカリキュラム会議があった。このクラスは半年間で「CEFR・A2」レベルに到達することを目的としている。あなたはこのクラスで「会話」の授業を担当することになった。「CEFR・A2」のレベルとは、言語運用力の熟達度でいうと「基礎段階の上位」に当たる。自分自身や身近なこと、日常的で簡単な事柄について、説明や情報交換ができること、短い社交的なやりとりができることなどが指標に挙げられている。あなたはこのクラスで、会話における日本語運用力を高めるために、どのような教室活動を行おうと考えるか。具体的な教室活動内容を示し、なぜ、その活動が、会話力の向上につながると考えるのか、理由と共に400字程度で述べよ。

●書き始める前にすること
①問題文をよく読み、答えることを正しくつかむ
　解答作成前に、まず、問題文をよく読み、答えるべきことは何かを正確に把握します。答えることが書かれている部分に線を引くとよいでしょう。

【例題では？】
「初級から初中級を目指すクラスの会話授業で、会話における日本語運用力を高めるために、どのような教室活動を行うか」についての立場と、「その活動がどうして会話力の向上につながるのか」という理由を述べることが求められています。

②課題について、具体的に考える
　答えることについて、自問自答しながら知っていることを挙げていきます。挙げた事柄について、それは本当なのか、説得力のある根拠になり得るか、という視点で内容を精査します。もし、具体的なシチュエーションや誤用例などが示されている場合は、必ずその具体例に沿って考えましょう。

【例題では？】
・「CEFR・A2」とは何か→「CEFR」は「ヨーロッパ言語共通参照枠」のこと。EU（欧州連合）域内の外国語学習の振興を目的に、それまで言語によってバラバラだった教育目標と評価基準を統一し、A1、A2、B1、B2、C1、C2に分けて示したもの。A2は一般に初級〜初中級に当たると考えられる。A2の言語運用力としては「ごく基本的な個人的情報や家族情報、買い物、近所、仕事など、直接的関係がある領域に関する、よく使われる文や表現が理解できる」「簡単で日常的な範囲なら、身近で日常の事柄についての情報交換に応ずることができる」などが挙げられている。近年、日本語学習にも、この考えが取り入れられ、国際交流基金が日本語の熟達度を示す指針として「JF日本語教育スタンダード」を開発した

・A2レベルの会話力を養うにはどのような活動が考えられるか→自分や家族のこと、仕事のこと、自分が好きなことや趣味などについて話すことができるよう、身近なことを語れる表現や語彙_{こい}を覚えさせる／決まったあいさつやよく聞かれることに対する答えを練習する　など
・その活動を行うことが、なぜ、目標とする会話力の養成に役立つのか→初級の学習者にとって最も話しやすいのは自分のことについてである。そのための語彙や表現を習得することで話せることが増え、ひいては会話量も増やせる効果があると思われるため　など

③自分の立場を決める

　問題文に「あなたの考えを述べよ」とある場合、それは、あなたの意見、方針、主張、すなわち、あなたの立場が問われています。問題文に示されたテーマについて、自分はどういう立場を取るのかを決めます。②で挙げた事項を見て、読み手（＝採点者）に説得力を持って説明しやすいと思う立場を選ぶとよいでしょう。

【例題から考えられる立場は？】

a)「自分の身近なことについて話せる」ことを目標とし、自分が興味のあること、好きなことに関する語彙を学ぶ活動を行う。併せて自分の好きなことを伝えたり、相手の好きなことを尋ねたりすることができる表現の指導を行う

b)「短い社交的なやりとり」ができるよう、よく使われるパターンを教え、ロールプレイで練習する
ここでは、aの立場で解答を作成してみます。

④立場を支える根拠を挙げる

　論述文では立場を決めたら、なぜその立場を取るのか、読み手（＝採点者）を説得するための根拠を挙げる必要があります。aの「自分が興味のあること、好きなことについて話せるような語彙や表現を教える」という立場を支える根拠を考えてみましょう。できるだけ多く挙げて、その中から説得力が高いと思われるものを選ぶとよいでしょう。

【例題では？】

「自分が興味のあること、好きなことについて話せるような語彙や表現を教える」という立場を支える根拠
・初級の学習者にとって最も話しやすいのは自分のことについてである。そのための語彙や表現を習得すれば、話せることが増えるため
・「好きなこと」「興味のあること」なら話したいというモチベーションが高まるため
・共通の趣味を持つ人と知り合う確率が高まり、その人たちと話すため、さらに日本語を学びたくなるという相乗効果も期待できるため　など

⑤アウトライン（全体の構成）を考える

　構成を考える上で、効果的な「型」を知っておくと迷わずに書くことができます。それは「立場の主張→立場を支える根拠（＋反論に対する反論）→根拠を踏まえ再度、立場の主張」という「サンドイッチ型」です。読み手（＝採点者）が最も知りたいのは、筆者の「立場」です。それを最初に述べることで読み手に最も伝えなくてはならないことを伝えられます。書き手にとっても、最初に立場を述べることで、その後の文章を迷わず、矛盾なく書き進めることができる効果も期待できます。

次に「なぜなら」と続けて、「立場を支える根拠」を挙げていきます。根拠はできるだけ客観的なものを挙げた方が説得力は高くなります。また、予想される反論に対する反論を述べることで、主張を支える方法もあります。

　最後に根拠を踏まえて、再度、冒頭に述べた立場を主張します。主張と根拠に矛盾がなければ、自信を持って再主張で文を結べるでしょう。

　なお、問われていることが複数ある場合もあります。分量のバランスを考え、問われていることに対して過不足なく答えるように気を付けましょう。

【例題では？】

立場の主張：自分に身近なこと、好きなことについて話せる語彙や表現を教える→**立場を支える根拠1**：語学を学び始めたばかりの学習者にとって最も話しやすいのは自分のことについてだからだ。そのための語彙や表現を習得することによって、話せることが増える→**根拠2**：特に、自分の好きなこと、興味のあることであれば、話したいというモチベーションも高まる。アウトプットの機会も増え、会話力の向上につながる→**根拠3**：「相手の好きなことを尋ねる」表現も教えれば、共通の趣味を持つ人と知り合う確率が高まり、その人たちと話すため、さらに日本語を学びたくなるという相乗効果も期待できる→**予想される反論への反論**：→文法的に単純な構造の表現から教えた方が負担が少ないという意見もあるだろう。しかし、会話の目的は情報を伝え合ったり気持ちのやりとりをしたりすることである。文法的な難易度にこだわらず、話したいことを伝えられる表現や語彙の習得を優先すべきだ→**立場の再主張**：多少、文法的に難度が高くても、自分の身近なこと、好きなことが話せるような語彙や表現を優先的に教える

●原稿用紙に書く

　本試験では、アウトラインはメモ書きで構いません。ここまで準備ができたら、あとは原稿用紙に書いていきます。書く場合の注意点を挙げます。

①「だ・である」体で書く

　論述文は、「です・ます」体のような読み手に対する対人配慮は必要ありません。「〜と思う」という控えめな表現ではなく、「〜である」「〜と考える」など、はっきり言い切る文末表現を使用しましょう。体言止め、口語的表現の使用は控えます。

②一文では一つのことを述べる

　一文が長くなると主述にねじれが生じやすくなり、論理関係が読み取りにくくなります。一文では一つのことを述べることを意識するとよいでしょう。文と文の論理的なつながりを明確にするために、「なぜなら」「従って」など、接続表現をうまく使うと文章の流れが読み取りやすくなります。

③同音異義語の書き誤りに注意、専門用語は正確に

　誤字脱字は減点対象になる恐れがあります。特に同音異義語の書き誤りには注意しましょう。また、日本語教育の分野で使用される専門用語は正確に書きましょう。正しく読み取ってもらえるよう、できるだけ読みやすく丁寧な字で書くことを心掛けてください。

④原稿用紙の使い方のルールを守る

　句読点(。、)は１マス使用する、ただし、行頭のマスに単独で書かない、促音、拗音(ようおん)の小さい文字も１マス使用する、終わりのかぎかっこ(」)は行頭のマスには書かず、前行の最後のマス目に文字と一緒に書くか、欄外に書く、など、基本的な原稿用紙の使い方のルールを確認しておきましょう。

⑤文字数は380文字以上を目安に

　解答の規定文字数は400字程度とされています。配布される用紙の上限文字数は420字なので、この範囲に収めましょう。下限の規定はありませんが、380字以上は書くようにしましょう。

〔 全部つなげると…… 〕

　自分に身近なこと、自分の好きなことについて話せるような語彙や表現を教える。なぜなら、語学を学び始めたばかりの学習者にとって、最も話しやすいのは自分の身の回りのことだからだ。そのために必要な語彙や表現を習得することによって、話せる場面が増えると言える。特に、自分の好きなことであれば話したいという意欲が高まり、自ずとアウトプットの機会も増え、会話力の向上につながる。さらに、相手の興味のあることを尋ねる表現も教えれば、共通の趣味を持つ人と知り合う確率が高まり、その人と話したいというモチベーションにもなる。確かに、文法的に単純な表現から教えた方が負担が少ないという意見もあるだろう。しかし、会話の目的は情報伝達や気持ちを伝え合うことであり、文法の難易度にこだわる必要はない。以上から、まずは自分の身近なこと、好きなことを話せるような語彙や表現を優先的に教える。「自分自身の身近な事柄について説明や情報交換ができる」というＡ２の指標にもかなう。

(420字)

例題

同僚の教師と、中級クラスの作文課題に対して文法的な誤りに対するフィードバックを、どのように行うか、議論になった。ある教師は「誤った表現が定着してしまうのは良くない。赤ペンで、できるだけ正しい表現を示した方がよい」という意見を述べた。一方、ある教師は「初級なら全て直すが、中級であれば修正が必要なところに下線を引くにとどめ、全てを正しく直すことはしない」と述べた。あなたは、中級レベルの作文課題の文法的な誤用に対する添削について、どのような方針で行おうと考えるか。

**解答の
ヒント**

作文課題のフィードバックは、大きく、内容に関するものと、文法や文字・表記といった言語形式面に関するものが考えられます。ここでは「文法的な誤りに対し、どのようなフィードバックを行うか」という言語形式に関わる誤用が問題となっています。また、学習者のレベルは中級とあります。中級の学習者の作文に言語形式に関わるフィードバックをする目的は何か、中級の学習者に対して文法的な誤りの指摘をどこまで行うか、勘案しながら立場を決めるといいでしょう。

**立場と
その根拠
の例**

◆例1：中級でも、誤用はしっかり指摘する方がよいと考える。間違いを放置するとそれが定着化する恐れがあるからだ。

◆例2：中級であれば、学習者自身が誤りを訂正できるような指導をするのがよい。初級レベルの軽微なミスや繰り返し出現する誤用に関してのみ、正しい表現や形を示す。全て訂正しても、ただ見るだけで終わってしまっては、定着しないと考えるからだ。

立場とその根拠の例

**立場
（指導の方針）**

中級学習者に対する作文の文法的な誤りに関するフィードバックは、学習者自身が誤りを訂正できるような指導をするのがよいと考える。具体的には、初級レベルの軽微なミスや繰り返し出現する誤用に関しては正しい表現や形を示すが、例えば機能語の使用に関する誤りは自分で調べることを促すため、下線を引いたりヒントを与えたりする形で指摘する。

**立場を支える
根拠**

なぜなら、全て正しい形を示したとしても、その数が多すぎると、ただ見るだけで終わってしまい、結局、正しい形式が定着しないと考えるからだ。それよりも、自分で調べて正しい形式にたどり着くというプロセスを経た方が定着しやすいと考える。また、あまり訂正の多い解答が返却されると、書くことに対する自信を失わせ、苦手意識を持たせてしまう恐れもある。教師の負担が大きい割に教育的な効果が期待できないと考えられる。

立場の再主張

従って、言語形式の誤りに関する指摘は、赤字を減らすためにも、全てを記入することはしない。

(403字)

問題1

授業中に、スマートフォンを頻繁に見ている学習者がいる。そこで、授業中はスマートフォンをか
ばんの中にしまい、授業に集中するように、と注意したところ、「授業で疑問に思ったところを調
べているだけだ。他の学習者に迷惑をかけているわけではないので、注意されるのはおかしい」
と反論してきた。この学習者に、あなたはどのように対応するか。理由と共に考えを述べよ。

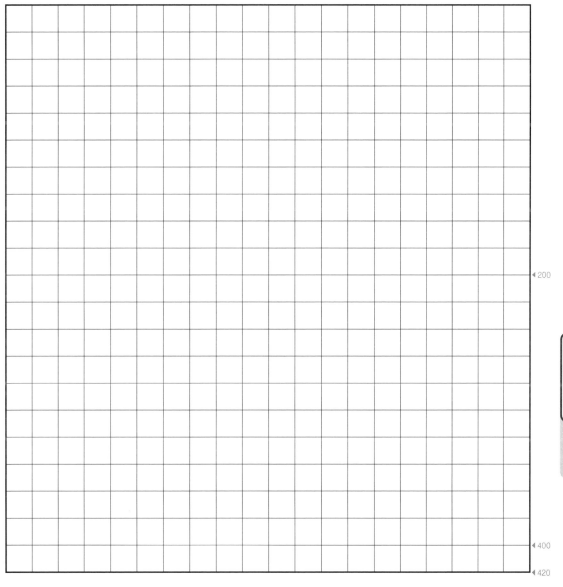

◀200

◀400

◀420

記述式

問題

217

	スマートフォンは、うまく活用すれば学習や理解を助ける有益なツールだと言えます。一方で、学習者の意識がスマートフォンに向き過ぎると、授業への集中力を欠いたり、クラス授業の進行の妨げになったりする可能性もあります。使用を容認するのか、認めないのか。あるいは、使い方によっては許容するのか。さまざまな対応が考えられます。自分なりの方針を決め、それをどのように学習者に伝えるのか、クラス授業という場であることを考慮しながら考えてみましょう。
解答の ヒント	

	◆**例1**：疑問点を調べているのだとしても、クラスコントロール上、問題となるので、スマートフォンはかばんにしまうように言う。スマートフォンで調べている間は、どうしても意識はそちらに行きがちで、その間に説明を聞きもらすこともあるからだ。特にロールプレイなど、学習者同士での活動になったときに、説明を聞いていないと、他の学習者とうまく活動ができないことも考えられる。 ◆**例2**：どのような疑問点を調べるためにスマートフォンを見ているのか、まず話を聞く。その上で、授業に関係のある内容であるのならば、スマートフォンの使用を制限する対応は取らない。学習の過程で、疑問点があれば、すぐに調べて解決したくなるのは当然であると考えるからだ。
対応と その根拠 の例	

問題1の解答例

立場
（学習者への
対応1）

この学習者に対しては、まず、どのような疑問点を調べるためにスマートフォンを見ているのか、話を聞く。その上で、授業に関係のある内容であるのならば、スマートフォンの使用を制限する対応は取らない。なぜなら、学習の過程で疑問点が出てきた場合、すぐに調べて解決したくなるのは当然であると考えるからだ。ずっと疑問を持ち続けたまま授業を受けるよりも、その場ですぐに調べて解決した方が、印象にも残りやすく、理解も進むであろう。

立場を支える
根拠

反論への反論

使用制限をした方がいいという意見もあるだろうが、もし、使用を制限したとしても、隠れて調べるという可能性もあり、その場合、「見つからないように」ということに意識が向き、結果的に集中力がそがれることも考えられる。

授業にまったく関係がないことを調べているように見受けられたときは、「何か気になるところがありますか？」などと、声掛けをして質問しやすい雰囲気づくりをすれば、頻回な使用はコントロールできると考える。

学習者への
対応2

（407字）

問題 2

外国人社員を採用している企業で日本語の研修を担当している人から、「日本語能力試験N4に合格しているので採用した。日常のやりとりには、それほど問題はないが、やや込み入った指示になると、全部、理解し切れていないようでミスが多く、指導に悩んでいる」という相談を受けた。日本語教育の専門家として、あなたは、この担当者に、どのような対応を提案しようと考えるか。その根拠と共に400字程度で述べよ。

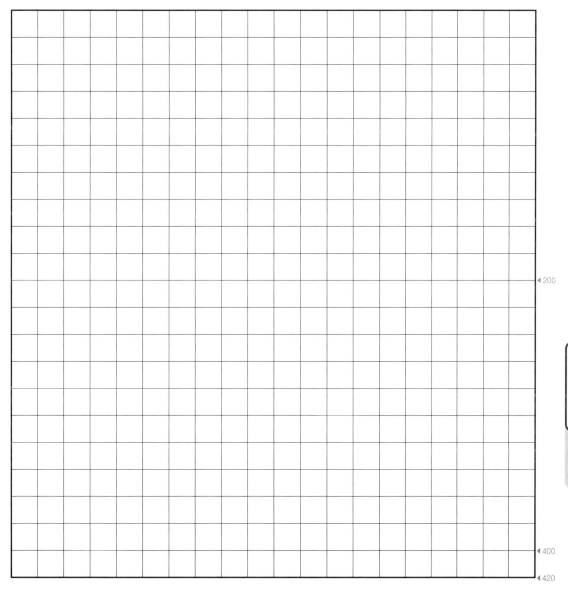

◀ 200

◀ 400
◀ 420

記述式

問題

解答の ヒント	2019年4月に新設された在留資格「特定技能」で、その取得条件の一つに「日本語能力試験N4合格」が挙げられていることから、「N4合格」を一つの目安と考える企業も多いようです。ただし、N4の認定の目安には「基本的な日本語を理解することができる」とあり、日本語教育に詳しくない人が見ると、日常のコミュニケーションには支障がないと理解してしまうことも考えられます。N4とはどのようなレベルなのか、外国人社員が力を存分に発揮するためには、外国人社員、日本人社員に対してどのような働き掛けや支援が必要なのか、考えてみましょう。
提案と その根拠 の例	◆例1：まず、外国人社員に対して面談を行い、どのような場面で、どのような指示の日本語が分からないかを聞くことを提案する。問題解決のための答えを探るには、当の外国人に聞くのが最適だと考えるからだ。 ◆例2：まず、現場の日本人社員が、どのような表現で指示をしたときに、外国人社員が理解できていないか、観察・調査し、外国人社員はどのような表現が分かりにくいのか、どう言い換えると分かりやすいのか、現場の日本人社員に理解してもらえるように働き掛けることを提案する。外国人の日本語力をアップさせるのも大事だが、日本人社員側の意識を変えることも職場でのスムーズなコミュニケーションには不可欠だと考えるからだ。

問題 2 の解答例

立場（対応の提案） まず、外国人社員が、現場の日本人社員からどのような表現で指示をされたときに理解できていないのか、観察・調査し、理解を妨げていると思われる表現を把握することを担当者に提案する。その上で、外国人社員にとって、どのような表現が分かりにくいのか、どう言い換えると伝わりやすくなるのか、表現案を示し、現場の日本人社員に理解してもらえるように働き掛けることも提案する。

立場を支える根拠 日本人社員側の意識を変えることは、職場でのスムーズなコミュニケーションのためには不可欠だと考えるからだ。**反論に対する反論** もちろん、外国人社員に日本語研修を実施して、日本語力をアップさせることも大事だが、それには、一定の時間がかかる。それよりも、日本人社員の意識を変えた方が負担が少ない。将来的に、外国人社員を受け入れやすい環境をつくることにもつながり、コスト面でも、その方が低く抑えられる。**立場の再主張** 以上から、日本人社員に対し、平易な言い方、通じやすい表現のレクチャーを行うことを提案する。

(410字)

問題 3

あなたは大学の留学生対象のコースで、異文化理解についてのオンライン授業を担当している。グループ分けをして話し合うことができるオンライン会議システムを利用し、全体に対する講義の後、2~3人のグループでその日のテーマについて話し合うというグループワークを取り入れている。開講前に対面したことがある人はいない。あなたは多様な文化背景を持つ受講生同士で話し合った方がよいという考えから、毎回、グループの組み合わせを変えるようにしていた。しかし、3回ほど実施した後、ある受講生から、「実際に会ったことのない人と、いきなりオンライン上で話し合うのは抵抗がある。授業のやり方を変えてほしい」という要望が出た。あなたは、どう対応しようと考えるか。その理由を挙げて400字程度で述べよ。

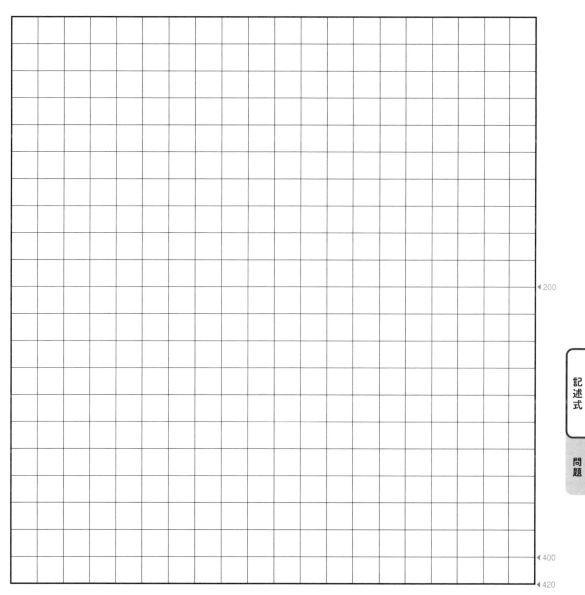

◀ 200

◀ 400

◀ 420

記述式

問題

解答の ヒント	今後オンライン授業が多くの日本語教育の現場でも取り入れられていくことが予想されます。教師としては、対面とオンラインでは、人間関係をつくる過程や方法、互いに打ち解けるまでにかかる時間などに違いがあることは意識しておくべきでしょう。個々の性格やオンライン授業に対する慣れなども考慮して、どのようにグループワークを行ったらいいのか、考えてみましょう。
立場と その根拠 の例	◆例1：グループワークは、引き続き、行う。ただし、メンバーを毎回、変えるのではなく、3～4回は固定メンバーで話し合うようにする。一つの教室に「異なる文化背景を持つ者がいる」状況は、それ自体が貴重な異文化接触の機会になり得ると考えるからだ。 ◆例2：グループワークをするのをいったんやめる。受講生全員が発言する機会を設け、お互いのことが分かった後に、グループワークを再開する。お互いをよく知らないままにグループワークを進めても、あまり効果が期待できないからだ。

問題3の解答例

立場
（学生の要望
への対応）

グループワークは引き続き、行う。ただし、3～4回は固定メンバーで話し合うようにする。まず、この授業が「異文化理解」の授業であることを考えると、バーチャルではありながら、一つの教室に「異なる文化背景を持つ者がいる」状況は、それ自体が貴重な異文化接触の機会になり得ると考えるからだ。また、文化背景に加え、個人個人の性格、オンライン授業に対する慣れ方の度合いなどにも違いがあるだろう。

立場を支える
根拠

話し合うテーマについての考え方だけでなく、こうした個人の特性も含めて、学習者にとっては異文化について考える良い機会になるはずである。

根拠への反論

ただし、どうしても人と慣れるまでに時間がかかる人もいるだろう。また、毎回、メンバーをチェンジするのでは、自己紹介だけで終わってしまい、本来の話し合いに十分な時間が取れないこともあり得る。

反論を踏まえ
て立場の再主
張

そこで、初回は自己紹介に時間を使ってよいとし、その後、複数回は同じメンバーでグループワークを行うようにする。

（402字）

日本語教育能力検定試験　対策問題集

発行日	2022 年 8 月 26 日（初版）
	2024 年 9 月 15 日（第 5 刷）

企画・編者	株式会社アルク日本語編集部
校正・校閲	岡田英夫、藤田百子
デザイン	洪永愛（Studio H2）
ナレーター	山中一徳　都さゆり
	ムカジ・アヌポ・クマル
	ディン・ティ・ホン・ズゥン
録音・編集	株式会社メディアスタイリスト
DTP	株式会社秀文社
印刷・製本	萩原印刷株式会社

発行者	天野智之
発行所	株式会社アルク
	〒 141-0001
	東京都品川区北品川 6-7-29　ガーデンシティ品川御殿山
	Website: https://www.alc.co.jp/

地球人ネットワークを創る

アルクのシンボル
「地球人マーク」です。